ソーシャル・キャピタルから みた人間関係

――社会関係資本の光と影

生存科学叢書

稲葉陽二 編著
Inaba Yoji

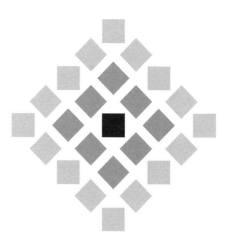

The Institute of
Seizon and Life Sciences

日本評論社

目次

序章

「生きづらさ」をやわらげる学

――ソーシャル・キャピタルの視点と歴史

稲葉陽二

人間関係に悩む人は多く、ときにそれは死につながることさえある。人は人とともに生きていくしかないのになぜこんなにも人と生きることは大変なのか。

「生きづらさ学」を提唱する相原征代らは「生きづらさ」の原因の一つが「自分のいきづらさ」が他人の価値を反映した結果の「生きづらさ」である可能性について本人が気づいていないことにあるという（相原ほか 2017：p.166）。つまり「個人」と「関係性」の分離がうまくいっていない。この個人と関係性の分離にはソーシャル・キャピタル（以下本文では社会関係資本と表記）の視点が役に立つ。

また精神科臨床医で「ひきこもり」を専門とする斎藤環は『「社会的うつ病」の治し方―人間関係をどう見直すか』（斎藤 2011）で「ひきこもり」と2000年代に入り急増している「新しいタイプのうつ病」つまり「普段は元気なのに、責任ある立場に立たされたり、仕事の正念場が近づいたりすると、まるでわざとのように調子を崩してしまうタイプ」（p.23）にそっくりであることを指摘し（p.10）、「うつ病の回復過程における人間関係のありようが、きわめて大きな意義を持っている」（p.15）と述べた上で「人薬」としての本書のテーマである社会関係資本の重要性を指摘している

(pp.136-140)。

彼らの指摘は、簡単にいえば、心理学的アプローチでは解決できなかった問題も自分や相手の性格やふるまいのせい、つまり個人の問題ではなく、二人の関係性、さらに組織や社会のあり方に問題があることに気づけば解決の道は他にあるかもしれないことを意味している。なぜならば、人は他人からの言葉や態度で傷つくのだから(1)。

悪いことにわれわれが人間関係になやんでいるときは、往々にして、木を見て森を見ないどころか、枝葉を見て木さえ見ないこともままある。せめて木を見上げる余裕があれば、もう少し楽になれるかもしれない。

逆に森を見て木を見ない、結果として現場を無視して人々を理不尽な状況に貶めることも多々あるように思える。抽象的な表現になるが、こうした対応が社会の理不尽を是認し、「生きづらさ」を加速しているようにも思える。

本書は、こうした状況を打破するために最新の社会関係資本論・社会ネットワーク論の研究成果を踏まえて、日常の細々とした人間関係にまつわるさまざまな問題の背後にある本当の原因＝メカニズムを明らかにする。また豊富な事例研究から先人たちがいかに困難を乗り越えて再び豊かな人間関係＝社会関係資本を築いてきたかを明らかにする。

突然、社会関係資本といわれても戸惑われるかもしれないが、この概念はすでに多数の分野の碩学が提唱してきたものだ。今世紀の初めに**ジョン・デューイ**（Dewy 1915）や**リダ・ハニファン**

(Hanifan 1916)が教育に関連して用いたほか、1960年代には**ジェーン・ジェイコブス**が都市問題の考察の際に使い(Jacobs 1961)、1970年代に経済学者の**グレン・ローリー**が人種間の所得格差の要因の一つとして言及し(Loury 1977)、1980年代に**ピエール・ブルデュー**が文化資本論の延長として(Bourdieu 1986)、**ジェームズ・コールマン**が規範・人的資本との関連概念としてそれぞれ論じ(Coleman 1988)、1990年代には**エリノア・オストロム**が入会地や灌漑施設などのコモンズ(共有資源)の運営の考察からその重要性を指摘し(Ostrom 1990; 1992; 1999)、**ロナルド・バート**が構造的空隙論として論じ(Burt 1992)、**ロバート・パットナム**がイタリアの州政府間の効率の違いを説明するために歴史的文化的な影響を受けるものとして使い(Putnam 1993)、**ゲアリー・ベーカー**が合理的選択論者の立場から経済学を社会学の領域に拡張する際に用い(Becker 1996)、**フランシス・フクヤマ**(Fukuyama 1995)や**エリック・アスレイナー**(Uslaner 2002; 2008)が信頼の側面から論じ、**イチロウ・カワチ**が社会疫学という新領域の確立に用い(Kawachi et al. 1997)、**マイケル・ウールコック**などが世界銀行を活動拠点とした開発論の分野で検討し(Woolcock 1998)、2000年代に**ロバート・パットナム**が普遍的な問題としてその毀損をコミュニタリアン的に論じ(Putnam 2000)、**ナン・リン**が自己の社会資源論をさらに敷衍する概念として用いる(Lin 2001)、などさまざまな分野の多くの研究者によって多岐にわたる視点から論じられてきた。

のっけから長々としためまいを覚えるような悪文で恐縮だが、要するに社会関係資本は、昨日今日つくられた概念ではない。教育学、経済学、社会学、政治学、公衆衛生学など、それぞれの分野の碩学が提唱してきた概念であり、いずれも学際的にかつ現場経験を重視した結果として社会関係資本に辿り着いている。

たとえば、ピエール・ブルデューはフランスが20世紀、世界に誇る人類学・社会学者・哲学者で学際的に思索を展開したが、アルジェリア戦争に従軍し、現地の状況を目の当たりしたのが彼の学問の根底にある。

ジェームズ・コールマンは20世紀後半アメリカを代表する社会学者で、１９９０年に公刊された *Foundations of Social Theory* は経済学の合理的期待形成論を用いた１０００頁近くの大著で経済学と社会学を理論的に融合させたが、教育の現場を大切にして政策的にも大きな影響力を持った。

ロバート・パットナムはアメリカの政治学者であるが、１９９３年にイタリアの州政府の地域による効率性の違いを分析した *Making Democracy Work*（邦訳『哲学する民主主義』）と２０００年刊行の『孤独なボウリング』は、その明解な語り口と問題提起でベストセラーとなり、時のブッシュ政権にも影響を与えた。ベストセラーとなった理由は、誰にでもわかる、つまり現場を大切にした語り口にある。ハーバード大学行政大学院院長、アメリカ政治学会会長というバリバリの政治学者だが、その分析手法は社会学とほとんど変わらず学際的である。

エリノア・オストロムもアメリカ政治学会会長を務めた政治学者ではあるが、ゲームの理論を用いた入会地や灌漑施設などのコモンズ（共有資源）の研究で２００９年女性初のノーベル経済学賞を受賞したが、原点はフィールドワークだ。

これら4人の碩学の共通点は、いずれも複数の学問領域にまたがり学際的に課題を分析し、かつその手法も現場重視であることだ。そしてそれは、決して彼らに限ったことではない。現場で現実の問題に直面すると、どうしてもさまざまな専門分野の知見を学際的に駆使せざるを得ず、結果的に社会関係資本に辿り着くのである。換言すれば、日々の組織運営や社会活動で生じる問題は常に広範な分野での知識がなければ解決できない。社会関係資本が学問の領域として認知されているのは、公衆衛生、開発論、防災、健康・福祉、教育、政治・市民活動などの分野であるが、いずれも市場メカニズムが貫徹しない市場の失敗がみられる分野、つまり経済学を超えた学際的な知識が求められる分野である。なお、企業もその内部は市場メカニズムが貫徹しているわけではないので、経営学でも社会関係資本は研究対象となっている。ちなみに、筆者は経済学が格差拡大の影響を十分に分析できないことに不満を覚え、その一方で社会関係資本の論者が格差の悪影響を論じていたことから、社会関係資本の研究に入った。筆者は社会関係資本を扱うことで、社会と現場における理不尽を可視化することができると考えている。

つまり、本書を読んで「生きづらさ」がなくなることはない。しかし、われわれはそれで充分だと思っている。結局のところ、人はつらい時、治療を求めているのではなく、優しく背中を押してくれること、あるいは倒れそうな時に支えてくれる一言を期待しているのだから。

なお、社会関係資本（ソーシャル・キャピタル）という概念は、英語の social capital で、直訳すると「社会資本」であるが、日本では道路や橋などの社会インフラと誤解されてしまうため、２０００

年代半ば以降「社会関係資本」ないしはそのままカタカナ表記で「ソーシャル・キャピタル」が定訳になった。本書でも目次、見出し部分には社会に喧伝されている「ソーシャル・キャピタル」という表記を用い、本文部分では原則として「社会関係資本」と表記している。また、原著論文を確認されたい方のために、少し固苦しい学術論文のようになるが、本文中に著者名と発行年を記述しているので、それに基づき参考文献リストから参照されたい。

本書は、公益財団法人 生存科学研究所の助成を得て刊行する。同財団と、編集の労をとっていただいた日本評論社の永本潤氏に心から御礼申し上げる。

注

（1）本書は宗教とは無関係であるが、古くは新約聖書でも以下のように記述している。
「人から出てくるものこそ、人を汚す。中から、つまり人間の心から、悪い思いが出てくるからである。」（新共同訳『新約聖書』p.75）

第Ⅰ部

概論

第1章

ソーシャル・キャピタルとは何か

——定義と有用性

稲葉陽二

1 ソーシャル・キャピタルとは何か[1]

(1) ソーシャル・キャピタルのさまざまな定義

社会関係資本とは、人々の間の協調的な行動を促す「信頼」「互酬性の規範」「ネットワーク（絆）」を指す。パットナムは1993年に刊行した*Making Democracy Work*のなかで、社会関係資本の定義を「協調的行動を容易にすることにより社会の効率を改善しうる信頼・規範・ネットワークなどの社会的仕組みの特徴」（Putnam 1993：p.167、筆者訳）とした。この定義は「最も人口に膾炙したものであり、その後の社会関係資本研究の呼び水となったといえる。彼は、その後2000年にベストセラーとなった*Bowling Alone*のなかで、「社会関係資本が指し示しているのは個人間のつながり、すなわち社会的ネットワーク、互酬性の規範およびそれらから生じると信頼性である」（Putnam 2000＝2006：邦訳 p.14を筆者修整）[2]と述べている。

よく読むと、２０００年の定義は信頼（trust）が信頼性（trustworthiness）に置き換わり、かつそれは社会的ネットワークと互酬性の規範から生まれるとされている。また一方で信頼（trust）は社会関係資本の結果であると（邦訳p.19）変化している（図１のａからｂへの変化）。

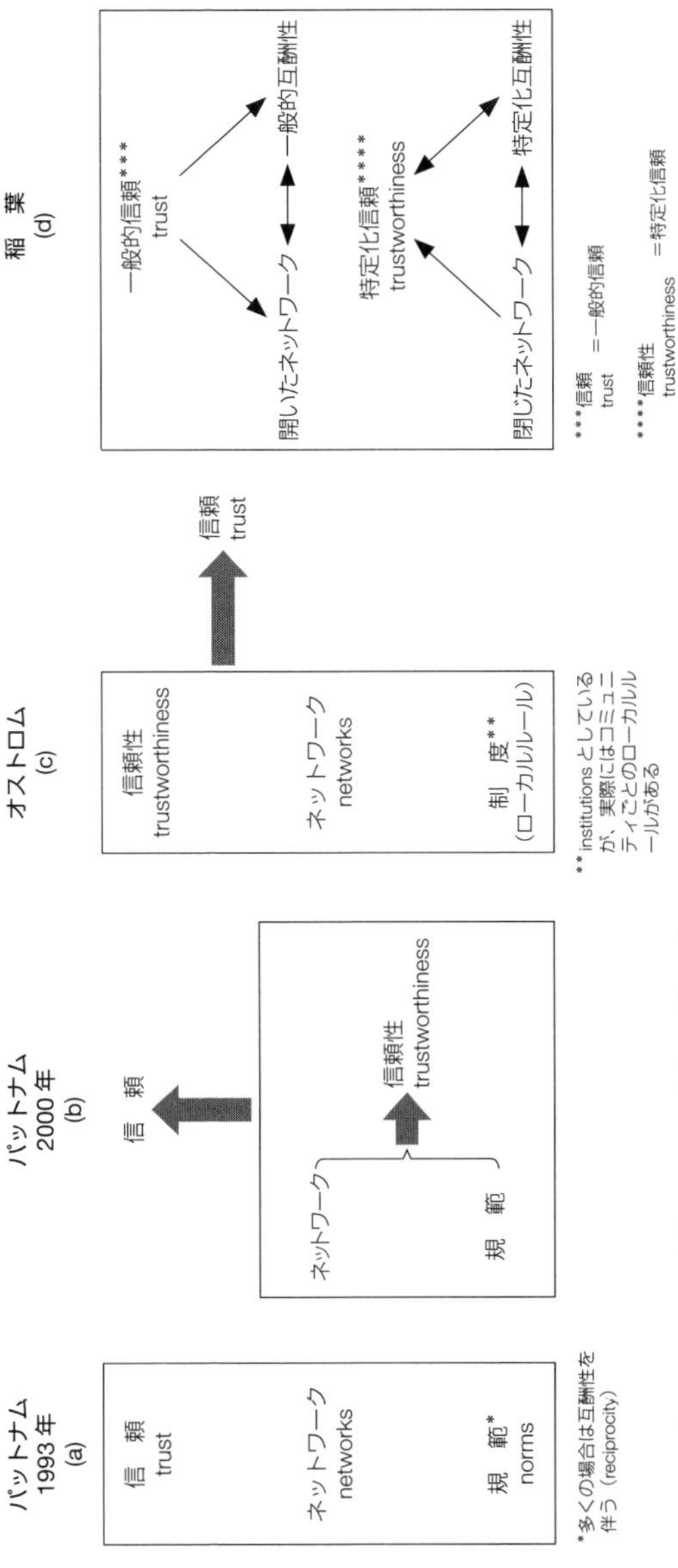

図１　社会関係資本の定義における信頼の位置づけ
出所：Putnam (1993; 2000), Ostrom & Ahn (2009), 稲葉（2011）より筆者作成

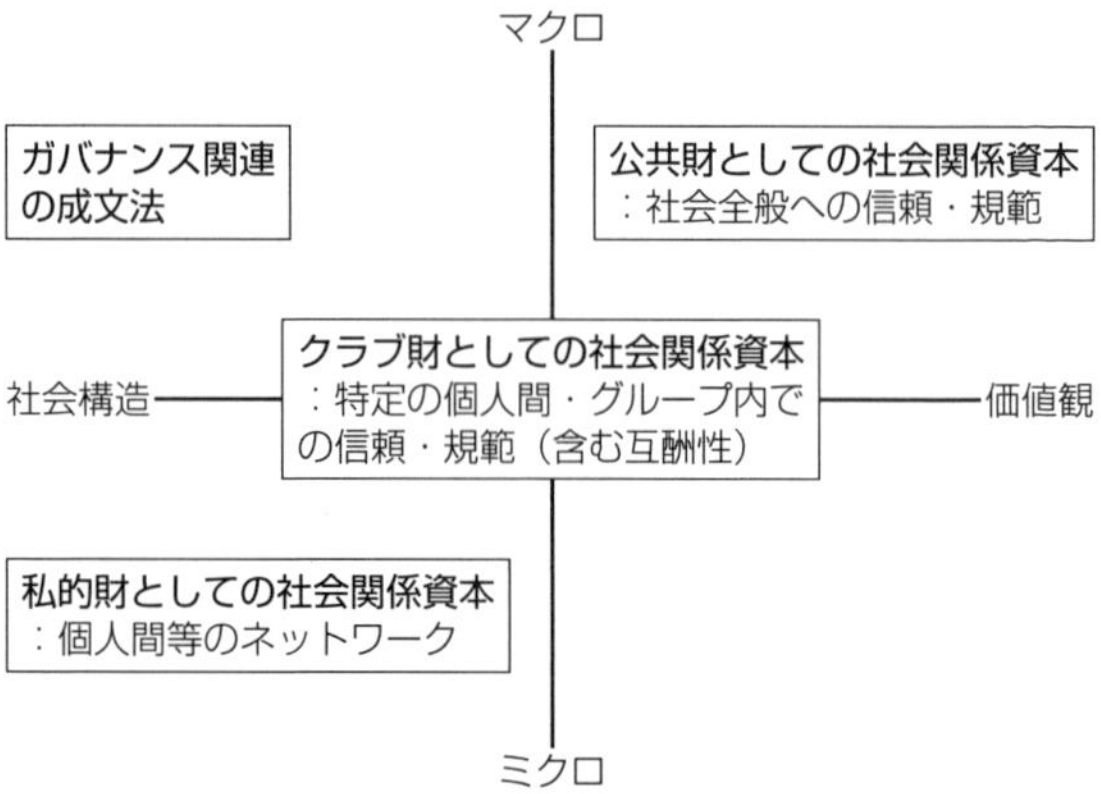

図２　社会関係資本の概念整理：三つの社会関係資本

出所：グロタルトらの論文を参考に筆者作成

社会全般に対する信頼を一般的信頼と呼んでいるが、これはソーシャル・キャピタルの結果だとする見方は、エリノア・オストロムも同様である（図１ｃ）。彼女はさらに、規範の部分は灌漑施設などの共有資源の分析から共有資源を運営するコミュニティのローカル・ルールを指して制度（institutions）と呼んでいる（Ostrom & Ahn 2009）。

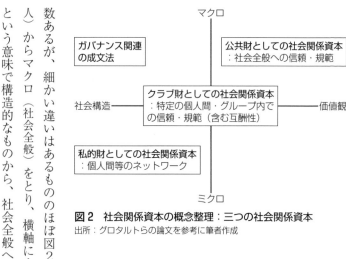

なお、筆者は「心の外部性をともなった信頼・規範・ネットワーク」と定義し、この「信頼」には社会全般に対する信頼（一般的信頼）と特定の個人に対する信頼（特定化信頼）双方を含み、また後者（特定化信頼）は「信頼性」と同義として、図１ｄのような関係を想定し、すべてを社会関係資本としている（稲葉 2005）。

社会関係資本の定義はパットナム以外によるものも多数あるが、細かい違いはあるもののほぼ図２に示す分類で網羅されている。図２は縦軸にミクロ（個人）からマクロ（社会全般）をとり、横軸に人々の間のネットワークといった図に書くことができるという意味で構造的なものから、社会全般への信頼といった図には書けないという意味で認知的なものをとっている。図2の右上は、認知的で社会全般を対象としたもので、社会全般への信頼（一般的信頼）や、お互い様の規範（一般的互酬性：人を助ければいつか誰かが助けてくれる）などが該当する。一方、図2の左下は、個人間のネットワークが当てはまる。また、両者の中間は、特定のコミュニティにおけるネットワークや、そのメンバー間の信頼（特定化信頼）や互酬性（特定化互酬性）が該当する。上述のように信頼性（trustworthiness）という概念は、信頼の対象があって初めて成立するので、筆者は信頼性は特定化信頼と同義に扱っている。

公衆衛生学の分野での社会関係資本の提唱者であるイチロー・カワチは、パットナムの影響を強く受けていたため、公衆衛生学分野でもパットナムの社会関係資本の定義に準拠して議論している。つまり、信頼（もしくは信頼性）、互酬性の規範、ネットワークを社会関係資本の基本構成要素としている。ただし、ネットワーク、信頼（もしくは信頼性）、互酬性の規範の三つすべてを対象とする広義の定義に立つ論者と、信頼、規範、ネットワークのうちの一部を対象とする狭義の立場の論者とがある。また、『孤独なボウリング』では信頼を社会関係資本の結果としているが、カワチらは社会全般の信頼（一般的信頼）は社会関係資本の一部として論じる傾向がある。

パットナムは社会関係資本を、個人の資源ではなく、社会やコミュニティに帰属するもの（公共財）や特定のグループにおける準公共財（クラブ財）[3]に重点を置いており、図2でいえば、右上と中央の世界を重視している。しかし、社会関係資本を個人の資源（私的財）とみる論者もおり、彼らの場合は図2の左下の世界を重視している。

たとえばナン・リンは「人々が何らかの行為を行うためにアクセスし活用する社会的ネットワークに埋め込まれた資源」（Lin 2001）と定義している。リンの定義では、社会関係資本は個人に帰属するものである。彼のいう社会関係資本はネットワークであり、信頼や互酬性の規範はその結果生じるものであって社会関係資本ではないとしている。

以上のように、論者によって微妙な違いがあり、ネットワークに焦点を当てる論者は社会関係資本を個人に帰するものとする場合が多い。一方、信頼や互酬性の規範に重きを置く論者は、個人ではなく社会全般の協調的な活動に重点を置く傾向がある。また、健康と社会関係資本との関係を論じる社会疫学では、社会関係資本を論じる場合、主に凝集性（cohesion）に重点を置き、すでに述べたように、社会関係資本という概念が一般化する以前から公衆衛生で研究対象とされていたネットワークやソーシャル・サポートを社会関係資本から外して議論するケースもある。

さらに敷衍すると、社会関係資本は個人レベルのほかに、常にコミュニティレベルの社会関係資本が存在する。後者は国、都道府県、郡、市町村、旧村、中学校区、小学校区、町丁目、隣近所、職場、同窓会、運動や趣味のサークル、ＮＰＯあるいは特定の人を中心とした半径１００メートルといった空間的な距離でとらえた集団、などさまざまなレベルや形態が存在する。

個人のネットワークは、俗にコネといわれるように私的財であるが、それがグループ（コミュニティ）レベルで張り巡らされ、グループ内の規範や信頼を醸成すると準公共財や公共財が生まれるので、社会関係資本は必ず個人レベルの私的財としての社会関係資本と、コミュニティレベルの（準）公共財としての社会関係資本が対になって存在する。したがって社会疫学に限らず、社会関係資本を論じる場合は個人とコミュニティの双方が同時に対象となる。

このように、社会関係資本の定義と形態はさまざまであるが、基本的にはみな同じ方向を向き、人々や組織の間に生まれる協調的な行動を分析するという課題に取り組み、その基本的な構成要素としては「社会全般における信頼・互酬性の規範・ネットワーク」を含んでいる。さらに最近はよい面ばかりではなく、むしろ公害と同様の負の外部性（外部不経済）を認識しいかに制度的にそれを取り除くかも研究課題となっており、本書も第2章は負の側面を扱っている。

なお、これらの概念をどう計測するか、さらに近年の情報通信技術と人工知能（ＡＩ）の進歩は、2020年に始まったコロナ禍にも促進され、仮想空間での他者との付き合いを現実世界以上に重要なものに変質させており、この変化をどう計測するかも課題になっているが、本書では紙幅の関係から扱わない。

(2) ソーシャル・キャピタルの諸類型

社会関係資本にはいくつかの類型がある。たとえば信頼や規範を認知的社会関係資本、ネットワークを構造的社会関係資本とする分類もある。

また、私的財である個人間のネットワークについても、異なるバックグラウンドを持つ人々を結びつける橋渡し型（ブリッジング）社会関係資本と、同じバックグラウンドを持つ人々を結びつける結

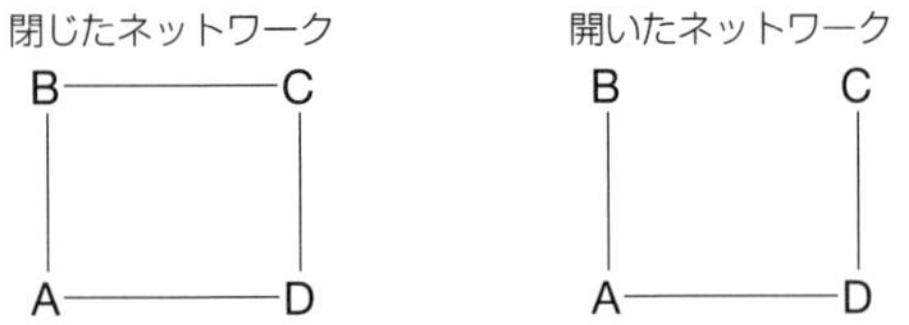

図3　コールマンの閉じたネットワークと開いたネットワーク

出所：Coleman（1988）「人的資本の創造における社会関係資本」より筆者作成

束型（ボンディング）社会関係資本の二つがよく言及される。被災者救済のためにさまざまな経歴の人々が集まるＮＰＯなどのネットワークは橋渡し型社会関係資本で、大学の同窓会、商店会や消防団等の地縁的な組織は結束型社会関係資本である。さらに橋渡し型の中でも社会的な階層間を結びつけるものを連結型（リンキング）社会関係資本と呼んでいる。

過去の実証研究によれば、結束型社会関係資本は結束を強化する傾向があるが、橋渡し型社会関係資本は情報の伝播や評判の流布に有効とされている。たとえば、同じ仲よしグループのメンバー同士は、結束は固くても、同じ噂話や内輪話が堂々巡りしてしまい、新しい情報を得るには向いていない。新しい情報を得たり、逆に情報を流すためには、バックグラウンドが異なる人々のネットワークのほうが、それぞれが異質なネットワークに属し、異なる情報源を持っていることが多いので適している。

このほか、ネットワークのあり方に関連して、閉じたネットワークと開いたネットワークという概念がある。これは、ジェームズ・コールマンが提唱したもので、彼は図3のような概念図を示して、ネットワークが閉じているほうが互酬性の規範がより貫徹しやすいと論じた（Coleman 1988）。ネットワークが閉じているとメンバー間の制裁がしやすく、したがって規範が確立しやすい。コールマンがこの閉じたネットワークの実効性の例の一つとして挙げたのは、カソリック系の高校とそうでない高校との比較である。全米の公立８９３校、カソリック系私立89校、その他の私立27校のデータを分析し、高校１年から３年までの間の中途退学率について、公立校では14・４％、カソリック系でない私立校でも11・９％であるのに対し、カソリック系の私立校では３・４％と極めて低いことを指摘し、この差は父兄間、生徒間の閉じたネットワークの有無によるものであるとした。父兄間と生徒間の二つのレベルで親密なネットワークを持ち、キリスト教という規律のもとで知り合い同士である閉じたネットワークを持つカソリックの学校は、そうした規律がなく、父兄間・生徒間が必ずしも知り合いではない開いたネットワークである公立学校よりも、親の社会経済的ステータスの違いを考慮しても、圧倒的に中途退学率が低いとしている。

一方、コールマンの弟子であるロナルド・バートは、むしろ開いたネットワークを作り出すことの有用性に着目し、構造的空隙論を展開した（Burt 1992）。バートによれば、個人のネットワークの中での空隙を埋めることに意義があり、そこから生じる付加価値が社会関係資本であると論じている。図４でいえば、グループＸに属する個人Ｃは、同じグループのＡとはすでにＤを介してネットワークがつながっているので、新たにＡとネットワークを張る、つまり何らかの社会的な関係を持つよりもグループＹのＥとネットワーク（点線で表示）を

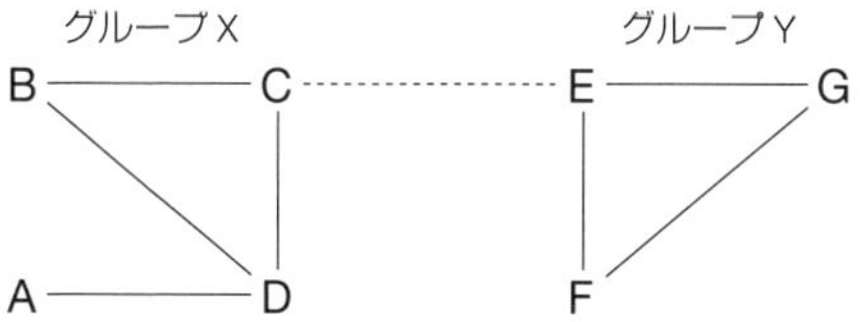

図4　バートのネットワークの空隙

出所：Burt（1992）『競争の社会的構造―構造的空隙の理論』安田雪訳（2006）より筆者作成

張るほうが、付加価値が高いという主張である。両者の主張はいずれも、社会関係資本の外部性（個人間の取引が第三者へ影響を与えること）は、社会的文脈のなかでの個人や企業の相対的位置に影響されるということを意味している。

2　ソーシャル・キャピタルの有用性

(1) ソーシャル・キャピタルは何の役に立つのか

社会関係資本に期待される効果は、①健康、教育、地域の安定、災害時の対応能力など水準の向上であるが、実務的な有用性は、②縦割り行政やその根底にある縄張り意識の打破による効率化（筆者はこれを現場の理不尽の解消と呼んでいる）、③地域診断のための歴史的・文化的な経緯を踏まえた地域特性把握のための俯瞰的視点を提供してくれることである。さらにより広範な観点から論じれば、④社会関係資本は経済格差・教育格差・健康格差などの格差問題（社会の理不尽）の理解に重要な糸口を提供できるし、⑤本書の基本的なテーマである「生きづらさ」の解明にも有用である。

上記の①から④まではすでに多くの論文や書籍が扱っているので、本書では⑤の「生きづらさ」の解明に有用である点について次章でより詳細に解説する。

（2）どうして有用だといえるのか

社会関係資本と健康との正の相関について、多くの研究者や現場の専門家が指摘してきた。ただしこれには常に、クロスセクション（横断）データによる検証では因果関係を特定したことにはならない、という批判があった。社会関係資本が高いから健康なのではなく、健康だから高水準の社会関係資本を維持しているのではないか、という批判である。この批判に対し、社会疫学の論者は、マルチレベル分析、介入研究、操作変数の利用、固定効果モデル、傾向スコアの利用など、文字どおり涙ぐましい努力とさまざまな工夫を重ねてきた[4]。抜本的にこの批判に応えるには、長期間にわたり同一人物を追跡調査するコホートデータが必要となるが、幸い、日本でも近藤克則の努力により、2010年代に入り大規模なコホート調査のデータが蓄積されるようになった[5]。

彼は1999年に愛知県の知多半島の自治体から始めたAGES（愛知老年学的評価研究）を、対象を日本全国に広げたJAGES（日本老年学的評価研究）として2010年代以降65歳以上の高齢者のコホートデータを蓄積しはじめ、次々とその成果が発表されている。これらのコホートデータの示すところは、概ね社会関係資本が人々の健康へ影響を与えるとする仮説を支持するものであり、因果関係をめぐる論争は、筆者の見解では結着しつつある。近藤克則はこの成果を認められ2020年日本医師会医学賞を受賞した。社会関係資本研究から派生した諸研究が医学界で科学として認められたことになる。

さらに筆者としては、吉藤健太郎が創作した分身ロボット OriHime の例も社会関係資本が健康に影響を与えるという機序をすでに実証していると考えている（吉藤 2017）。分身ロボット OriHime は、ＡＩではなく「人間」が動かす。たとえば病床で寝たきりの利用者でもパソコンやスマホの画面で分身ロボットのカメラから見える視界を得て、会議や授業、仕事に参加したり発言ができる。それどころか分身ロボットについている可愛い「手」で挙手や拍手もできるほか、「頷く」ことなどの感情表現もできる。また、人型のデザインは会議や授業、職場などの他の参加者にも「操作者と同じ空間に一緒にいる」感覚を与える。この小型の人型デバイスのおかげで、小児科の無菌室に長期入院を余儀なくされ、毎日一人きりで過ごし無気力になっていた少年が「分身ロボット」を自宅に置き家族との一体感を取り戻し、元気になった（同上：pp.220-223）。吉藤の秘書は4歳のときに交通事故に遭い呼吸器を装着した寝たきり患者となり、それ以来20年以上もベッドの上で療養生活を送っているが、今では分身ロボットを吉藤のオフィスに置き、吉藤の秘書として盛岡の自宅から吉藤のスケジュール管理をしている。それどころか、吉藤と「同行」して講演までこなしている（同上：pp.228-231）。そのほか、難病のＡＬＳ患者の孤独を解消した例（同上：pp.234-239）など、社会とのつながりを持てることによって元気になった例が紹介されている。これらの例は明らかに、社会関係資本を得ることによって健康を取り戻した、つまり因果関係は健康だから社会関係資本を維持するのではなく、社会関係資本ができたから元気であるということを示している。

(3) 行政の対応は地域のソーシャル・キャピタルに応じて異なる

行政が公共サービスを自ら提供する従来型のヒエラルキー組織から、民間によるサービス提供を活用するネットワークに基づく行政へと変質し、公共サービスの提供主体が行政・地方自治体自身から民間企業や住民活動によるNPOなどに代わりつつある。

このネットワークに基づく行政・公共サービスの提供には、企業や住民活動を、行政の出入り業者や下請けとして管理するのではなく、行政の対等なパートナーとする社会関係資本の新たな構築が必要であり、民間の企業や住民活動の潜在力を生かしていくものでなければならない。行政と住民との関係を基本的に逆転させ、かつ地域と住民が持つ社会関係資本の理解と活用が必須となる。

ネットワークは個人や組織の間を結び、そのネットワークのあり方が地域全体の信頼や互酬性の規範にも影響し、さらには過去の歴史や文化をも反映し、個人レベルでのネットワークのあり方、コミュニティレベルでの信頼や互酬性の規範、そして広くマクロレベルである社会全般に対する信頼や互酬性の規範、の3段階で、それぞれのコミュニティ独自の社会関係資本を形成する。行政はそのあらゆる活動に際し地域診断を必要とするが、地域診断では社会関係資本のあり方も把握することが必要となる。

コミュニティの特性を社会関係資本の視点から分類するには、結束型と橋渡し型の分類を用いることができる。図5は縦軸に結束型社会関係資本の高低、横軸に橋渡し型社会関係資本の高低をあらわしたもので、個々の点は個人、線は個人間の紐帯を示している。

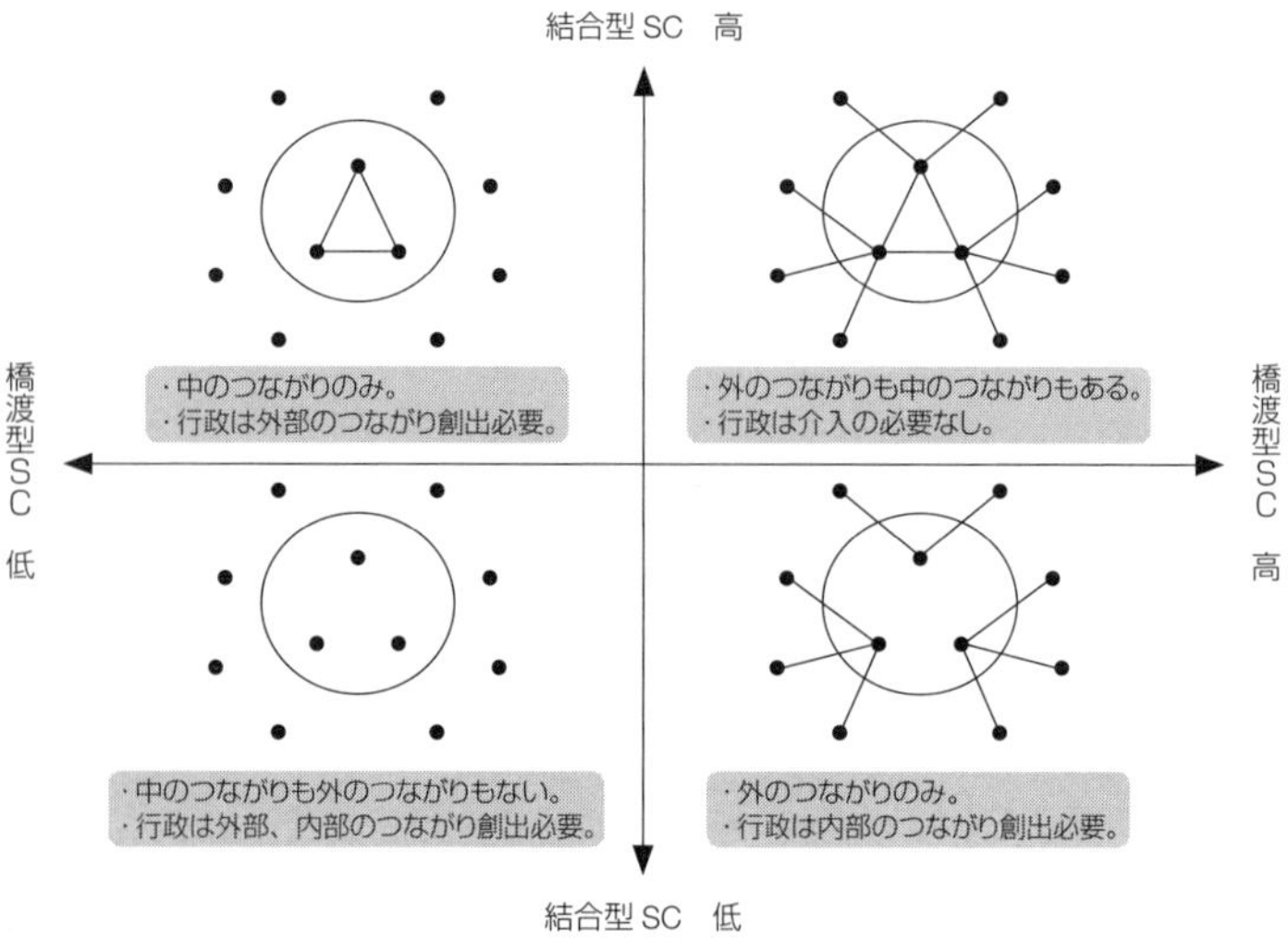

図5　地域における社会関係資本の構造と行政の対応

出所：Inaba (2013) に基づき日本総研作成

図5の右上にあるようなケースでは個人間のネットワークがコミュニティの内外でともに密であり、コミュニティ内の信頼と互酬性の規範が高く、まとまりがよく、コミュニティ外の社会全般に対する一般的信頼や一般的互酬性（相手を特定しないお互い様の規範）が高い地域は、すでに地域内外で豊かな人間関係が形成され、行政は介入をできるだけ避け、住民の代表を通じて、情報提供や行政からの依頼をすればそれで済むケースもある。

一方、図5の左下のケースのように住民間のネットワークが希薄な地域や壊れてしまっている地域では、行政が住民同士の出会いの場の設定も含めて積極的な介入が必要である。また、住民同士のネットワークは緊密であるがコミュニティ外とのつながりが弱い場合（図5の左上のケース）は、行政はコミュニティと外部との橋渡し役となることが求められる。逆に住民同士のネットワークがないがコミュニティ外とのつながりが強い場合（図5の右下のケース）では行政は住民同士を結びつけることが求められる。

図5に示されるような四つの類型は多摩ニュータウン地域でもみられる。江戸時代から続くコミュニティ（図5では左上に該当する可能性が高い）がある一方で新興住宅地がある。新興住宅地も一戸建ての比較的広い邸宅が並ぶ地区（図5右下のケースが多い）もあれば、集合住宅もあるし、集合住宅も分譲（比較的バランスがとれた図5右上のケース）と公営の賃貸（高齢化すると図5左下に該当するケースが多い）もある。

行政の対応例として、図5右下のケースの対応策として、東京都下のA市では「ビジネスお助け隊」、企業OBや専門知識を有する住民で、自らの経験や知識を地域店業の活性化に役立てようという志のある人を組織したビジネスアドバイザー制度を立ち上げた(6)。新興であるが高級住宅地である外から来た住民の外とのネットワークで得た知識を、古くからの住民である市内の中小企業と結びつける試みるもので、図5の左上のコミュニティと右下のコミュニティを結びつける行政の施策である(7)。

注

（1）本節は稲葉（2021：pp.62-69）に依拠している。

（2）同書ではさらに以下のように述べている。「この点において、ソーシャル・キャピタルは「市民的美徳」と呼ばれてきたものと密接に関係している。違いは以下の点にある―市民的美徳が最も強力な力を発揮するのは、互酬的な社会関係の密なネットワークに埋め込まれているときであるという事実に、「ソーシャル・キャピタル」が注意を向けているということである。美徳にあふれているが、孤立した人々のつくる社会は、必ずしもソーシャル・キャピタルにおいて豊かではない。」(p.14)

（3）特定化信頼、特定化互酬性、グループ内のネットワーク。

（4）社会関係資本論者からの因果関係の立証に関する対応はカワチほか（2008）およびカワチほか（2013）第4章・第8～10章を参照されたい。

（5）医学分野においては、ハーバード大学のフレミンガム調査や、九州大学の久山町における調査などがあるが、これらは社会関係資本の概念の重要性が認識される以前のものである。

（6）立川寛之（2020：p.24）。

（7）ただし、立川寛之氏によれば、対象企業には新興住宅地における企業をも含んでいる、とのことである。

第2章

ソーシャル・キャピタルの二面性を意識しつつ社会という箱のなかで自分の居場所を見極める

稲葉陽二

1 友人の独白

「生活苦の方々がいらっしゃるのに、こんなことを言って不謹慎で本当に申し訳ないのですが、コロナ禍で少しほっとしました。毎日、すし詰めの電車に揺られ職場へ行き、職場で仕事をしようとすると、本来の仕事以外の人間関係に疲れ、就業時間が過ぎても帰りにくい得も言われぬ雰囲気で付き合い残業の挙句、上司との飲み会。隣の女性の同僚は、確か子育て中なのに無神経に残業を求める上司。思いつきで朝令暮改を繰り返す上司やクライアントに振り回され、挙句の果てに自分の責任にされる理不尽。日本の会社は良いところも沢山あるとは思うのですが、その良さも裏から見れば、大きな弱点のようにみえるのですが、誰もそれを言わない不思議。

そうなんです。コロナ禍でリモートワークになり、上司の無能やその場しのぎの思いつきが、きちんと記録に残されるようになり、今までの問題が見える化された感じがします。それに通勤時間が無くなったので、家族サービスや妻の子育ても手伝う余裕ができました。勤めはじめて20年、毎日仕事に追われ、いまも追われてはいるのですが、気持ちに余裕ができ、先日は長年懸案だったペットの購入を決めました。

受験生の長男も修学旅行や行事が次々と中止になりかわいそうでしたが、毎日の授業、塾、土日は模試と息つく間もなく精神的にも体力的にも追い詰められていたのが、3月の一斉休校で一息つくことができ、生活を立て直すことができました。

子育て中の同僚も、新生児の世話で夜寝ることができず、大変でしたが、ご主人がリモートワークになって、手伝ってもらえるようになり、なんとか息をつくことができたそうです。

あのままだったら気が狂っていたかもしれないと言っています。結局、コロナ禍で自分本来の居場所を再確認することができたような気がします。もう一つ言えることは、自分に本当に必要な部分と不必要な部分の仕分けができたということでしょうか。」

2　人は社会という箱のなかで生きている(1)

少し突飛に響くかもしれないが、人は生まれながらにして社会という箱のなかで生きている。歳を重ねるに従い、その箱は徐々に大きくなっていく。この箱は自分で大きさを調節できる部分もあれば、自分自身ではどうしようもない部分もある。また、最初は自分の意思で大きくしたつもりが制御不能に陥る場合もある。悪いことに、よかれと思っていた部分が自分を脅かすことさえある。その箱から逃れることはできず、最悪の場合は自分を押しつぶす妖怪のような存在になることもある。その一方、箱のおかげで、自分の才能を開花させることができ、幸せな人生を後押ししてくれることもある。

(1) 箱の中身で自分がわかる

自分探しというが、それは自分が生きている箱の構造を知り、自分がその箱のなかでどのような位置にいるかということを見つける、できるだけその箱をつくり直すヒントを得ることだと、筆者は考えている。箱の中身は自分と主に自分をとりまく人間との関係性なのだが、生身の人間だけではなく組織もあるし、ペットやロボットまで含まれていることもある。どの箱も持ち主である個人の人生を反映して唯一無二のものであり、同じ形の箱は一つとして存在しない。時にはその中身が持ち主からみても迷路のように入り組んでいて、わけのわからないものになり、決して逃げることのできないその箱をまるでなかったものかのように扱う。これが社会的孤立であるが、その選択肢は究極の解決策には決してならない。なぜなら、あなたはその箱の持ち主でありその一部なのだから。

個人が持っているこの箱の構造は社会関係資本という概念を持っているととてもわかりやすい。この世に生を受けるということは両親がなくてはあり得ないから、まず両親との関係があり、兄弟姉妹の関係がある。さらに親戚縁者との関係があるし、隣近所の隣人との関係がある。よちよち歩きを卒業して保育園や幼稚園に通うようになれば、そこで同年代や保育士、幼稚園の先生との関係が生まれ、それは小学校、中学校、高校、大学と進学するにつれ重層的に幾重にも重なるネットワークになり、(2)それに部活、アルバイトなどの異なる場におけるネットワークが追加され、社会人になるとさらに職場などのネットワークに属することになる。この間、SNSなどをとおしてネット上の関係も作られてくる。人々との関係も、成就しなかった初恋のように、こちらからの一方的なものもある一方で、相思相愛の恋人同士のように双方向のものもある。関係性も人だけではなく、犬型ロボットのアイボのように人は機械やVRのキャラクターとも、たとえ一方的で疑似的であれ、主観的には関係性を結ぶことができるし、ましてや家族と一緒に育った犬や猫、鳥などのペットとは双方向の関係性を結ぶことができる。

(2) 箱の形が人生を反映するが、自分の思いどおりにはならない

この箱の形は持ち主の人生を反映する。上昇志向で常に自分より地位の高い人ばかり追い求める人の箱は重層的に幾重にも上に向かって積み重なり、まるで高層ビルのようだ。一方、同じ職場の中だけで人脈を築いた人の箱はとても密だがコンパクトにまとまっている。生涯各地を転々とし行く先々で他の数学者と共著論文を執筆した天才数学者ポール・エルデシュの箱は逆に平べったく広がっているかもしれない（ホフマン 1998＝2000）。

要するに人はさまざまなネットワークの一員となっていくが、同じような背景の者とだけ付き合うネットワークもあれば、異質な人々とのネットワークを好む人もいる。さまざまなネットワークのな

かでグループのメンバー同士の信頼も生まれるし、何らかの活動を行うグループではその活動を行うためのルールなどの規範が形成されるかもしれない。ただこれらのネットワークは必ずしも自分の意思で参加した者ばかりではない。たとえば、筆者は神田地区の高齢者と学生の懇談会に参加したことがある。高齢者は神田祭に参加することを地域住民の特権と考えていたが、その一方で、その地域にいたから仕方なく参加している学生もいた。地域における祭りや自治会活動などは本人の意思に沿って自発的に参加するものではなく、そこで生まれて生活しているから半ば強制的に参加を強いられている活動も多い。

もちろん、ボランティアは定義からして自発的なものであるが、それでも会社単位の参加など半ば強制的なものもある。会社はそもそも自分の意志で入社を決めるが、買い手市場で労働者の立場が弱い時は他の選択肢が限られやむを得なく勤めているケースもあろうから、そうなると結果的には自分の意志に基づいたネットワークではない。嫌なら辞めればいいということなのだが、悪いことに大会社ほど転職の機会費用が高く、離職の決断がしにくい。

(3) 箱は歳をとるほど複雑になり、バランスをとるのが難しくなる

このように人は歳を重ねるに従いどんどん他者とのネットワークをより重層的に複雑にしていくが、ネットワークは単なる電話線のようなものではなく、必ず相手に対する信頼やネットワーク内の規範のような価値観が伴う。規範や信頼が伴うネットワークはよい効果を持つとは限らない。つまり人は

自分がかかわったさまざまなネットワークの価値観に直面するが、それは必ずしも自分の価値観や判断に沿ったものとは限らない。自分の価値観に合わなければ合うものだけに絞ればよいのだが、子どもの学校のPTAのように、いわばわが子を人質にとられ、自分で退出するのが難しいネットワークもある。つまり、歳を重ねるに従い、不本意ながら参加しているネットワークも増え、ストレスが必然的に増していく(3)。

この世に生を受けたときは、とても簡単な社会の箱だったが、どんどん重層化し複雑になり、箱の持ち主である自分でもコントロールできない部分が増えていく。しかも、箱の上には社会全体の常識や規範、さらに本人の社会全体への信頼まで載っている。したがって、この箱の中身は持ち主にとってプラスの影響を持つものと、マイナスの影響を持つものが混在する。それどころか、持ち主以外の社会へもプラスの影響とマイナスの影響の両方を与えている。いずれにせよ、人は自分の社会の箱のなかでプラスとマイナスの影響をバランスさせているのが人生である。この箱のおかげで人生はうまくいくこともあれば、逆にうまくいかないこともある。箱の中身は変わらないが、プラスとマイナスのバランスが崩れれば、順風満帆であった人生でも突然暗転することがあるし、それは誰にでも、いつでも起こり得る。

しかも厄介なことにこのプラスとマイナスのバランスはいつも微妙に変化していく。境界性人格障害でも近年の「普段は元気なのに、責任ある立場に立たされたり、仕事の正念場が近づいたりすると、まるでわざとのように調子を崩してしまう」うつ病（斉藤 2011：p.23）でも、筆者からみればそれぞれの社会の箱のなかのプラスとマイナスのバランスが揺れ動いている状態のように見える。

3　「ひきこもり」115万人を考える

(1)　コロナ禍では全員が「ひきこもり」?

本章の冒頭の独白はコロナ禍という外生的な影響が自分の社会の箱の整理を可能にしたケースであろう。いずれにせよ、日常生活で自分の社会関係資本を考える姿勢があれば人生が少し楽になる可能性がある。内閣府の『令和元年版 子供・若者白書』は「ひきこもり」について2015年(対象15−39歳)と2018年(同40−64歳)に実施した二つの調査結果から15−64歳までの合計で115万4千人と推計している(内閣府 2019a; 2019b)。両調査における「ひきこもり」は「ふだんどのくらい外出しますか。」との問いについて、①趣味の用事のときだけ外出する、②近所のコンビニなどには出かける、③自室からは出るが、家からは出ない、④自室からほとんど出ない、のいずれかに該当し、かつ現在の状態となって6か月以上と回答した者の数から推計している。コロナ禍の2020年末ではこの定義に該当する者の数は115万人を大幅に上回る可能性が高いが、2015年から2018年の状況としては妥当な推計ではないか。

（2）「ひきこもり」の原因は社会にある

とくに、人が「生きづらさ」を感じ「ひきこもる」原因は個人だけにあるのではなく、社会とのかかわり方にあるのだから、原因の一端は必ず社会のあり方にもあるはずだ、とする社会関係資本の視点からみれば、日本の50世帯に1世帯は「ひきこもり」を抱えているという状況は全く驚くにあたらない。「ひきこもり」の原因が社会関係にある証拠に「ひきこもり」のきっかけとして40－64歳では、「退職」が最も多く、次いで「人間関係がうまくいかなかった」「職場になじめなかった」「不登校」の順になっているし、15－39歳では「不登校」「職場になじめなかった」「就職活動がうまくいかなかった」と、社会との関係がうまくいかなかったことがきっかけとなっている（内閣府 2019b）。

上記の「ひきこもり」115万4千人は「自分の趣味に関する用事のときだけ外出する」「準ひきこもり」61万3千人を含んだ推計だが、「生きづらさ」を感じているという意味では「ひきこもり」に該当しない人々でも多くの人々がそう感じていることは間違いないのではなかろうか。

（3）砂上の楼閣をつくらない

それでは、われわれがそれぞれ必ず持っている社会の箱とはどんな構造をしているのであろうか。本当は社会の箱の構造を詳細に分析して、あなたはこうすべきだとか、診断できればよいのかもしれないが、社会の箱は人それぞれの心に、ときには鍵をかけられて存在しているので他人が詮索しても意味がない。むしろ他人がその箱を開けることは許されない。人に言われてではなく、自分で自分の箱の中身を考えなければ意味はない。

ただ、社会関係資本論の知見からいえば、おそらく社会参加の機会を増やすことが、自分の社会の箱を自分で点検するきっかけを与えてくれるということであろう。

もう一つわかっていることは、自分が利害関係に敏感で上昇志向で高層ビルのような社会の箱をつくっている場合は、社会的地位を失えば一挙に自分の社会の箱が崩壊し、アイデンティティを失う危機が訪れるかもしれない。事実、40歳から64歳を対象に２０１８年に内閣府が実施した「生活状況に関する調査」で、「ひきこもり」状態になった人は男性が過半を占め、かつそうなったきっかけとして挙げているのは「退職」である（内閣府 2019a; 2019b）。その一方で、放浪の数学者のエルデシュのように、肩書ではなく相手の本質を見極めて対等な関係に基づく社会の箱をつくっている人は外からの変化に柔軟に対応する対応能力が高いこと予想される。主婦の多くは肩書で相手を選別するのではなく、純粋に相手が自分と相性がよいかどうかで自分の社会の箱をつくっているケースが男性より多く、したがって男性の友人関係よりも女性の友人関係のほうが長続きする。少なくとも、重層的なヒレアルキーに基づく高層ビルのような社会の箱をつくってしまった人は、それをなるべく、より平べったい、つまり水平的な対等な関係の社会の箱に、つくり変えることが必要なのではなかろうか。

4 ソーシャル・キャピタルのダークサイド

(1) ソーシャル・キャピタルの二面性

人はそれぞれ自分の社会の箱、いわばマイ・ソーシャル・ボックスを持ち、その中身である他者とのさまざまなネットワークとそれが醸成する規範や信頼が第三者にも影響（外部性）があることには注意が必要である。筆者は社会関係資本を「心の外部性を伴う信頼・規範・ネットワーク」と定義したが、当事者以外の第三者への影響を意味する「外部性」は好ましい影響を与える正の外部性ばかりではなく、負の外部性もある（稲葉 2005）。パットナム（2000）はこれを社会関係資本のダークサイドと呼んだが、従来の社会関係資本の影響を扱った論考の大部分は正の外部性を扱っていた。しかし、実際には負の外部性を持つケースも多く、特に問題なのは、社会関係資本は同じネットワークでも正・負の両面を持つケースが多いこと、二面性を持つことだ。

メンバー間では協調的な外部性を持っていたとしても、社会からみればそれが好ましい外部性とは限らない場合がある。むしろ、その社会関係資本が持つ外部性そのものがネガティブな効果を持つケースもある。過去の実証研究によれば、結束型社会関係資本は結束を強化する外部性を持つ傾向があるが、裏を返せば、ネットワークの規範に服さない者は村八分にされる可能性がある。また、社会関係資本の「持ちつ持たれつ」「お互い様」といった互酬性の規範があまりに強すぎると、かえって社会の寛容度を低下させる側面がある。このほか、特に結束型社会関係資本の場合は「しがらみ」の弊害がある。この「しがらみ」は、結束型社会関係資本と一体で、しかもどこにでもみられる。

橋渡し型社会関係資本は、結束型社会関係資本よりも「しがらみ」の影響は少ない。しかしその一方、橋渡し型社会関係資本は、情報の伝播や評判の流布において強い外部性を持つとされているが、インターネット上での根拠のない噂の流布のように、場合によっては悪用される可能性がある。目的や価値観を共有すれば誰でもバックグラウンドを問わずにそのグループに参加できるということは、退出も容易な場合が多く、「お互い様」とか「持ちつ持たれつ」といった互酬性の規範が通用しないことが多く、メンバー間の協調性を欠くことが多くある。(4)

さらに社会関係資本自体が偏在していると、格差拡大を助長することも考えられる。(5) 加えて、社会関係資本は他人の犠牲の上に、地位や権益といった資源に近づく手段として利用しうる。さらに悪いことに、権力を持っているグループが、他のより弱いグループの社会関係資本を制限したり、阻害したりすることもできる(Field 2003)。

要するに、社会関係資本はメリットも多いが双刃の剣でもある。犯罪を社会関係資本で抑制することはできるが、逆に犯罪を助長することもある。不祥事の温床になるケースもあるだろう。不平等さえも助長しかねない。社会関係資本の有用性をより高めるためには、そのダークサイドの理解も必要になる。

（2）筆者の論点――四つの切り口(6)

本節では社会関係資本の定義に立ち返って、そのダークサイドを扱う四つの基本的な切り口の提供を試みる。四つの切り口とは、①すべてのクラブ財としての社会関係資本が潜在的にその組織に加わっていない者に対し負の外部性を持つこと、②クラブ財が組織のメンバーにも負の外部性を持ちうること、③外部性を市場へ私的利益のために内部化すると社会全体が悪影響を被ること、その結果④社会全般への信頼など公共財としての社会関係資本が、クラブ財・私的財としての社会関係資本の負の外部性により壊されること、である。

①すべてのクラブ財としての社会関係資本が潜在的に負の外部性を持つ

何らかのグループや組織を形成することによって生じるクラブ財としての社会関係資本、たとえば自治会や、ボランティアグループなど社会的に正当な目的を持ち公益に資すると評価される組織の中で形成される社会関係資本でも、基本的にそのグループに参加していない者を排除するものであるから、たとえ意識されていなくても、潜在的に負の外部性を持つ。

換言すれば、学校や会社でのいじめのように、グループは、メンバー以外の他者を排除する組織に変質する可能性が常にあり、その意味で潜在的に負の外部性を生じさせる力を常に持っている。これは、結束型の閉じた組織だけではなく、外部に開かれた橋渡し型のネットワークでも、政府のお友だち人事のように常に目的に応じて閉じた組織に変更することは可能であり、その際に他者を排除する過程が負の外部性を発生させることになる。

②クラブ財としての社会関係資本がそのメンバーにも負の外部性を与える

上記はクラブ財がメンバー外に負の外部性を持つ可能性を論じたものだが、クラブ財がメンバー自身へ負の外部性を持つ場合もある。いわゆる「しがらみ」が持つ負の外部性は、それが悪いことであることを知り、かつ個人的には不本意であっても、つまり個人的には参加者に負の外部性を生じていてもそのネットワークにとどまらざるを得ないケースがある。組織に問題が生じた場合の個人として、意見を述べて対応を求める（Voice）かやめるか（Exit）の二つが考えられるが、現実には沈黙（Silence）し自分の意にそぐわなくとも組織の指示に従うという対応もありうる。これには、ジプシーの窃盗団のメンバーように個人的には本意ではなく、負の外部性が生じていても窃盗を働かざるを得ないネットワークに生来置かれているケースと、通常は健全なネットワークが、ある特定の事柄については負の外部性を生じさせる場合の二つが考えられる。末端の真面目な職員に公文書の改ざんを強要し自殺に追い込んだ財務省のケースや談合は後者の事例である。事案にかかわった担当者は、個人的には不本意であってもその組織の一員という社会的ネットワークに参加した以上、個人的に負の外部性が生じていても不正に参加せざるを得ない（現場における理不尽）。

しかも、この場合は当該ネットワークの外にいる個人（国民）にも外部不経済が生じるが、その悪影響（社会における理不尽）は目に見えないので、立証が難しい。

③外部性を私的利益のために市場へ内部化すると社会全体が負の外部性を被る

本章では紙幅の関係で説明を省いたが、社会関係資本の持つ「心の外部性」の特徴は五つあり、その中で、市場に内部化しないことに価値があるという特徴がある（稲葉 2008）。通常、外部性は制度的工夫により市場に内部化できる。公害なら、排出者に課税するか、補助金を出してやめさせるかの施策がある。市場に内部化させる対応は、資源配分の効率性の観点からも妥当である。しかし、社会関係資本における外部性は、他者の無償の好意に基づく「心の外部性」だからこそ、多くの場合は内部化しないことに大きな価値がある。社会関係資本の外部性は、市場で内部化してしまうと人の心を踏みにじることになり、社会関係資本そのものを毀損させてしまう可能性が高い。したがって、社会関係資本における外部性は市場に内部化はできるが、むしろ市場を補完するものとして内部化しない方がその社会的価値を維持できるケースがある。

この点を社会関係資本のダークサイドに当てはめて考えると、通常は健全な正の外部を持つ社会関係資本を、個人や組織が私利のために内部化すると、社会全般に対しては負の外部性を発生させる、とみることができる。職場のネットワークを利用して試験や昇格で（国民を含めたネットワーク外の人々の犠牲の上で）特別扱いを受ける。政治家が国費を使った公的行事に自らの後援会のメンバーを多数招いたり、役人に自らの行為に有利な証言をさせその後昇進させたり、自らに不利な公文書を改ざんしたりするのは、この典型例である。本来は業界の親睦を目的とする組織を談合に用いたケースもこれに該当する。

また、経営者は社内のネットワークの外部性を私的に内部化して利益を図ることもできる。アメリカのエンロン社では、2001年経営危機が現実のものとなりつつある時期に、健全な社内ネットワークを利用して、経営者は従業員には自社株の購入を勧める一方で、自分たちは売り抜けていた（大島・矢島 2002）。これらは個人が私的にネットワークの外部性を内部化しようとするものだが、個人だけではなく、組織も同様である。いずれも本来正の外部性を持ち、市場に内部化しなくとも協調的行動を促す性質があるネットワークを個人や組織の私利を図るために内部化しようとすると、社会全般には負の外部性が発生する。

④クラブ財・私的財としての社会関係資本に起因する負の外部性が公共財としての社会関係資本＝社会全般への信頼を壊す

公共財としての社会関係資本は負の外部性を発生させることが少ないが、クラブ財や私的財としての社会関係資本の負の外部性により毀損する。クラブ財としての社会関係資本に他者の排除性があり、排除の対象となった個人や組織の反発を招き、社会が分断され、社会全般への信頼（公共財としての社会関係資本）は毀損する。個人や組織レベルの社会関係資本が、社会全般の社会関係資本を壊す。トランプ支配の米国のように、トランプのネットワーク（クラブ財としての社会関係資本）が社会全体への信頼、つまり公共財としての社会関係資本を壊す。

（3）社会関係資本の負の外部性——加害者と被害者に分けたまとめ

本節では表1に示した稲葉の社会関係資本の分類と社会関係資本の外部性の二つの観点から分類を呈示したい。まず、前節の議論を負の外部性の出し手（加害者＝発生源）と受け手（被害者）との関係

表1　出し手（加害者）と受け手（被害者）から見た社会関係資本の負の外部性

負の外部性の種類	発生源（加害者）	具体的内容	原因となる社会関係資本の種類	被害者	毀損する社会関係資本
反社会的活動	グループ	目的と活動内容が公益に反する、暴力団など	クラブ財	マクロの国民	一般的信頼
しがらみ	グループ	目的と活動内容が公益に反し、やめたいのに辞められない。	クラブ財	マクロの国民、グループ外の人々	一般的信頼、一般的互酬性、他者のネットワーク
			クラブ財	グループのメンバー	—
社会関係資本の外部性の内部化	個人	コネの悪用	私的財	マクロの国民	一般的信頼
	グループ	グループ内のネットワークの濫用（意識的）談合	クラブ財	マクロの国民、グループ外の人々	一般的信頼、一般的互酬性
		グループ内ネットワークの濫用（無意識）公務を通じた知人へのちょっとした便宜の無償提供	コミュニティの一員としてのクラブ財	マクロの国民、グループ外の人々	一般的信頼
社会関係資本の偏在	個人	孤立（ネットワークが作れない）社会的孤立、引きこもり	クラブ財	個人、国民	社会関係資本全般
	グループ	グループ外の人々を疎外、村八分	クラブ財		

出所：筆者作成

から整理する。第1章の社会関係資本の定義（第1章図2）で、社会関係資本の三つのレベル（ミクロ、メゾ、マクロ）における、三つの財（私的財、クラブ財、公共財）を包含している概念とした。

現実にはメゾレベルは家庭、学級、学校、職場、居住している地域、などさらに無数のグループに分けることができるが、表1では議論の簡略化のため、グループとひとくくりにしている。加害者は個人、メゾレベルのグループが考えられ、被害については、被害者と負の影響を受ける社会関係資本が考えられるので、表1の行には負の外部性の内容と加害者、列には被害者と被害を受ける社会関係資本の種類を掲げている。

要約すれば、社会関係資本のダークサイドは、以下の四つにまとめることができる。

第一に、基本的にクラブ財としての社会関係資本の持つ排除性の弊害であり、第二に、クラブ財として社会関係資本を形成するグループや組織のメンバーにも負の外部性が発生する。第三に、社会関係資本の悪用が経済的資本のそれと異なるのは、社会関係資本の正の外部性を個人や組織が私利のために内部化して、社会全体の公益を犯す負の外部性を生じさせるからである。しかも、第四に第三の社会関係資本の悪用は、社会を分断し社会全体の信頼（一般的信頼）を壊す可能性がある。

5　どうすればよいのか

社会関係資本のダークサイドとして、従来認識されてこなかったクラブ財としての社会関係資本が、潜在的にはメンバー以外の人々や組織に負の外部性を生じさせる可能性を指摘し、さらに「しがらみ：クラブ財のメンバーや個人的なネットワークを構築している個人に生じる負の外部性」と「ネットワークの外部性を私利のために個人的に内部化する際に発生する負の外部性」、また、そうした「負の外部性が公共財としての社会関係資本を壊す」、の4点に分けて議論の整理を試みた。先行研究からみると、これらの社会関係資本のダークサイドに対する対応策は、権力などの平等な分配

（Warren 2008）、経済的格差の縮小（Uslaner 2008）、社会的弱者の社会参加を促進するネットワーク作り（Field 2003）などがある。一般に、公共財としての社会全般に対する一般的信頼や一般的互酬性は、「しがらみ」や「ネットワークの外部性の私的内部化」の弊害を緩和することが予測される。

これらは社会全体の制度変革をもとめるものだが、個人の立場からは何ができるのだろうか。個人の立場からは、自分の社会の箱にダークサイド（負の外部性）をもつようなネットワークをできるだけつくらないし、そうした可能性があるネットワークを排除していくか、排除できない場合は常に自己監視を怠らないことが必要だということなのだが、そもそもそれができるのなら問題がない。多くの場合はそれができないから「生きづらさ」を感じるのだが、少なくとも「生きづらさ」は個人に起因する問題ではないケースが多いし、自分の社会的つながりを俯瞰的し、客観視することができれば「つらさ」の正体を突き止めることができるかもしれない。序章でも述べたとおり、筆者はそれで充分だと思っている。結局のところ、人はつらい時、治療や心のなかを分析してもらうことを求めているのではなく、「つらさ」を一人で背負い込む必要などないと、優しく背中を押してくれること、あるいは倒れそうな時に支えてくれる一言を期待しており、実際、それがあればまた前に向かって進んでいくことができることが多いのだから。

注

（1）本節に関連したより深い洞察についてはブルデュー（1990）を参照されたい。

（2）三隅（2013）はそれぞれの層をなすネットワークを関係基盤と呼んでいる。

（3）社会関係資本を構成するネットワークには当事者が意図したものと、意図しないものがある点は１９９０年代から指摘されており、稲葉（2010）も両者の違いを指摘している。

（4）社会関係資本の構成要素である信頼、特に特定の個人や信頼に対する特定化信頼は、ネットワークを通じた付き合いの積み重ねで醸成されるが、場合によってはネットワークを通じて、信頼ではなく、逆に不信を膨らませてしまうケースもある。しかも、ネットワークを故意に悪用して特定化信頼を壊すことも十分考えられる。

（5）フィールド（2003）は、社会関係資本の不平等に与える影響について、「異なったタイプのネットワークに対するアクセスは極めて不平等に賦存しているから、ソーシャル・キャピタルは、不平等を助長し得る。誰もが自分のコネクションを自分自身の利益のために使うことができるが、ある種の人々のコネクションは他の人々のものより、より価値がある」と述べている。

（6）本節は稲葉（2019：pp.107-113）および同（2010）を大幅に加筆修正したものである。

第3章 ソーシャル・キャピタルの「豊かさ」とは

——強い紐帯と弱い紐帯のバランス、信頼の範囲

小藪明生

1 導入——人間関係の「希薄化」と「狭さ」

ソーシャル・キャピタル（SC）論の背景にある問題意識としてまず、コミュニティの連帯意識など、人間関係の「希薄化」に関するものが古くから論じられてきた。近年においても、災害対策、健康福祉、防犯、子育てなど地域の身近な諸問題について、地縁に基づいた人間関係の構築の必要性が強調されることも多い。内閣府が行った「治安に関する世論調査」では「治安が悪くなった」と回答した者に対してその原因を尋ねているが、「新しい手口の犯罪が出現した」（65・2％）に次いで2番目に多かった回答として、「地域社会の連帯意識が希薄となったから」（54・6％）が挙げられている（内閣府 2017：p.5）。社会において、つながりがそもそも薄ければ相互理解や協力的関係の構築はままならないであろうし、関係がないことによって根拠のない他者への不信も生じてしまう。また、地域の社会参加の減少・人間関係の希薄化に影響を与えている重要な変数として、所得格差がある。公

衆衛生学の立場からカワチらは、社会における競争の激化や消費社会の進展が格差を拡大していること、そしてこの所得格差の悪化が人間関係を毀損していること、ひいてはそれが社会全体の健康レベルを損なってしまうというメカニズムについて長年議論を行っている（Kawachi et al. 2002＝2004）。

また別のSC論の背景にある問題意識として、人間関係の「狭さ」に関する議論がある。たとえば、人種やエスニシティなどにもとづく差別や排除、組織の縦割り・セクショナリズムといった集団主義的社会の弊害、格差進行による階層間の断絶と相互理解のなさなどが挙げられる。稲葉は企業不祥事や組織トップの暴走が起こりやすくなる土壌として、企業内で時間をかけて選抜された幹部職員集団が企業経営を牛耳る閉鎖的なネットワークがあることを指摘している（稲葉 2017）。これらは、内部では強いつながりを持ち協調的な行動をとっているが、自分が所属する集団・組織や派閥の都合や利害のみに固執し、公的なルールを軽視し、自集団外の人々に排他的な態度をとってしまう集団力学である。

上記の「希薄化」「狭さ」の両方に関連する、SC論の背景にあるもう一つの問題意識が、集団や社会全体の共通課題に対する「協調的行動」に関するものである。たとえば家庭におけるゴミ出しなどは、各個人・世帯が手間を惜しんでルールを守らないと、ゴミ収集場所の汚れ・悪臭や、収集がきちんとなされないなどの問題が起き、結果的にその地区・そのマンションの全員がいやな思いをすることになる。また投票行動を例にすると、各個人が投票に行くことを無駄だと思い手間を厭い投票率が下がった結果、特定の固定組織票をもった団体の意向に政府の方針が大きく影響されて政府全体の効率性が低下し、結局集団内の各個人も損をする、といった問題である。

これは学術的には、「コモンズの悲劇」や「フリーライダー問題」に代表される、社会的ジレンマ(集合行為のジレンマ)の解決の問題として議論されている。たとえば「コモンズの悲劇」とは漁業・森林資源などによく起こる問題で、各個人が自分の利益のみを追求し合理的に行動し、競い合って漁獲・伐採を行った結果、自然資源が回復する限度を上回って枯渇状態になり、各個人も損をしてしまう不合理な結果を招くというものである。これらの問題は、経済学では用水路など公共財の構築と維持管理に関する研究を行ったオストロムらの新制度派経済学、社会心理学の山岸俊男などによって研究されてきた(Ostrom 1990; 山岸 1998)。

人間関係が「希薄化」してコミュニケーションが不足していると、そもそも集団全体が抱える課題がどういうものなのかの共通認識をつくり上げることが難しいし、自分が協調的に行動したとしても他者が協調してくれるのかどうか確信を持つことができない。皆がルールを守ると信じられない世界で自分だけがルールを守るのは、非常に損なことである。また人間関係が「狭い」場合、自分の集団内では強い結びつきと頻繁なコミュニケーションがあるため自集団の共通課題に対しては協力行動をとりやすい一方で、他の集団に対しては勝ち負け、敵味方、といった競争意識を高めてしまう結果、複数集団間をとりまく全体社会の共通課題に対する協調行動をとりにくくなってしまう。自分の部署の業績を優先して会社全体のことを考えない、自分の業界の利益を優先して国全体の経済的効率を損なう、といったことが起きてしまうのである。

ＳＣが豊かな社会とは、こうしたことが起こりにくくするような社会関係のあり方であるともいえる。パットナムがイタリアにおける研究をまとめた著書『民主主義を機能させる』では、社会関係資本の定義は、「ＳＣとはここでは、協調的な行動を促進することによって社会の効率性を改善することができる、信頼、規範、ネットワークといった社会組織の特徴」（Putnam et al. 1993＝2001：pp.206-207）と定義されている。

またＳＣと協調行動に関連してフクヤマは信頼を「コミュニティの他のメンバーが、共有された規範にもとづいて、規則正しい、正直な、そして協調的な行動をとると考えられるようなコミュニティにおいて生じる期待」（Fukuyama 2000：p.26）と定義している。このような信頼が広くいきわたったコミュニティでは、人々の自発的協力によって社会的ジレンマを回避する、互酬的な関係性が生じさまざまな協力関係が可能となる、経済取引上のコストが安くなる、情報が流通しやすくなり技術革新が起きやすくなる、などの効果があるとされる。

今後の社会において、つながり、連帯、結束といったものが重要であることに疑いの余地はない。しかし、関係性が薄すぎても強固すぎてもよくないとなると、「豊かな社会関係」「ＳＣの豊かさ」とは、より具体的にはどういうことなのだろうか、どんなつながりをつくればいいのだろうか。章タイトルと以上の議論ですでに示唆されているが、本章ではＳＣの内実について、結合型・橋渡し型両者のバランス、信頼の範囲といった点から考察してみたい。

2 強い紐帯と弱い紐帯、それぞれの機能

(1) 強い紐帯の持つ機能

SC概念の解釈、分類についてはさまざまな議論がある。特に本章に直接関わるものとして、「結合型(bonding)」と「橋渡し型(bridging)」の分類(Putnam 2000＝2006：pp.19–21)、SCの機能が及ぶ領域・範囲(個人、小集団、地域、国家など)による分類についての議論(Fukuyama 2000：pp.4–5)などがある。その他のSCの下位概念の分類は、第1章の稲葉の議論を参照されたい。

紐帯の強さは多くの場合、親密性・対面性・接触の頻度といったものによって測られる。これらの度合いが高い、強い紐帯の関係にある顔見知りの友人・知人が多くいれば、それらの人々からは貸し借り・手助けなどの道具的サポートや、助言・情緒的サポートなどの心理的サポートを受けやすくなる。健康とSCについて分析しているカワチによると、心臓発作患者の追跡調査を行い6カ月後の死亡率との関連を分析したところ、その人が持つ情緒的サポートの人数が2人以上で23・1%、1人で36・0%、0人だと52・8%と明白な違いが見られている(Kawachi et al. 2002＝2004：p.107)。強い紐帯の有無は日々の手助けだけでなく、ストレスを低減することを通じて個人の健康や生活満足度と密接に関連している。

また地域や組織などの集団レベルにおいても、結合型の基礎集団の安定性やそこでの知識や規範の

共有が対人信頼形成の土台になることは、多くの論者が共通して指摘している。たとえば著名な犯罪学者であるサンプソンは、SCという用語は用いていないが、類似性の高い「集合的効力」という用語を用いて近隣社会の人間関係が治安に与える影響を論じている（Sampson 2006＝2013：pp.42-53）。サンプソンは、子どもの逸脱行為、人々の諍い、地域の問題などに介入・調停をする意思の度合いを表す「インフォーマルな統制」、地域内の助け合い・信頼・規範の共有などからなる「社会的凝集性と信頼」の二つからなる「集合的効力感」が、個人属性変数を調整した後も犯罪率の抑制に対し効果を発揮することを示した。

同様に結合型の社会関係の持つ力を理論的に説明したのが社会学者コールマンである。彼は「社会的ネットワークの閉鎖性」によって集団内部が緊密な関係で結ばれ、成員が規範を共有し実効性のある制裁が可能となると論じる（Coleman 1988＝2006）。また、密な社会的つながりはゴシップその他評判を醸成する有益な手段となる。これにより裏切り行為が抑制され、恩義、期待、義務と信頼性の蓄積が可能となり、集団内の行為者が協調的にふるまうことを促進する、と論じた。このように、集団内部に安定的で密な人々の関係性が存在するとき、道具的・心理的サポートを提供し合い、さまざまな反社会的な行動を抑制し、集団に対する人々の協調的な行動を促す機能を発揮することで、対人信頼の本質的基礎となるのである。

本章冒頭で言及したように、人間関係が「希薄化」しているという議論は、このような強い紐帯の不足に対する懸念という意味合いが多分にある。この問題意識から「SCが豊かな社会」を構築しようとするならば、地域コミュニティや家族や自発的集団などにおいて、高い親密性・対面性・接触頻度といった強い紐帯の原理に基づく集団形成が求められることになる。

(2) 強い紐帯のダークサイド

一方で、このような強い紐帯が集団内で過剰になることによって、集団内のメンバーに対する過度の要求、個人の自由の制限、外集団に対する排除といった悪影響が起こりうることも論じられている(Portes et al. 1996 : pp.15–18)。結合型の集団の例としては、特定民族集団による互助組織や宗教的団体、また極端な例としてマフィアなども挙げることができる。このような結合型の優勢な社会関係が持つインフォーマルな社会的コントロール、つまり法律などの外部から課される公的な制裁ではなく仲間集団による監視または後見に基づいて共通の規範を周知せしめて制裁を行う力が過度になると、多くの現代人に忌避される村社会的な息苦しさ、「空気を読め」、昨今話題の「自粛警察」的な圧力を持ちがちであり、むしろ生活満足度が下がってしまうのではないかという恐れもある。

さらに、親密な関係は周囲の親密な関係を巻き込んで閉鎖的な社会関係を強化してしまう、内側に向かう力学を持っている(Granovetter 1973 = 2006)。親しみを感じる友人というのはもともと似たような属性や価値観を持っている傾向にあるし、いつも一緒に行動し似たような経験をすることでさらに似た価値観や行動様式を持つようになる傾向にある(同類原理)。また。また緊密な関係は、互いの持つ別の緊密な関係の相手を巻き込んで共通の友人となり、密度の高い内輪のグループを形成しがちである。そのため、ひとたび強い紐帯の原理が優勢な社会になり、内集団びいき的な行動様式があたりまえのものとなると、他との交流が薄くなった孤立した集団が多数ある状態、すなわち断片化した社会が形成されてしまうのである。

パットナムのイタリア社会研究において彼が「SCが豊かではない社会」とするイタリア南部諸州社会には、人々のつながりや絆がないのではなく、むしろ家族主義的な助け合いと親密な関係性が強固に存在する点に注目する必要がある（Putnam et al. 1993＝2000）。「道徳以前の家族主義」に基づくイタリア南部社会では、集団は排他性を持ち、横の連携と他派閥に対する幅広い信頼を欠くことから、自己防衛のため庇護をうけるべく権威主義的・派閥主義的な垂直構造のなかに組み込まれざるを得ないのである。その結果、内部では強い助け合いと互酬性を発揮しながらも、自集団を越える州政府や国などのレベルでは他集団と競争的・敵対的な関係しか築くことができず、政府の運営やその効率化という広域的な諸問題に対して社会的ジレンマを引き起こしてしまう。

以上で見てきたように結合型の社会関係にもとづく関係性は、人々の社会生活に不可欠であり、集団生活を安定させるさまざまな機能を発揮するものである一方で、それが過剰になってしまうとむしろ社会の健全性を損う「狭い」ものになってしまう危険性も併せ持つものである。

(3) 弱い紐帯の持つ機能

強い紐帯のもつ親密性・対面性・接触頻度の高さといった性質に対して、弱い紐帯は外部志向の、開放的で、より広いアイデンティティや一般的な互酬性を産み出す橋渡し型の関係性のことを指す。弱い紐帯は関係性の基盤となる親密性・対面性・接触の頻度といったものが相対的に低い関係性を測定するものである。そして、弱い紐帯でつながっている友人・知人とは多かれ少なかれ、自分とは異なる集団や生活圏に生きている、社会的属性の異なる、別領域の知識や情報や技術を持った人であるという含意がある。パットナムも指摘するように、結合型の関係性は困ったときの貸し借りや病気の見舞いなど「何とかやり過ごす（getting by）」のに適している。これに対し橋渡し型のSCは新たな情報を得たり、雇用の口利きをしてもらったりなど「前に進む（getting ahead）」のに適している（Putnam 2000＝2006：p.20）。

グラノベッターの「弱い紐帯の強さ」は、それまでの研究で漠然と想定されていたいわば「人脈力」ともいえるものが、転職において実際に役に立つことを経験的に立証した（Granovetter 1973＝2006）。それまでの社会的ネットワークに関する議論が、親密性や接触頻度が高くサポートしあう関係となる「強い紐帯」の重要性ばかりを論じていたのに対し、たまにしか会わない「知人」の新鮮な情報や知識や技術の供給源としての価値を指摘したのである。

同じような問題関心としてバートは、自分が集団間の断絶（構造的隙間）を埋めるような位置を占めること、それを利用して仲介者としての役割を果たすことにより、ビジネスマンや起業家が経済的な利益を得やすくなることを論じた（Burt 1992＝2006）。バートはこの研究で、社会的ネットワーク分析の手法を用いて大規模金融機関の幹部スタッフを調査対象とした分析を行っている。その結果、業績評価・昇進・給与報酬等の目標変数と「ネットワーク制約性」(自分の人脈に構造的隙間を埋めるような関係性が少なく、集団・組織内のみに閉じ込められている度合い)とが負の相関を示すことを見出した。つまり、会社内に埋没せず外に人脈力を持つことがビジネスマンの成功の鍵になることを論証したのである。

また弱い紐帯は、マクロな視点でコミュニティの統合に役立つという指摘もなされている。グラノベッターは、弱い紐帯が豊富に含まれているコミュニティでは、情報やアイディアが広い範囲に共有されやすくなり、人脈を通じた動員も期待でき、複数集団が含まれるより大きなレベルの集団にコミュニティ感覚が芽生え、会合やイベント開催も容易になると主張する(Granvetter 1973＝2006)。弱い紐帯が豊富にあるということは、単に知識が共有されるのではなく、ミクロレベルの友人・知人を介した影響関係がより広範囲に広がる可能性を持つということでもある。

パットナムのイタリア研究はイタリア各州政府の行政の効率性とその地域の社会関係のあり方との間に非常に密接な関連があることを論じたものだが、強固な家族主義によって信頼が一般化しない南部諸州と、豊かな自発的集団の形成によって水平で幅広い関係性をはぐくむ北部諸州を対比的に描いている(Putnam et al. 1993＝2000)。すなわち、ＳＣが豊かな社会として描かれている北部諸州は、集団間の橋渡しをする弱い紐帯の豊富さが、効率的な政府と人々の協調行動を促す重要な要因であることを指摘しているのである。

類似した問題関心として、信頼の範囲に関する議論がある。ＳＣ分析で一般的信頼を測定する際に広く用いられている標準的な質問「一般的にいって、人は信用できると思いますか？　それとも用心するにこしたことはないと思いますか？」の「一般的な人（most people）」とはそもそも、どの範囲を指すのだろうか。実際に、一般的信頼の測定尺度において想定される「他者一般」が回答者によって異なることが指摘されている（林・与謝野 2004）。フクヤマも、「信頼のレベル」と「信頼の範囲」はそれぞれ重要であると指摘する（Fukuyama 2000：p.4）。フクヤマによれば、信頼のレベルはそれがどんな範囲を意味するのであれ、信頼できる範囲の人々の間に規範が共有され、協調行動を促すことができる強さを示している。信頼のレベルが高ければ高いほど、集団内においては協調的な関係性が強く形成されることになる。一方で後者は、協力関係が形成される範囲の広さに関する問題である。その範囲が広ければ広いほど、協力しあえる人々の範囲が広がり、より包括的な社会の諸問題に対処可能となることを意味する。実際にこの信頼の範囲指標を使って日本のデータで分析してみると、一般的信頼の標準質問よりも、一般的信頼の範囲指標のほうが見知らぬ人々への信頼や協力志向や一般化された互酬性といった幅広い他者を信頼する傾向に加え、地域活動への参加などとも関連しており、SC論の想定するような豊かな社会関係を測る指標としてより適切である可能性が高いという結果が見られている（小藪 2018）。つまり、単に信頼できる人がいるかどうか、身近な人々を信頼している強さがどのくらいかを測るよりも、信頼しあえると考える人々の「範囲」が狭いものにとどまっていないかどうか、が「SCの豊かな社会」の条件となるのである。

先に言及したように、人間関係の「狭さ」に起因した諸問題に対処しようという問題意識を持った研究は、このような弱い紐帯の不足に対する懸念という意味合いが込められている。この問題意識から「SCが豊かな社会」を構築しようとするならば、社会集団の形成原理に、開放性、複数所属、集団間の連携を促す橋渡し型の原理にもとづく関係性を増やすことが求められるであろう。

(4) 弱い紐帯の持つダークサイド

このように、「SCが豊かな社会」に必要なものとして期待されることが多い弱い紐帯であるが、この関係性の原理も過剰になってしまうと社会によくない影響をもたらす。弱い紐帯は普段は違う生活圏に住む人々がもたらしてくれる新規なアイディア・情報や集団間を架橋する機能を評価するものであるが、その分対面性・接触頻度・地理的近接性といったものは相対的に低いものになりがちである。普段近くにいないということは、ちょっとした手伝いやものの貸し借りなど道具的サポートには制限がかかるし、接触頻度が低ければ心理的サポートを互いに行う機会も減ることになる。特に高齢者のサポートや災害時の助け合いといった場面では、「遠くの親戚より近くの他人」のほうが頼りになることも多いのである。

また、友人・知人の多くが弱い紐帯の関係性でつながっている個人が集団・社会の内部に多く存在するという状態は、その集団・社会は社会的圧力が低く自由なものとなることを意味する。自由で息苦しさがない人間関係といえば聞こえはよいが、その結果社会全体としては、自分と気の合う人とのみ選択的に付き合う、あえて面倒な人や自分と意見の異なる人々とは付き合いはしなくなる、地道で面倒な地域付き合いや社会参加もしなくなる、ルール違反をする他者を抑えるすべもなくなる、などの状況が生じる。社会が「希薄化」したり規範意識が低下したりするのは、強い紐帯が不足することによって起きるのである。

ＳＣ論のベストセラーであるパットナムの『孤独なボウリング』は、この社会の「希薄化」の問題意識をうまくとらえたものであった（Putnam et al. 2000＝2006）。これによれば１９７０年代以降のアメリカ市民はインフォーマルな友人・知人づきあい、地域参加、自発的結社への参加、宗教参加など、あらゆる面で自発的な社会参加を減少させている。「孤独なボウリング」というフレーズは、多くの人がボウリングに一人で行っているという意味ではなく、家族や友人などごく親しい少数の人とのみボウリングをするようになり、地域のボウリングリーグのような幅広く地道な社会参加から撤退してしまったことを嘆くものである（Putnam et al. 2000＝2006：p.131）。またそのような社会の「希薄化」の要因でもあり、かつ結果でもあるのが、消費社会・競争社会・格差社会の進行である。このような社会では、自分と親しい人以外の一般市民は、普段あまり関わることもない他人であり、消費や出世の潜在的な競争相手である。

このように橋渡し型の関係性の原理は、人々を狭いくびきから解放し、個人の意思やアイディアを尊重し、情報拡散や起業などを活発化させる機能を発揮するものである一方で、それが過剰になってしまうとむしろ社会の連帯感や共通意識を「希薄化」させてしまう危険性も併せ持つものである。

3　集団の種類と性質――どんな組織であれ参加すればよいのか？

（1）集団の種類と成員への影響、他集団との連携

ここまででみてきたように、社会集団に参加しないのはよくないし、かといって「狭い」社会集団に閉じこもるのもよくない。ならば、どのような集団への参加が望ましいのであろうか。

社会集団への参加、特に対面的なコミュニケーションが活発な小集団では、そのメンバーに基礎的な社会的スキル向上の機会を提供し、協力の習慣や連帯、公共心を教え込むことができる。皆で力を合わせて物事に取り組もうとする努力に対して、責任を共有する感覚、さらには人々とその共通に望む目標を追求する術も養うことができる。また重要なのは、このような集団の成員の社会化機能は、集団の設立目的がどのようなものであるかはあまり問題とはならない点にある。地域の自治会や町内会でも構わないし、防災活動でも健康づくりのグループでも、スポーツや合唱団や野鳥観察クラブへの参加であっても、それらは人々の交流を通じて自己鍛錬の場となり、また物事がうまくいったときの協力の喜びを教えるのである（Putnam et al. 1993＝2001：p.108）。この意味で、「希薄化」への対処法として対面的集団への参加は大いに奨励されるし、SC論において社会参加の頻度が指標とされる理由となる。

ただし、参加する団体の性質や参加の形態によっても効果が異なるという研究は政治学分野でもS

C論の以前から論じられてきた。アーモンドとヴァーバは、その集団が多様な目標・成員を有する横断的集団である場合、成員の態度を穏健にする「交差圧力」の効果を発揮することを指摘している（Almond & Verba 1963＝1974）。また一般に自分の属する第一次集団（家族などの対面的な基礎集団）が「閉鎖的」である人々（この研究では自分や家族が政治的派閥や宗教の異なる人々と婚姻することに否定的な人々）は、第一次集団が「開放的」である人々よりも、政治的緊張時に同じ社会の市民と協力しようと考えない傾向があるという。

同様にストールとロションは米国・ドイツ・スウェーデンを対象に、市民活動団体を活動目的と構成員の多様性（年齢、性別、職業、国籍など）で分類し、一般的信頼や一般化された互酬性の形成に与える影響を検証した（Stolle & Rochon 2001）。その結果、市民活動の参加者は非参加者に比べて全般に政治活動が多いこと、活動目的別では、文化・特定利益・コミュニティ活動を目的とする団体の参加者の信頼や互酬性の度合いが高いこと、多様性が大きい橋渡し型の団体の参加者は、一般化された信頼・互酬性の度合いが高いこと、が分析上見出されている。

集団特性の違いによる一般的信頼への影響について世界価値観調査データを分析したパクストンは、「開放的団体（他の種類の団体にも所属しているという人が多い団体）」と「孤立団体（その団体にしか所属していない人が多い団体）」の区別を設けて分析を行っている（Paxton 2007）。その結果としてまず、どのようなタイプの集団であれ所属することは一般的信頼を高めるが、開放的団体に所属することは孤立団体への所属よりも有意に効果が高くなっていることを報告している。パクストンは、開放的団体では、友人の友人も信頼するというケースが多くなり友だちの輪が広がる、規範や道徳がネットワークを通じて広く共有される、さまざまなタイプの人々と交わることによって知的柔軟性があがる、和解、妥協、寛容、他人の動機を推し量る能力などを学ぶ、「われわれ（we）」という感覚が広範囲に広がる（反対に孤立団体では、集団外の人々を「彼ら（they）」とみなす感覚が強まる）、といったメカニズムが働くことによって特定化ではない一般的な信頼が高まるのではないかと考察している。

（2）現代における集団の変質、第三次集団

パットナムが『孤独なボウリング』で論じた現代アメリカにおける社会参加の減少については、単純に減少したのではなく、組織の形態が変化しているだけであるという議論がなされている。たとえばスコッチポルは、全国規模の組織であってもかつては草の根活動が構造化されて全国団体となるボトムアップ型の組織であったものが、専門スタッフによって運営されるトップダウン組織に変質したこと、特定の立場の人々の権利の代弁・擁護をするアドボカシー・グループが増えたこと、などの市民的組織の構造の変化について論じている（Skocpol 2003＝2007）。

これについては、パットナムも同じような論点を提供している（Putnam et al. 2000＝2006）。近年になって設立された市民グループで組織の役員がワシントンでも恐れられるロビイストになっているような場合、その大きな理由は彼らの持つ巨大な郵送名簿にあること、皮肉なことに政府や集団に対する市民的関与が縮小したのと同時に、政府へのそのような集団の関与が増大したと論じる。またこの

ような集団では、その会員の大多数にとって会員活動とは会費を納入することとニュースレターに目を通すことである。さらに、このような組織は地域支部を持たないケースが多く、組織の何らかの会合に出席する者はほとんどいないし、ほとんどの会員は他の会員と意識して出会うこともあまりない。社会への関心を持ったり寄付をしたりするチャンネルになる可能性は残されるものの、このような単一の政治的主張によって結びつけられた対面性をともなわない巨大組織では、参加を通じて一般的信頼を醸成したり、ここで得た充実感が他の社会的活動にも波及するといった効果は期待できない。そのため、このような集団への所属がSCの指標としてカウントされるべきなのかという点については、パットナムも疑問を投げかけている。そしてこのような新たな組織は古典的な集団類型である「第二次集団」（第一次集団・基礎集団と対比的に、明確な組織目的を持ち成員間が間接的なつながりである機能集団、会社・組合・文化的グループ）とは大きく異なっており、「第三次集団」とでもいうような新しい名称をつける必要がある現代社会に特有のものであるとパットナムは主張している（Putnam et al. 2000＝2006：p.57）。

このような巨大アドボカシー・グループは、その組織の目的となっている単一の権利擁護や政治的主張の点では情報の共有が高度に行われ、強い一体感を生み出し、対立集団との亀裂が先鋭化することもあるだろう。一方で内部の人々の属性や、組織目標となっている政治的主張以外の点で意見が多様であったとしても、集団内の成員同士で意見の調整が行われたり穏健化したりすることにはあまり期待が持てない。近年のアメリカ大統領選挙やインターネットメディアを通じた政治的議論に危うさを感じるのは、このような対面的・人格的交流による調整・穏健化メカニズムが組織の内部でうまく機能していないことも一因となっていると考えられよう。

(3) ボトムアップの社会構造の必要性

先に見てきたように、狭い範囲の集団の社会的ジレンマの解決には、強い紐帯で閉鎖的な構造を持った集団による成員の統制は有効な手段である。また、大規模な社会であっても、権威主義的な垂直構造も社会の統制をとろうとする一つの手段ではある。社会的ジレンマの解決の古典的な方法はホッブズが解説したように、権力を委譲された支配者の強制力をもって、フリーライダーを処罰することである。たとえば、国の工業化と経済発展を優先するため民主主義的政体の整備を後回しにして独裁をとることで秩序維持を優先的に図る開発独裁体制などである。同様に、パットナムはイタリア南部の垂直的社会構造をこのホッブズ的解決に類するメカニズムを持つものとして描いた。この恩顧・庇護的関係への服従による解決法もまた、その内部に限定すれば安定的に社会的ジレンマを解決可能である。ただし、人々を監視し強制するのにコストがかかり、人々の自発的努力や他集団とのあらたな関係形成を阻害するため、全体社会や企業や行政などさまざまな大規模組織が非効率なものとなってしまう。

これからの社会に必要なのは、イタリア南部社会のように派閥の領袖が配下の集団を上意下達によって統合する権威主義的社会でもなく、上述のような巨大アドボカシー・グループによる大衆コントロールシステムのような集団でもなく、小集団・中間集団への人々の自発的参加とそのような活動における充実感を担保しつつ、それらの集団が「狭い」了見に閉じこもらないように他の集団との連携を上手くとりつつ幅広い信頼を構築し、大規模な社会における共通の問題に対して人々の自発的協力を促すことができるようなボトムアップの構造づくりであろう。

4 まとめ――社会の統合とSCのビタミンモデル

まず社会の「希薄化」に対処するためには、どのような集団であれ、人々が社会参加する機会を増やすことが必要であろう。特に、災害・治安の対策や健康福祉や教育の分野に関しては、地域の自治体が主導するまちづくり、防災活動、健康づくりイベント、PTAの活動なども人々の社会参加を呼び込む基礎的なステップとして重要となるだろう。たとえば自治会・町内会は、人々の参加率は低下しつつあるものの加入率については先行研究で9割程度のものがほとんどであることがわかっている（辻中ほか 2009：pp.82-85）。自治会・町内会は、その半強制的加入の仕組みと閉鎖性と行政の末端組織的な性質から、中間集団として市民社会に寄与するのか疑問に思われることもある。一方で、さまざまな種類の集団に活発に参加する人の多くが自治会・町内会でも活動しており、社会参加の最初のステップとなる可能性が指摘されている（小藪 2012）。特に都市部で顕著な社会参加をほとんどしない層への対策として、小集団・中間集団が持っている社会的スキルなどの教育機能を活用し、自発的参加の習慣を養い、ボトムアップの社会構造をつくるためには、このような地域集団を上手く活用することは非常に重要になってくると考えられる。

他方で、社会の「狭さ」に対処するために開放性の高い集団にも人々が同時に参加し、幅広い人々と交流する機会をつくることも必要であろう。文化活動やスポーツを目的とした団体は、単なる同好の士が楽しみを目的として集っているだけだとしても、属性の異なる人々や普段なら交流しにくい人々を結びつけるという潜在的な機能を社会的に担っている。同じ地域の人たちだけ、同じ企業内だけ、同じ業界内だけ、で村社会的な常識を共有し助け合いをするのではなく、複数の領域で集団参加を行うことで異なる視点を持つ人々と交流し信頼の範囲を拡大していかなければ、複雑化した社会の諸問題に対処できないのである。

このような人々が連帯し協調しあえる範囲の問題は、「SCの豊かな社会とは何か」を考えるときに非常に重要なポイントとなる。たとえばイタリア南部社会の家族主義やマフィア組織は、その内部の人々がお互いに助け合い他集団の脅威から身を守るという共通目標のために、人々が一致団結して協調的に行動するための仕組みであるという点で、SCの一種であるといえないこともない。ただしこの場合、SCによって達成すべき目標が集団内の人々の福利厚生だけに限定された非常に「狭い」ものとなってしまっている点に問題があるのである。先進諸国に住むわれわれは、広域自治体や国などの運営や制度・ルールづくりのあり方と、それに対する一般市民の協力的態度などといった、広範囲の社会的ジレンマに対処する必要がある。その解決に役立つような社会関係のあり方を模索しなければならないのである。

内集団的閉鎖性の原理と橋渡し的開放性の原理の統合に必要とされるのは、パットナムやスコッチポルがその衰退を嘆いた草の根民主主義、ボトムアップの社会構造の復活である。時間のかかる、「SCの豊かな社会」やボトムアップの社会構造をつくることよりも、短期的には強いリーダーに導かれそれに従う形で一致団結した社会集団のほうが効率がいいように見えるかもしれない。しかしこのような社会では人々は自発的努力をする必要がないし、権力者は往々にして一般市民が団結するのを嫌う。また、自由と開放性のみを追求し「狭さ」を悪玉とすると、結果として人間関係は「希薄化」し、格差拡大と階層間の断絶と対立、巨大なアドボカシー・グループ同士の政治対立が先鋭化したポピュリズム的な社会を生み出してしまう。

これまでみてきたように、強い紐帯にも基礎的社会生活に必須の機能と役割があり、一方で集団間を橋渡しする弱い紐帯も情報共有・技術革新や幅広い社会の連帯や統合のためには必要不可欠なものであった。どちらかが不足・過剰になってもデメリットが生じるため、バランスのよい関係性構築が求められることがわかる。

このことを、ハルパーンはSCの「ビタミンモデル」と呼んでいる（Halpern 2005：p.35）。人間の身体の維持形成に必須なビタミンやミネラルは、ビタミンCやカルシウムなど多種多様なものがある。そしてそれら栄養素はどれかが欠乏しても健康に害が起きるし、過剰になってもまた悪影響を及ぼす。またたとえばカルシウムが効率よく吸収され身体の内部で活用されるには、ビタミンDやマグネシウムなども同時に摂取しなければならない。同様に、ＳＣ研究を総合的に検討すると、社会に効率性をもたらす「ＳＣが豊かな社会」とは、内部に向かって強化され閉鎖性をもたらす強い紐帯と、外部に向かって開放され希薄化をもたらす弱い紐帯のバランスを過不足なく含んでおり、それを上手くボトムアップの構造で統合した社会であるといえるだろう。

第4章

社会ネットワークと社会的伝染

――ソーシャル・キャピタルの構造的側面

高木大資

1　導入――社会ネットワークの構造への関心

実証的なコミュニティ研究において、おそらく最もよく使われてきた社会関係資本の捉え方は、パットナムによる「信頼、規範、ネットワークといった社会組織の特徴」という定義に基づくものであろう（Putnam 1993：p.167）。実証研究においてこれらの要素に基づき地域・集団の集合財として社会関係資本を測定することが広く定着したのは、社会疫学における社会関係資本と健康に関する研究の隆盛（Kawachi & Berkman 2014）と無縁ではないと思われる。

一方で、社会学における社会関係資本論では少なからず社会ネットワークに重点が置かれてきた。社会学におけるこのような傾向は、コミュニティの変容に関する議論と無関係ではないだろう。すなわち、都市化、モータリゼーション、そして情報通信機器（Information and Communication Technologies: ICT）の発展・普及などが、個人を地縁によるコミュニティから「解放」し、場所への依存度が低い、空間的に分散した社会関係の構築を促進した。ウェルマンはそのような社会関係のあり方を、集団ではなくネットワークに基づくコミュニティとして「個人的なコミュニティ（personal community）」と呼んだ（Wellman 2001）。このような議論は、ウェルマンによるコミュニティ解放論（Wellman 1979）から続くものであるが、こうした社会状況においては、人々の社会関係やその影響を地域コミュニティの中で把握することだけでは十分ではなく、社会ネットワークの観点から人々のコミュニティを捉える必要性を生じさせる。

社会ネットワーク論では、ある個人のネットワーク内での構造的位置あるいはある集団全体の社会ネットワークの構造的特性と、それらがネットワークに埋め込まれている人々に与える影響に関心が払われてきた。第1章でも紹介されたコールマンの閉じたネットワーク・開いたネットワークの考え方では、成員同士が互いに結びついていて密度が高い閉じたネットワークでは、非協力者に対して制裁を与えることが容易となり、規範が発生しやすいとする（Coleman 1988）。たとえば、従来の日本の農村においては、灌漑施設の管理のために住民同士で協力し合うことが生活していくうえで重要となるが、密で閉じたネットワークゆえに非協力者には制裁が効果的に機能する。反対に、社会ネットワークが開放的で、必要があれば今ある社会関係から別の社会関係に「逃げる」ことが比較的容易な環境においては、このような規範は維持されにくい。

ネットワークの構造的特性の別の捉え方は、紐帯の「強さ」に基づくものである。グラノヴェッターは、米国ボストンに在住の、コネを通じて新たな仕事を見つけた男性282人を対象として調査を行い、その相手（コネ）が仕事に関する情報を与えてくれた時期に、調査対象者がどの程度の頻度でその連絡先を見ていたかを尋ねた（Granovetter 1973）。すなわち、ここでは連絡先を参照していた頻度が、紐帯の強さの代替指標として用いられた。調査の結果、職を見つけることにつながった情報は、頻繁に連絡先を見ていたつながりの強い人物（16・7％）からではなく、連絡先を見る頻度が少なかった人物（83・4％）から得られていたことがわかった。グラノヴェッターはこの結果を以下のように説明している。普段連絡をとることが多い「強い紐帯」は、調査対象者の職探しの役に立ちたいという動機は比較的高いと考えられるものの、その人たちから得られる情報は調査対象者自身も普段から接している情報であることが多い。そのため情報の新奇性という点からは有用性が低い。反対に、あまり連絡をとらない「弱い紐帯」は、自分と異なる集団に属している傾向があり、自分が普段接しているものとは異なる情報へのアクセスをもたらす。このような新奇な情報をもたらしうる他者とのつながりこそが、情報や影響の拡散にとって重要であるとグラノヴェッターは主張したのである。また、社会ネットワークについて研究する際に親密な他者のみに注目する場合には境界が明確な小さな集団に研究対象が限定されてしまうが、弱い紐帯を分析対象に含めることで、集団間の関係や社会構造のセグメントといった、小さな親密圏ネットワークを超えた分析の視座がもたらされる。グラノヴェッターの強い・弱い紐帯の分類は、社会関係資本論における「厚いソーシャル・キャピタル」と「薄いソーシャル・キャピタル」という分類の仕方につながっている（Putnam 2002）。

なお、グラノヴェッターの研究以降、「弱い紐帯の強さ」という考え方は社会ネットワークの研究者に好まれてきたが、弱い紐帯は必ずしもいつも強いわけではない。たとえば、セントーラは禁煙フォーラムへの参加といった行動をネットワーク内で広めるのに、弱い紐帯による情報伝播の効率性だけでなく、より結合した冗長な社会関係からもたらされる社会的強化が重要であることを、オンラインコミュニティを用いた実験により明らかにしている（Contola 2010）。すなわち、人に「めんどくさい」行動を採用させるためには、弱い紐帯では不十分なのである。

ほかに、ネットワーク特性から社会関係資本を捉える方法として、ネットワーク成員の同質性・異質性に基づく議論がある。これは、ネットワークでつながっている人々の間で社会的属性、態度、行動がどの程度似ているのか、あるいは異なっているかによって、社会ネットワークの特性を捉える方法である。社会関係資本論においては、同質的な人々による社会関係は「結束型社会関係資本」、異質な人々による社会関係は「橋渡し型の社会関係資本」と呼ばれる（Putnam 2002）。同質的な人々同士のつながりに基づく結束型の社会関係資本は、しばしばその同質性が高すぎると異質な他者への不寛容や排斥をもたらすため、民主主義社会では問題となることがある（Sullivan & Transue 1999）。異質な人々から成る社会ネットワークを基盤とする橋渡し型社会関係資本は、異質な人々への寛容性を高めたり、多様な人々の社会的・政治的参加を促したりするため、民主主義社会の円滑な運営に資するとされる（Putnam 2000）。その一方で、同質的な人々から成る社会ネットワークにおいては、災害時などに社会的サポートの授受が行われやすくなるというメリットもあり（Hawkins & Maurer 2010）、注目するアウトカムによってどちらの形態の社会ネットワークが「望ましい」かは可変である。

また、人々がネットワーキングの際に、紐帯を多く持っている「人気者」を友人として選びやすい選択的接触（preferential attachment）という現象が知られている。これにより、少数の「人気者」に多くの紐帯が集中し、残る大多数の人々は少しの紐帯しか持たない、というネットワーク構造がしばしば出現する。このようなネットワークの分布の性質はスケールフリー・ネットワークと呼ばれている（Barabasi 2003）。選択的接触はさまざまな種類のネットワーク（たとえば、SNS上での友人関係、教室の学生の友人関係、ウェブページのリンク関係など）にあてはまる現象であるが、これは一見、人々の間でのネットワークの格差を生じさせているようにも見える（実際に、もともと紐帯数が多い人にさらに多くの紐帯が集まるため、「富める者はさらに富む（Rich-get-Richer）」現象となる）。しかしながら、このようなネットワーク形態は、一部の人がハブとなり他の多数の人を媒介するため、ネットワーク内での情報の伝播においては、冗長性が少なく効率的であることが知られている。たとえば、SNSなどにおいては、この選択的接触の原理によって、世界中のユーザーが短いステップでつながるというスモールワールド現象が生じると考えられている。この選択的接触およびネットワークのスケールフリー性はICTが発展・普及した現代社会においては注目すべき現象であるが、社会関係資本論と関連づけた議論はまだ多くない。

2 社会ネットワークが「リスク」となるとき

社会ネットワークは、一般的には、人々のウェルビーイングにとってよい影響を与えるものとして考えられることが多い。たとえば健康科学分野においては、148本の研究論文の分析結果を総合的に分析したホルト－ランスタッドらの研究によって、社会的に孤立している人々は、毎日タバコを15本吸うことに匹敵する死亡リスクを有することが示されている（Holt-Lunstad et al. 2010）。また、犯罪学分野においても、協力し合ったり一緒に行事に参加したりする住民ネットワークが多い近隣では、侵入窃盗や乗り物盗などの被害発生が少ないことが見出されている（Takagi et al. 2012）。

しかしながら、時として社会関係は人々にとってリスクとなることもある。あえて極端な例を挙げると、それが顕著に表れたのが2020年初頭より世界中が見舞われた新型コロナウイルス感染症（COVID－19）の拡大、いわゆるコロナ禍であろう。2020年ほど人々の社会的つながりが「悪者」として扱われた年はないだろう。周知のように、新型コロナウイルス感染症の予防のために、人々の密な接触を避けるためのソーシャル・ディスタンシング政策が世界中で実施され、少なくともオフラインでの人々の社会的交流は減少し（Abouk & Heydari 2020）、公衆衛生学的にはそれが政策によるポジティブな社会的帰結と捉えられた。

この文脈ではソーシャル・ディスタンス（社会的距離）という語が用いられているものの、感染症予防のためには人々の物理的距離を保つことが肝要なのであって、本来は人々の間の社会ネットワークの有無そのものは直接的には問題とはならない。たとえば、多くの社会ネットワークを持つ人であっても、オフラインで密に交流を行わなければ、感染症のリスクとはならない。しかしながら、実際には、多くの社会ネットワークを持つことは、直接会って交流する機会を増やしたり、そうすることを人々から求められる社会的圧力が高まったりすることによって、感染のリスクを高めてしまうようだ。たとえば、バイらは、米国の郡ごとのＮＰＯや宗教団体、政治団体、市民団体などの10種の社会組織の数を郡レベルの社会ネットワークの代替指標として測定し、それが人々の社会的交流の程度とどのように関連しているのかを調査した（Bai et al. 2020）。人々の社会的交流の程度の指標としては、人々が持つ情報通信デバイスのＧＰＳ機能から得られた自宅待機の程度を郡レベルで集計したものが使用された。分析の結果、両者には負の関連があることが示され、人々の間の社会的つながりが活発な郡ではソーシャル・ディスタンシング政策下であっても、人々が自宅から出て他者と社会的相互作用を行う傾向が高いことが示唆された。また、キュヒラーらは、Facebookの「友だち」ネットワークのデータから、米国内の各ユーザーがＣＯＶＩＤ－19感染の初期のホットスポットであったニューヨーク州ウェストチェスター郡とイタリア・ロディ県のユーザーとどの程度友人としてつながっているかを測定した（Kuchler et al. 2020）。そして、それを米国の郡ごとに集計し、二つのホットスポット地域のユーザーとネットワークでつながっている程度が強い郡ほど、ＣＯＶＩＤ－19の症例数が多いことを示した。この研究においては、社会ネットワークの指標はFacebookというオンラインでの社会関係によって代替されているが、そのような社会関係を多く持つことは、オフラインで実際に人々と交流する機会に波及する、という仮定を置いている。

また、コロナ禍においては、社会ネットワークを背景とした「インフォデミック」も問題視された。Facebook や Twitter などのソーシャル・ネットワーキング・サービス（SNS）は、社会ネットワークの構築・維持に伴う時間と距離の制約を著しく減少させ、人々の情報のやりとりを促進しうるが、それゆえに、交換される情報が過多となり、正確な情報とそうでない情報の両方があふれ、人々が信頼できる情報源を見つけることを困難にしてしまった（WHO 2020）。

それでは、社会関係は社会や人々にとって害悪なのであろうか？　多くの人がこの感染症にまつわる特殊なケースにのみ基づいて社会関係を害悪と断ずることはないだろう。先に紹介したホルトーランスタッドらのメタ分析のように、一般的には他者と社会的なつながりを持つことは人々のウェルビーイングにとって保護的なものであるはずである。その一方で、前述のソーシャル・ディスタンシング政策下における社会的交流の促進のように、社会関係が時として望ましくない社会的帰結をもたらすこともある。すなわち、社会関係が望ましい効果を持つか、それとも望ましくない社会的帰結を導くかは、ネットワークの構造と注目しているアウトカムに依存する。

先述のコロナ禍における研究は、緊急的に社会への提言を行うために、その時点で利用可能なデータを用いたため、社会ネットワークの測定としては不十分であった（利用可能なデータによって代替している）。社会ネットワーク論の本質は、人々が埋め込まれている社会ネットワークの構造的特徴、あるいは各個人の構造的位置によって、集団あるいは個人のアウトカムを説明するというものである。以降ではそのような観点から、社会ネットワークが良くも悪くも人々に影響を与える現象として、社会的伝染についてみていこう。

3 社会的伝染

(1) 行動・態度・健康状態の「伝染」

グラノヴェッターが示したような情報の伝達や、上記で例として挙げた感染症だけでなく、社会ネットワークは行動・態度・健康状態も「伝染」させることが知られている。健康科学分野では、これは社会的伝染（social contagion）と呼ばれ、社会関係資本が健康に影響を与えるメカニズムの一つとして挙げられている（Kawachi & Berkman 2014）。社会ネットワークによる行動の伝染の研究として最も有名なものの一つが、クリスタキスとファウラーによる「肥満の伝染」に関する研究であろう（Christakis & Fowler 2007）。クリスタキスとファウラーは、米国フラミンガムで1971年から2003年までという長期にわたって測定された、1万2067人から成る社会ネットワークデータを用いて、ある人物の体重増加が、その人とつながっている他者の後の体重増加を予測するかを検討した。この一連の調査では、調査対象者を追跡していくために、回答者から親密な他者（親戚や友人）の名前や連絡先も提供してもらっていた。ここで親密な他者として挙げられていた人々の多くもまた調査対象者であったことから、この情報に基づき、調査参加者間により形成される大きな社会ネットワークデータが作成された。分析の結果、ある時期に友人が肥満（BMI≧30）になった人は、次の調査時点で自分自身も肥満になる確率が57％増加することが見出された。また、兄弟姉妹が肥満になった場合には40％、配偶者が肥満になった場合には37％、自分自身が肥満になる確率が増加していた。くわえて、直接的につながっている他者からだけでなく、「知人の知人の知人」といった3ステップを隔ててつながっている他者の体重増加も、回答者の体重増加と関連していることが示された。クリスタキスとファウラーは、肥満という、本来感染性の疾患ではない健康状態が社会ネットワークを介して伝染していくことの理由として、肥満の他者と社会的交流を持つことによって体重増加への寛容性が高まること、そしてそれによって特定の行動（喫煙、食事、運動）を回答者自身が採用することに影響が及ぼされることを挙げている。

また、ローゼンクイストらは、クリスタキスとファウラーの研究で使用されたデータのうち、1983年から2001年までの縦断データを用いて、うつが社会ネットワークを通じて伝染するかを検討した（Rosenquist et al. 2011）。分析の結果、ある調査時期における、うつ傾向を示すネットワーク他者の数は、次の調査時期における回答者のうつ傾向と正の関連を示した。また、反対に、うつ状態にないネットワーク他者の数が多いほど、回答者のうつ傾向は低くなることも見出されている。

社会的つながりがポジティブな行動を伝染させることを示す研究もある。クリスタキスとファウラーは、彼らの肥満研究と同じ縦断調査データを用いて、ネットワークでつながっている他者のある時点での禁煙が、以降の調査時点における回答者の喫煙と関連するかを検討した（Christakis & Fowler 2008）。分析の結果、配偶者の禁煙は、回答者が喫煙する確率を67％減少させ、友人の禁煙は25％減少させることが示された。また、肥満の研究と同様に、禁煙の伝播についても、直接つながっている他者からだけではなく、3ステップ隔てた間接的なネットワーク他者からも影響が見られた。

上記のようにネットワークでつながった人々がお互いに似た行動・態度・健康状態を有する傾向があることは、三つの理由によって説明される（Christakis & Fowler 2008）：一つめは、自分と似た人物を友人として選択するというホモフィリー原理によって、形成された社会ネットワークではそもそも人々の特性が似ているということ、二つめが、つながっている他者から影響を受けて自らの行動・態度がネットワーク他者のものに似ていくという社会的影響が生じること、そして三つめが、ネットワークでつながっている人々は似た社会的属性・社会的背景を有しているために行動・態度に影響を与えうる社会環境や出来事に同じように暴露しやすく、似た行動・態度・健康状態の変容を経験する傾向があること、である。さらに、より厳密には、社会的影響は、他者の行動を自分の行動のモデルにしそれを学習することによって行動を変容させる場合と、周囲の他者からの規範や圧力によって行動を変容させる場合の両者が存在する。前者は社会的影響と区別して社会的学習と呼ばれる（Kohler et al. 2001）。クリスタキスとファウラーやローゼンクイストの研究では、縦断調査データを用いて、もともとつながっている他者の行動・状態が変容した後に、回答者自身の行動が変容するかどうかを縦断的に検討することによって、少なくともホモフィリーの効果とは独立した社会的影響の効果を見出した点で説得的であった。

社会的影響であれ、ホモフィリー原理であれ、上記のようにネットワーク内での人々の行動・態度の類似性が高くなるという性質は、別の問題も生じさせる。すなわち、ネットワーク内の多数派の行動に「染まっていない」人の、社会的排除性を高めてしまう可能性が生じるのである。ベイルストリアーらは米国のある大学の1年生を対象としたネットワーク調査において、回答者に同じ大学の1年生の中の「重要な他者」と、大学外にいる重要他者を、それぞれ最大10人まで挙げてもらった（Balestrier et al. 2018）。くわえて、各回答者には飲酒状況、知覚している社会的排除の程度についても回答してもらった。分析の結果、飲酒者に囲まれた非飲酒者は、高い社会的排除を知覚していることが示された。そして、この背景として、社会ネットワーク内に飲酒者が多い非飲酒者は、自分が彼らを「重要他者」としてノミネートする頻度と比べて、彼らから重要他者としてノミネートされる頻度が少なかったことが見出されている。また、クリスタキスとファウラーの禁煙の伝染の研究では、周囲に禁煙者が増える中頑固に喫煙を続ける者は、行動を変える代わりに彼らのネットワーク構造が変化していったことが示された（Christakis & Fowler 2008）。すなわち、喫煙者においては、ネットワークの構造的指標である各アクターの「中心性」が、減少していったのである。これは、喫煙者の社会関係が減少し、社会ネットワークの外縁部に押し出されていったことを意味している。

（2） 構造的特性の効果

クリスタキスとファウラーやベイルストリアーらの研究で示されたように、ネットワークでつながっている他者と自分自身の行動の違いが、行動変容だけでなくネットワークのあり方にも影響を与える（すなわち、社会的排除やネットワーク外縁部への移動）という示唆は、ネットワークの構造的指標の観点から社会的排除の発生を明確に示した点で社会関係資本論に対しても興味深いインプリケーションを提供している。その一方で、社会ネットワークの構造的特性が、社会的伝染の仕方にどのように影響するのかについてはこれらの研究からは答えられていない。たとえば、しばしば人々が密につながっている社会ネットワークが「豊かな人間関係」と表現されることがあるが、そのようなネットワークの密度は行動や態度の社会的伝染にどのように作用するのであろうか。

ヘレリンガーとクーラーは、マラウィで1541名の女性を対象に行った調査において、AIDSについて会話をすることがある知人を4人挙げてもらい、回答者との関係性（親友、友人、知人）や彼・彼女らがHIV／AIDSのことをどの程度心配していると思うかについて尋ねた（Helleringer & Kohler 2005）。くわえて、この4人同士が知り合いであるかどうかも回答してもらった。すなわち、回答者を含めて5人から成るこの小さなパーソナルネットワークのネットワーク密度（潜在的なネットワークのうち、実際に存在しているネットワークの割合）を求め、密度が高いほど、知人のHIV／AIDSに対する不安と回答者自身の不安の関連が強くなるかどうかが検討された。この研究のユニークな点は、二つの村で分析結果の比較を行い、一つの村ではネットワーク密度が高いほどネットワーク他者と回答者のＨＩＶ／ＡＩＤＳの不安の関連が強まる、すなわち不安の伝染の程度が強くなっていたのに対し、もう一方の村ではネットワーク密度は不安の伝染とは関連していなかったことを示した点である。著者らは、ネットワークの密度が効果を持っていた村では、ネットワーク他者からの規範的なプレッシャー（すなわち、社会的影響）が働くのに対し（すなわち、ネットワークが密であると、その中で態度の一致への圧力が高まる）、密度が効果を持たなかった村では、ネットワーク他者からの同調圧力というよりはむしろ、彼らは情報源として作用している、と解釈している。

また、タカギらは、首都圏近郊4市区に在住の成人男女を対象とした社会調査において、ネームジェネレーター、ネーム・インタープリターという測定方法を用いて、各調査参加者の4人の親密な他者（オルター）の社会的属性、健康行動を回答者に尋ねた（Takagi et al. 2020）。くわえて、ヘレリンガーとクーラーと同じように、その4人が互いに知り合い同士であるかについても尋ね、回答者を中心とした小さな親密圏ネットワーク構造を測定した。タカギらは、ネットワーク全体の密度を用いる代わりに、各オルターのネットワーク上の構造的な位置（すなわち、中心性）を計算した。このデータを用いて、友人が喫煙者であることが回答者本人も喫煙者であることとどの程度関連しているのかを調べたところ、友人が喫煙者である場合に、回答者本人も喫煙者である確率は、友人が非喫煙者である場合と比べて2・6倍であることが見出された。しかし、この研究のより重要な点は、この親密圏ネットワークにおいて「中心的な」人物が喫煙者であった場合、回答者本人の喫煙の確率がより高まるという点であった。本来ネットワーク内での中心的な人物は情報伝達のハブであったり、成員の行動への影響力を持ったりすると考えられるが、喫煙という「望ましくない」行動に焦点を当てた場合には、それはネガティブなネットワーク特性にもなりうるのである。

フジモトとヴァレンテは、米国の中高生の代表的なサンプリングデータ（132校に在学の2万745人の学生）を用いて、同じ学校内の友人の飲酒・喫煙が回答者の飲酒・喫煙とどのように関連するかを検討した（Fujimoto & Valente 2012）。調査の際に、各回答者には最大10人までの学校内の友人をノミネートしてもらうことによって、回答者相互のつながりを測定し、学校ごとに生徒間の全体ネットワーク図を作成した。フジモトとヴァレンテの研究では、単に直接つながっている友人の飲酒・喫煙の影響ではなく、ネットワーク上で構造同値な他者の行動からより強い影響を受けているかが検討された。ネットワーク上で構造同値であるとは、ネットワークに埋め込まれている二者間でネットワーク構造が全く同じであり、二人を入れ替えてもネットワーク構造が変わらない、すなわちお互いが代替可能な構造的特徴を指す。このような二者間では競争や社会的比較が生じ、一方の態度や行動がもう一方の行動のトリガーとなる（Burt & Uchiyama 1989）。全般的に、構造同値な他者の飲酒・喫煙は、単につながりを持っている他者の飲酒・喫煙よりも、回答者の行動と強く関連していることが示されている。

4 まとめと今後の展望

本章のメッセージの肝は、社会的つながりの量が多い状態を「社会関係が豊か」とか「ソーシャル・キャピタルが豊か」と表現されることが多いが、それによってもたらされる社会的帰結がポジティブなものであるかネガティブなものであるかは、注目している行動や現象、ネットワークの構造的特徴によって変わる、ということである。そのため、社会関係資本という概念を論じる場合、特に社会ネットワークに着目する場合には、どのような構造によってどのような行動・現象を説明しようとしているのかを念頭に置いて議論する必要がある。

また、このような研究課題を取り囲む社会環境は、常にめまぐるしく変化しつつある。たとえば、ＩＣＴの発展・普及は、人々が社会関係を維持・構築する際の時間的・距離的制約を著しく緩和することによって、社会ネットワークのさらなる空間的拡大や、選択的な社会関係の増加といった社会関係の変化をもたらしたと考えられている。社会関係資本論の観点からは、これが社会的分断をもたらしているとする議論もあれば、人々の社会関係の格差を埋めるものとして捉える議論もあり、まだその社会的帰結は明確ではない。さらに、オフラインでの社会的交流が減少し、オンラインでの社会ネットワークの重要性が高まったコロナ禍、ウィズコロナ、あるいはアフターコロナの時代においては、人々の社会ネットワークのあり方がさらに変化していくことが予想される。社会関係資本論における社会ネットワーク構造およびその影響への着目は、社会関係資本の捉え方として今後より重要な側面となるだろう。

第II部

各論

第5章

地域参加を増進するには
――地域活動における男性の不利と女性の不利とを考える

小山弘美

1 地域参加による社会関係資本の醸成

（1）社会関係資本のネガティブな効果

日本では、2019年の高齢化率が28・4%となっており、今後の将来推計においても、2025年には30%を超え、2065年には38・4%となる予測がたてられている。(1) この20年の間には日本の全人口の3人に1人は高齢者になるという、世界に先んじた逃げ場のない超高齢社会である。こうした高齢社会の到来を想定して1996年に策定された高齢社会対策大綱では、高齢者を画一的に扱うのではなく、エイジレス社会を目指すことが示された。それと同時に、地域において高齢期の暮らしを具体的に描けるような地域コミュニティを目指すことが明記されており、地域の中で活躍する高齢者像が打ち出されてきた。近年では特に、地域活動に大きな期待を寄せ、高齢者福祉を対象とした活動を推進する傾向が見受けられる。こうしたなか、社会関係資本概念を利用して、地域活動を推進することを掲げた政策も増えている。たとえば、２０１３年改正の「地域における保健師の保健活動に関する指針」では、保健活動向上のために、社会関係資本の醸成を図ることが示されている。また、２０１５年の「地域保健対策の推進に関する基本的な指針」においても、自助や共助の精神で活動を行う住民に対し、社会関係資本を活用した支援を行うとある。このように社会関係資本を政策に活用し、高齢者の支援や、地域活動の増進といった対策を行うという発想は、自治体レベルの政策にも浸透しつつある。

健康と社会関係資本が関連していることは、ロバート・D・パットナム（2000＝2006）によっても提起されていたが、その後も多くの研究によって実証されており、高齢者の健康と社会関係資本に関する研究も多く取り組まれている（カワチほか編 2008＝2008；近藤 2011）。地域参加と健康の関連が個人レベルで実証されているだけでなく、マルチレベル分析による地域の効果も実証されている（市田編 2009；相田編 2013）。こうした知見をふまえて、高齢者福祉・医療・保健分野において、社会関係資本を醸成する政策がとられていることにはまず首肯できる。

しかしながら、社会関係資本論において、社会関係資本をもともと持っている人はより多くを獲得し、そうでない人は持たないままという、好循環と悪循環の構造が指摘されてきたことには注意が必要である（パットナム 1993＝2001）。たとえば、高齢者に有効な健康体操を地域団体を通じて広めたいというときに、対応できる力のある（社会関係資本が豊富な）いくつかの地域だけが取り組めるということはよくある話である。継続できたところは、社会関係資本がさらに醸成され、健康が増進されていくかもしれないが、その他の地域は全く変わらない。こうした状況を地域における社会関係資本の循環構造とみることができる。つまり、単にこれを醸成しようとすれば、かえって格差を広げてしまうことにもなりかねない。特性を理解したうえで、社会関係資本を活用した政策を行うことが望ましいだろう。

社会関係資本の格差に焦点をあてて問題を提起したのは、ピエール・ブルデュー（ブルデュー 1983＝1986）である。ブルデューは、経済資本や文化資本と同様に社会関係資本も階層構造によって不平等に配分されているため、階層の再生産に寄与するとした。実際に社会関係資本が多い地域には、多くの投資がなされてしまう事例もある。世界銀行などが途上国の開発を支援する上で、地域の社会関係資本をふまえて資源の投入を行うことが重要だとして、社会関係資本論が一時期開発領域においても脚光を浴びた。一方で事業の成功を前提にすると、もともと社会関係資本が高い地域に支援を行うという事態を招き、本当に外部からの支援が必要なところには届かないことにもなった（佐藤編 2001）。このように、社会関係資本を「醸成する」「活用する」といった場合のネガティブな効果についても考えておく必要があるだろう。

（2）社会関係資本を醸成する

社会関係資本の醸成といった場合、何をどのように増やしていくことが想定されているのだろうか。社会関係資本の要素はパットナムの定義をふまえて、一般的に「ネットワーク」「互酬性」「信頼」とされる（パットナム 2000＝2006）。社会関係資本を計測する場合、これをどのように測るかという重大な問題があるが、これは「醸成する」といったときの、何を増やせばよいのかに通じる問題である。

筆者は以前、東京都世田谷区の社会関係資本調査において、社会関係資本指標の検討をしたことがあった（小山 2011；2014）。この調査は世田谷区のシンクタンクである「せたがや自治政策研究所」で行ったものであり、ここでの社会関係資本指標は以下の3項目5要素によって構成されていた。「パーソナル・ネットワーク量－親密なネットワーク・橋渡しネットワーク」、「互酬性－支援期待度・地域参加度」、「信頼－町内信頼」である。この研究は行政と協働を行うための区民の力量を測定する狙いのもとに行われ、学術用語である社会関係資本を「住民力」と呼称していた。区民1万人を対象に行った調査を分析した結果、住民力が高い人びとは地域の問題を自分たちで解決するという意識が高く、政治行動（投票行動）も高い水準で行っていた。つまり、パットナムが考えていたように、参加民主主義の源泉として社会関係資本がその役割を果たしているのであり、この醸成を政策的課題と捉えることは一定の妥当性があると考えられた。そこで、上記の社会関係資本の構成要素の中から、地域参加度を高めてパーソナル・ネットワークを広げ、地域の信頼を高めるという筋書きを考え、いかに地域参加度を高めるかという議論へ移っていった。つまり、社会関係資本の有用性を確認したうえで、醸成方法の検討に入ったのである。実際には、住民活動が活発な事例を取り上げて、そのポイントをまとめていった。このように、社会関係資本の有用性を確認したうえで、住民活動の事例を取り上げるのは、ある意味お約束といってもいい手法といえる(2)。

しかし、ここで一つ問題がある。地域参加の増進といっても単純ではない。地域にはさまざまな組織があり、また地域によってもその種類の多寡や多様性が異なる。それ自体が社会関係資本として地域依存性のもとに存在している。また、こうした活動に参加する人は、実際の絶対数でいえば多いわけではない。一方で地域の活動を調査してみれば、面白い活動を行っている団体を数多く見つけることができる。しかし、こうした地域の活動は、多くの場合担い手不足に陥っている。地域の中には多くの人材がいて、それに対応する多くの多様な活動があったとしても、マッチングがうまくいっていないということも考えられる。地域参加を増進して社会関係資本を醸成するためには、このようなミスマッチを紐解いていく必要があるのではないだろうか。

本章では、このミスマッチの原因の一つとして、地域参加における男女差を視座の中心において検討していくことにしたい。これには、社会関係資本をジェンダー視点から検討したものが少ない（O'Neill and Gidengil 2006）との批判も念頭においている。次節以降では、まず社会関係資本の構成要素であるパーソナル・ネットワークと地域参加の両面から、性差と特に高齢期における問題について検討する。そのうえで、男性と女性それぞれが関わる地域活動の特徴を紐解き、その差異を明らかにする。これらの結果から、社会関係資本の醸成に向けた地域参加推進の性別による勘案すべき事項、およびその方法に言及していきたい。

2　性別役割に影響を受けるパーソナル・ネットワーク

（1）パーソナル・ネットワークにおける男女差

社会学の分野では、個人が持つパーソナル・ネットワークに関する研究が積み重ねられてきた。日本においても、欧米の研究との対比で日本のパーソナル・ネットワークの状況を明らかにする研究が、1990年代からさかんに行われた（松本 1995；大谷 1995）。パーソナル・ネットワークは属性ごとに特性があることがわかっており、影響を与える個人属性としては、年齢、教育程度、性別、所得などを挙げることができる。

大谷信介（1995）の四国や中国地方での調査結果によれば、親戚や近所とのネットワークは「年齢が高い」ほど多くなり、一方友人付き合いや職場での付き合いは「学歴が高い」、「所得が高い」ほど多い傾向が見受けられる。また、婚姻の状況もパーソナル・ネットワークに大きな影響を与えており、既婚者のほうが親戚・近所とのネットワークが多いが、友人ネットワークは未婚者のほうが多い傾向がみられる。

男女での違いももちろん指摘されてきた。大谷の調査結果においても、女性は親戚や近所とのネットワークを多く持ち、男性は職場の人とのネットワークを多く持つことが明らかとなっている。また、男性の方が女性よりネットワーク規模が大きいことも示唆されている。大谷は、これらの傾向が欧米の調査でも概ね同様であるとしており、日本における他の調査においても、調査地や調査方法による若干の違いはあるものの同様の結果が得られている（中尾 2001；原田 2012）。

その他の性別による違いとして中尾啓子（2001）が指摘するのは、パーソナル・ネットワークとして挙げた相手が、どのような機能を持っているかについてである。女性が挙げる相手は、悩みを相談したり、実用的な面で助け合ったりするなど、情緒的および実用的なサポート機能を果たしている。これに対し男性では、相手と仕事の話をすることが多く、パーソナル・ネットワークの相手が、性別に異なるサポート機能を果たしていることがわかる。また中尾は、男性と女性ではネットワークを規定する要因や構造が異なることも指摘する。男性は学歴により多くを規定されているのに対し、女性は婚姻が大きな要因となっている。既婚女性は未婚女性と比べて親族との関わりが強く、近距離に位置する人との接触頻度も高い。これは、性別役割分担を受け入れてきた結果であると捉えることができる。多くの女性が結婚や出産によって仕事を辞めた結果が、職場のネットワークの少なさにつながるのであり、家事や育児を引き受けてきたことで親戚や近隣とのネットワークを増やしてきたのである。

（2）男性のパーソナル・ネットワークの脆弱性

上記の点から女性は結婚や出産によって、パーソナル・ネットワークの再構築を迫られてきたと考えられるが、女性から遅れること30年ほど経った後の高齢期になってから、男性にもパーソナル・ネットワーク構造の転換期が訪れる。稲葉陽二（2011）は『平成18年度国民生活選好度調査』の結果から、男性のネットワークの変化を以下のように指摘する。退職期にあたる60－64歳で「職場、仕事関係の人」との関係が減少する一方で、「隣近所」「趣味・学習、スポーツなどの仲間」「学生時代の友人や幼馴染」「ボランティア活動の仲間」との行き来が増える。すなわち、退職を期にパーソナル・ネットワークの再構築が行われているのである。また、在職時からの社会参加や交流が多い人の方が、退職後もそうした活動に積極的であり、生活や健康、老後に対して心配事も少ないという。男性が持つネットワークの中心は職場関係であることは確認したが、在職時に職場関係のネットワークの構築のみを行っていたのでは、老後を仲間に囲まれながら安心して暮らすことができなくなってしまう。

「孤立」を性差の視点から考察した石田光規（2011）は、男性は孤独感を抱きやすく、孤独死や自殺も多いことなどから、「関係弱者」の立場にあることを指摘し、その原因として性別役割規範の存在を挙げた。「強さの象徴としての男性役割」と「優しさの象徴としての女性役割」といった、男女それぞれの固有の役割を示す性別役割規範は、サポートの供受給に影響を与える。男性は弱みを見せない、一方女性は相手の立場に共感し同情できるという規範により、婚姻関係においてサポート役を担う女性の不利が指摘されてきた。しかし、婚姻関係の外のネットワークを考えてみれば、男性は配偶者以外からのサポートを得にくく、反対に女性はサポートを得やすいことになる。それは、同類結合の論理にしたがい、男性はサポート力の低い男性と、女性はサポート力の高い女性とのネットワークを多く持つためである。

性別によらず高齢者にとっては配偶者と親族のサポートが圧倒的に重要であるが、高齢男性は高齢女性よりもソーシャル・サポートを配偶者に頼ることが指摘されている（野辺 1999）。今日における未婚者の増加や離婚率の高まりは、サポートの供給源を婚姻関係に依存してきた男性に大打撃を与え、孤立状態を増加させていると考えることができる。

以上に見てきたように、パーソナル・ネットワークは性別にその構造や要因が大きく異なっているのであり、それは性別役割分担や性別役割規範によって大きな影響を受けてきたと考えられる。それでは次に、地域参加においては性別による違いがどのような形で起きているのか考察してみよう。

3　性別役割に規定される地域参加

(1) 地域参加における男女の違い

２０１６年の「社会生活基本調査」の結果によれば、全国でボランティア活動を行っている人の割合は26・０％で、男性25・０％、女性26・９％となっており、男女で大きな違いはないといえる。ボランティア活動の内容としては、町内会などの地縁組織へ加入して行っているという割合が高くなっている。男性のボランティア活動への参加は、30代から70代前半まで、年齢が高い人ほど多く、また「まちづくりのための活動」への参加が12・３％と一番多くなっている。この結果から、年代が高い層を中心に、町内会などの地縁的な活動に参加していることが考えられる。一方女性は、年代別では

40代で40%もの人がボランティア活動に参加しており、活動の種類としては「子どもを対象とした活動」が10・6%と最も高くなっている。これは、PTAや子ども会などの子どもの活動に関わる人が多いからであろう。

2013年度の内閣府による「高齢者の地域社会への参加に関する意識調査結果」から高齢者のみの特徴を見てみると、男性のほうが地域行事に参加しており(男性21・8%、女性16・6%)、女性のほうが趣味の活動に参加している(男性18・6%、女性23・9%)。そして活動に参加した結果得れたものという質問への回答は、男女で異なっている。女性は、「新しい友人を得ることができた」や「生活に充実感ができた」といった、ネットワーク拡幅や情緒的な面への評価が高いのに対し、男性は「地域社会に貢献できた」という項目の評価が高くなっている。筆者も以前、男性と女性の地域参加の違いを分析したことがあった(小山 2012)。この調査結果においても、男性は地域の規範として参加が促される町内会により多く参加し、女性は趣味の活動など自分の興味関心で地域活動に参加していた。女性と男性では、地域活動への参加のきっかけや活動に対する意味づけが異なっているといえるだろう。

ピッパ・ノリスとロナルド・イングルハート(2006)は、世界価値観調査(2001)の結果を用いて、男性はスポーツクラブ、労働組合、政治団体、地域活動組織に参加し、女性は社会福祉組織や宗教組織、女性組織などに参加しているとする。日本においても同様の傾向がみられると考えられるが、こうした性別による参加団体の違いは、伝統的な性別役割によって規定されていると指摘する。また、こうした違いを考慮せずに社会関係資本指標が作成される傾向があることから、女性の社会関係資本が低く見積もられる傾向があると指摘している。

(2) 地域参加が性別役割を強化する

ビビアン・ラウンデス（2006）は、イギリスにおける一般世帯調査の結果を用いて、まず男女で社会関係資本の量に違いはないとしたうえで、重要なのはその質の違いであるとする。女性は家族や親戚、近隣などとのインフォーマルなネットワークに埋め込まれ、相互扶助型の社会関係資本を多く保有している。女性はこうした社会関係資本を「ケア」の領域で活用する。それは、日々の暮らしに対処する活動であり、政治的参加として評価されにくい。一方で男性は、女性がこうしたケアの領域の責任を引き受けている間に、政治的な参加や権威ある地域活動において責任をおうようになる。このように活動の内容は性別役割分担に沿うものとなっており、性別役割の違いを自明とする考えを強化してしまう可能性があるというのである。さらに、女性同士の同質的な社会的ネットワークが、もともとの思考形態を強化し、性別役割重視といった方向にかたよる可能性をも指摘する。これは、「社会関係資本が政治的関与を促進する」としたパットナムの議論に再考を促す。女性の社会参加は、必ずしも政治的関与を促進するものではなく、むしろ性別役割分担の規範を強化して、男性の役割とされてきた政治への参加を減退させるおそれがあるのである。

これを、日本の地域の状況に置き換えて検討してみよう。日本の町内会などの地縁組織は、行政や学校など公的な機関とのつながりも深く、そこでの折衝を前提に、会長などのトップに男性をおいてきた。１９７１年の内閣府による「住民自治組織に関する世論調査」において、町内会長の女性の割合は、都市部３・１％、町村部で１・８％となっていたことは、その実態を表している。こうした構造は今でもほとんど変わっておらず、内閣府男女共同参画局による「令和元年度女性の政策・方針決定参画状況調べ」の結果においても、町内会長の女性の割合は５・９％という状況である。地域参加の場における女性の立場の弱さは明らかである。

実際に地域活動に参加しても、性別に異なる規範が自明のものとして残っている場面に遭遇することは多い。たとえば、お神輿が出る祭礼などでは、男性は神酒所を建て、神輿を担ぐなど力仕事を担う。一方女性は朝から賄いの準備をし、神輿の休憩のたびに食べ物や飲み物を提供する。町内会の総会に出席すれば、前にズラリと並んだ役員はその多くが男性であり、女性はそもそも出席者も少なく末席に座っている。このような例は枚挙にいとまがない。地縁組織では、長年その形式が変容しないまま行ってきた活動も多く、男性が表に立ち、女性は裏方を担うということに疑問が抱かれぬまま、現在まで継続してきていることも多いのである。このように、地縁組織の活動には、性別による役割分担が未だ根強く残っているなかで、規範が上の世代から下の世代に引き継がれていく状況が少なからずある。ラウンデスの指摘の通り、こうした状況が性別役割分担の意識を押しつける効果を持ち、結果としてそうした意識が強化されてしまう可能性は十分ある。

4 男性と女性の地域における「デビュー」を考える

（1） 女性の地域参加における選択性

地域のなかで女性が裏方の役割を担ってきたというだけでは、捉え方としては一面的である。1980年代くらいから、上記のような地縁組織のスタイルに合わない女性たちは、このような活動から距離を置いていったと考えられる。1980年代の時点で、消費生活、健康・医療、福祉、教育などの暮らしに直結する分野では、既存の地縁組織の活動の枠にとらわれない、女性が主体となる各種のボランティア活動が盛んとなっていた（矢澤編 1993）。

このような女性の活動を「女縁」と名づけた上野千鶴子は、女性が専業主婦からパート労働などに参入し脱専業主婦化する中で、お金にならない活動を選択する主婦も増加し、既存の地域活動とは異なる草の根の活動を創り出したと指摘する。女縁は血縁・地縁・社縁とは異なる「選択縁」の集団であるという（上野 2008）。奥さんとして参加する婦人会や、○○ちゃんのお母さんとして参加するPTA活動とは異なる、選択性の高いネットワークである。文庫活動や生協活動など主婦としての延長上の活動が多かったが、ママさんバレーや書道の会などスポーツや趣味のクラブ活動も活発だった。退職した男性たちが、新しい地域活動を模索し始めた2000年代よりも20、30年早く、女性たちは選択縁を広げてきたといえる。

こうした女性が中心となるグループの特徴は「一般に集団よりも個人優先、タテ型の役割分化や指揮－命令系統をきらう平等主義など、日本の社会には珍しい個人主義的な傾向を持っている（上野2008：p.71）」とされる。代表や会長をおかないヨコ型ネットワークがその特徴であり、これは当時の女性が企業に長く務めるという経験を持たず、タテ型社会の訓練を受ける機会がなかったためであると上野は指摘する。つまり、女性が先に参入した選択縁の世界は、男性が長年の会社勤めで培ってきたタテ型社会規範が通用しないということになる。

１９９５年の阪神・淡路大震災において、ボランティアが大いに活躍し、１９９８年の特定非営利活動促進法成立につながったとされているが、それ以前に草の根のボランティア活動が１９８０年代から増幅してきていた。２０１０年の全国社会福祉協議会の調査によれば、全国のボランティア団体の代表は66・１％が女性という結果となっており、地縁活動の状況とは異なっている。今日ではボランティア団体が地域であたり前の存在になり、地域の担い手として期待されているが、その大きな潮流をつくってきたのは女性たちといえるのではないだろうか。一方でその活動分野は、高齢者・障がい者福祉、子ども・子育てが大きな割合を占め、女性役割としての「ケア」の分野にかたよっていることはあらためて確認しておく必要がある。

地域活動へのデビューという面から考えれば、女性は子育てのなかで地域活動に参入するため、30代、40代で地域の担い手となる。子どものためという大義名分のもと、その参入はある程度スムーズに行われるものと考えられる。しかし、その後地域に関わり続けるかどうかは、選択の幅が広がっている。上記のような自らの興味関心による選択縁を築き、ボランティア活動などに参入していくこともできる。もちろん、パート労働などに参入して地域活動には疎遠になる場合も多い。しかしながら、男性との違いは、子育て時の仲間を中心に、近隣に顔見知りをつくっているということである。このようなパーソナル・ネットワークによって、その後自分のペースで地域活動に参入していくことができる。その意味では、性別役割分担の規範によってある程度規定されたものとはいえ、自分の関心で地域に関われるという優位性を持っているとも考えることができる。しかし、性別役割規範が重視されている地域独特のルールのなかで、そこから抜け出せないまま関わらざるを得ない女性の存在にも目を向ける必要があろう。

(2) 男性の地域参加を再検討する

地域参加が性別役割に大きく規定されていることは、男性にも同様にあてはまる。学歴や職業にパーソナル・ネットワークを規定されてきた男性は、若い時分に地域参加していない(できない)ことがそもそもの問題となる。先に検討したように、男性は退職を期にパーソナル・ネットワークの再構築に向けて、地域参加を検討しなければならない。人口減少のなかでのシニアの活躍は、どの自治体においても喫緊の課題であるが、同時に男性の地域デビューは簡単には解決できない長年の課題となってきた。2000年代の団塊世代の大量退職前後に、地域人材育成のための市民大学や地域講座のプログラムなどが多く取り組まれた。近年ではさらに工夫が凝らされ、手引書の発行、地域デビューのためのお見合いパーティなど、さまざまな取り組みが見られる。特徴的な取り組みとして、埼玉県では、有名人を総監督や隊長におき、「地域デビュー楽しみ隊」を結成して、地域活動を楽しむ人たちがインフルエンサーとなって、地域デビューを後押しする活動を行っている。

本章では、これまで見てきたような男女の違いを逆手にとり、男性が長年の会社勤めで身に着けた規範になじむものという視点で、男性の地域デビューを検討してみたい。

定年に向けた活動である「定活」を勧める『定年前』（大江 2019）では、会社を辞めたから地域の付き合いとか町内会の活動「でも」やろうか、という考えは間違いだと指摘する。「地域には地域の厳然としたしきたりやルール」があるのであり、「でも」というほど簡単なものではないというのである。しかし逆にいうと、タテ型社会の規範になじんできた男性にとっては、こうしたしきたりやルールがあり、序列がはっきりとしている地縁組織のほうが、実際にはなじみやすいということもある。町内会はほとんどの地域に存在しており、住んでいれば自然と加入している場合も多い。これまであまり深いかかわりを持っていなかったとしても、加入はしているという人も多いだろう。実は、こうした組織でも、サラリーマンを退職したような人の事務処理能力に期待している場合も多く、退職のタイミングで地域のほうからリクルートされることもある。まずは総会に出席したり、祭礼の手伝いをしたりするなど、顔を出してみることから始めてみるのはどうだろうか。

一方で、ボランティア興隆の潮流をつくってきた選択縁は、上野が指摘したようにヨコ型のネットワークで成り立っていることが多い。このようなネットワークのなかでは、地位や役職があまり意味を持たない。男性がこうした選択縁に入っていくことは、その組織原理の違いによって、難しい部分もあるのではないだろうか。しかし、特定非営利活動促進法により、法人格を持つようになった組織においては、少し状況が異なるようである。２０１７年の内閣府によるＮＰＯ法人を対象にした調査結果では、72・1％は男性が代表となっており、先のボランティア団体の結果とは異なっている。上野（2008）は、「ＮＰＯ化は男性が参入しやすくなる条件を与えたという、多くの現場の人びとの証言がある」として、ＮＰＯ法人はその組織構造が企業と似ているために、企業社会における男性のノウハウが生かしやすいことを指摘している。

２０００年代は団塊世代男性の多くが退職期を迎え、時間資源と貨幣資源にゆとりのある男性が選択縁に参入してきた。同じ時期に、ＮＰＯ法人が一気に増加したことは偶然ではないだろう。こうした活動は、市民大学などの自治体が用意する学習プログラムの延長で始まることも多い。まずは、こうした場に顔を出し、仲間をつくって新しい活動を始めることも可能である。男性が中心となって組織化したＮＰＯ法人では、行政と対等な立場で交渉し、地域の課題解決に向けて活動を進めていくことに長けている場合も多い。

さらに近年では、こうしたボランティア活動やＮＰＯ法人を事業化し、継続的な活動を目指して、コミュニティ・ビジネスとして取り組む例が増加している。コミュニティ・ビジネスは、稼ぎながら地域課題を解決する手法であり、雇用の創出の意義も併せ持つもので、これまでのボランティア的な発想とは異なる。長年の会社勤めなどで事業運営のノウハウを習得している男性は、特に取り組みやすい手法であるといえるだろう。

これらの活動は、タテ型の規範が前提となり、性別役割として男性が引き受けてきた職場の規範や、そうしたスキルを活かすことのできる、男性が参入しやすい活動として位置づけることができるのではないだろうか。しかしながら、これまで企業での就労に多くの時間を費やしてきた男性は、地域での知り合いも少なく、また仕事以外で興味関心と聞かれても難しいところである。やはり、退職後の高齢期にいきなり地域への参加を考えるのではなく、それ以前から近隣とのパーソナル・ネットワークを築いたり、自分の趣味の活動を行ったりしていくことが重要になると考えられる。

5　地域参加の増進を目指して

(1) 地域参加における男性の不利と女性の不利

最後に多少散漫になってしまった議論をここでまとめておきたい。本章では、地域参加の増進には、男女の地域参加における違いへの配慮がないために、参加の促し方にミスマッチがあることを想定し、男女それぞれのパーソナル・ネットワークと地域参加の状況を検討してきた。まず、パーソナル・ネットワークは、性別役割分担や性別役割規範によって大きく規定されていることを確認した。男性は職場関連を中心にネットワークを築いていることから、職場を退職する段階でネットワークの再編を余儀なくされる。女性は親戚や近隣とのネットワークが豊富であるが、これは婚姻や子育てによって既にネットワークの再編を行った結果と考えられる。

社会関係資本が健康に関連しており、地域参加はよいものという前提に立って考えるなら、女性は子育ての関係で30、40代から地域活動に参入するため、その優位性を指摘することができる。しかしながら、地域におけるその立場を考えると、行政と対等につながりがあるような地縁団体におけるトップは男性が圧倒的に多く、政治的参加の意味で考えれば女性の立場の不利を指摘することができる。

一方、男性は、退職時になってパーソナル・ネットワークの再構築をせまられ、そこで初めて地域への参入の可能性を選択していくことになる。女性の場合には、すでに地域の中につながりがある中で、時間をかけて選択することが可能だが、男性は地域の中に顔見知りもいない中で、多くの選択肢のなかから自分で選ばなくてはならない。企業活動のみに身を捧げてきた人にとって、これはかなりハードルが高いように思われる。地域参加へのルートは男性にとってのほうがいばらの道であり不利を指摘できる。しかしながら、すでに地域に参入している男性の立場は、女性よりも上にある場合が多いことには注意が必要である。男性の地域参加促進の問題点を検討した飯島絵里（2013）によれば、男性の地域参加を目標においても戸惑う自治体職員もいるという。それは、地域の代表との交流の場においては、参加者は男性ばかりであり、男性の参加が少ないとは感じられないからである。つまり、男性の地域参加は二極化しているのである。

以上から問題を以下に指摘することができる。地域活動における女性の立場を向上させること、そのうえで地域に全く参加していない人びと、特に高齢期に孤立状態に陥りやすい男性を参加に導くことである。本章で指摘した男性の参入しやすい活動は、あくまで性別役割規範や性別役割分担が当たり前として過ごしてきた世代に対し、緊急措置的に提示したものであり、本来なら男性・女性という視点で考える必要がない社会が望ましいことはいうまでもない。そのために、地域における女性の立場を引き上げることは喫緊の課題である。そのことを意識せずに、ただ地域参加を促すだけでは、ブルデューが社会関係資本概念を使って階層の再生産を指摘していたように、男女格差の再生産を促すことにもつながりかねないことは、あらためて意識する必要がある。

(2) 地域参加の機会を増やす

これまで検討してきたパーソナル・ネットワークや地域参加の男女差の現状をふまえて、実際にどのように地域参加を増やせばよいか、最後に試案を提示して終わることにしよう。

女性の場合には、なんといっても地域活動の楽しさや有用性を示し、口コミに頼ることではないだろうか。横のネットワークを中心として、さまざまな興味関心に沿ったプログラムが準備されることが望まれる。孤食への対応としてみんなで食事をする場を提供している人が、必ず友だちを連れてくるおばあさんの話をしてくれた。実はこのおばあさんは、スーパーのイートインスペースで一人で食事をしている人に、こんな場所があると伝えて連れてくるのだという。このような口コミ戦略が女性にとっては有効なのではないだろうか。

一方、退職後にパーソナル・ネットワークを再構築していくことが求められる男性は、そもそも地域活動になじみがないということをふまえて、お試しの参加やマッチングのような機能を持つ場があるとよいのではないだろうか。就職活動のように、地域活動側から、こんな人材を求めているという求人票を出す。あるいは、多くの地域組織がブースを出して説明するといった合同説明会のようなものを開催し、それに応募してお試しで参加できるといった取り組みも面白いかもしれない。企業の規範になじんだ男性が参入しやすい仕組みの設計が求められる。

未婚率や共働き世帯が増える中で、こうした取り組みは地域にネットワークを築くことができていない女性にも有効な手段となるだろう。さらにいえば、何も高齢期の人びとに向けてのみ行う必要はなく、若い世代の人たちにも活用してもらえるように工夫できるとよいだろう。若い世代においては、仕事中心という考え方が減ってきていることは指摘されている。自分の仕事の専門性を活かした「プロボノ」としての関わる道も広がってきている。世代や性別によらず、広く地域活動人材を獲得していくための新しい発想が求められる。

注

（1）「令和2年版高齢社会白書」より

（2）たとえば、内閣府（2003）も同様である。

第6章

風通しのよい自治会運営は橋渡し型ソーシャル・キャピタルを構築することによって可能か

戸川和成

1　都市地域コミュニティの内部に生じる認識のズレ

今日、住民が暮らしの中で生きがいを感じ、住みよい都市を創るには、住民自らがまちづくりに参加して、公共サービスなどの政策を住民視点で捉え直す必要があるだろう。それには、暮らしの地域課題を住民間で共有し、「共に治める」協働が欠かせない。日本には1700にも上る都市が存在し、こうした問題認識が共有されることで、協働のまちづくりが多くの都市で行われている。いわば住民の「生活の質（Quality of Life）」は行政と地域住民の連携関係によって維持されている。

そうした中で、古くから地域住民が協力して活動してきた近隣住民組織が「自治会・町内会」である。その数は総務省によれば地縁団体数が29万8700団体（2013年4月1日現在）にも上る(1)。多くの自治会・町内会は他のさまざまな地域組織と連携して、地域の第一線で、住民に必要な取り組みを行っている(2)。

しかしながら、自治会・町内会に対しては、「加入率の減少」や、「自治会・町内会の不要論」という問題が指摘されている[(3)]。他方で筆者が携わった東京都葛飾区の新小岩第四自治会の調査研究（代表：関東学院大学准教授・小山弘美氏）によれば、運営内部の組織役員は仲間内の間で、相互に信頼関係を築きながらさまざまな活動を行っている[(4)]。

つまり、地域をよくみるとコミュニティを支える活動主体（担い手）と非活動主体（傍観者）の間には地域活動への認識に差異が生じているようだ。

コロナ禍に入り、今後さらに社会環境が大きく変化していくという見通しの中では、親睦団体として制度的にも保障されてきた自治会・町内会の支えが地域社会には今まで以上に必要であると考えられる。

しかしながら、上述した認識のズレはこれからの都市地域コミュニティを考える上で重要な問題であろう。日本の政策過程では実際の現場レベルの政策実施は市民社会に依存しており、近隣住民組織と行政の協働が地域公共サービスを供給する仕組みに欠かせない（辻中ほか編 2009；戸川 2018；2020）。そのため、自治会・町内会を担う主体の減少は地域の社会参加の衰退につながりかねない。協働を担う人材を持続的に確保していくためには、活動／非活動主体をめぐる都市地域コミュニティのあり方が問われてきている。

どのように組織を運営し、どのような社会であれば住民は協力的になり、地域コミュニティの内部に生じる活動への認識のズレを縮められるのだろうか。本章はこの問題に焦点を当て、組織の運営内部と地域社会のソーシャル・キャピタル（以降、社会関係資本）の観点から考えることにしたい。それを踏まえた上で、住民にとって居心地の良い都市地域コミュニティのあり方を検討する。

2　地域の社会参加の実態——全国調査と葛飾区新小岩第四自治会の知見

（1）衰退傾向にある社会参加の活動／加入意識の実態

では、現在はどのくらいの住民が地域活動に協力して参加しているのだろうか。昨今の都市政府をとりまく地域社会の環境をみると、活動の担い手不足や財源不足が指摘され、行政と近隣住民組織の協働を続けるために必要な地域リソースが乏しいのが現状である。それは、図１（次頁）に示す市民の団体参加率の減少傾向から明らかである。

図１は辻中・和嶋・戸川（2019）によって、ここ20年間の市民の活動を把握できる団体・組織率の推移を示す。本章と関連する、この図が示す大きな変化の一つは「自治会・町内会」に加入する住民の意識が１９９６年以降、大きく減少している。２０００年代の世代転換期を経た現在は、参加の割合が２割に落ち込んでいる。実際の加入世帯比率を十分に反映しているとは限らないにせよ、日常生活の中で自治会に加入しているという「意識」は薄れてきているのだろう。

一方で、そうした中で、自治会・町内会は現在活動している。これは今もなお、活動する自治会にとって、深刻な問題であろう。活動への参加者不足は協力の担い手の減少につながるので、活動を縮

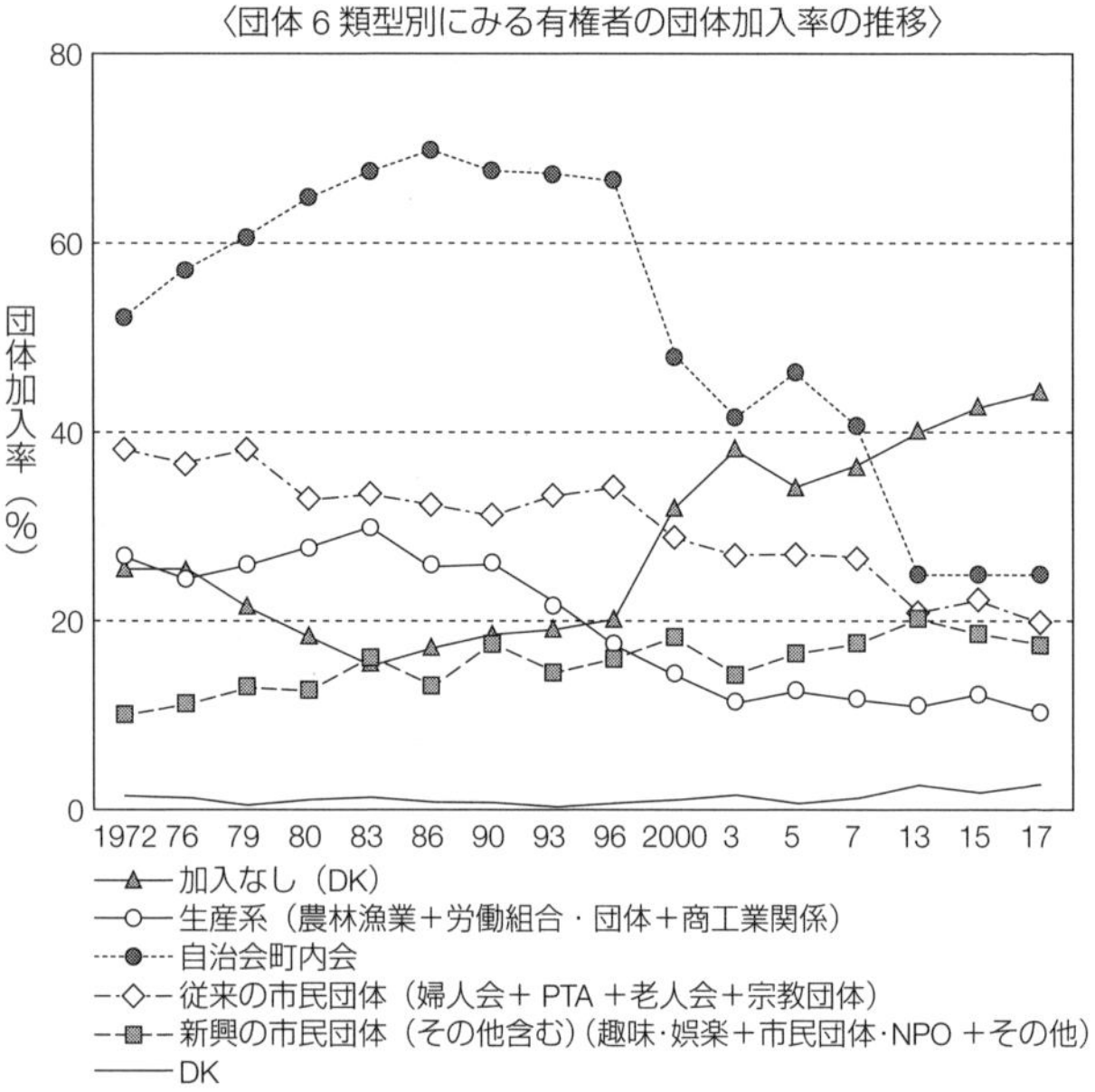

図1　団体参加率の推移（1972～2017年）

出所：（データ）明るい選挙推進協会；辻中・和嶋・戸川（2019）p.38を一部修正

小せざるを得ないのではないか。

（2）ケース・スタディ――葛飾区新小岩第四自治会を踏まえた知見

では、どのように自治会・町内会が実際に運営されているのだろうか。本章では小山（2019）が実施した「自治会活動参加状況調査（新小岩第四自治会）」に基づいて、東京葛飾区の新小岩第四自治会をケースに挙げる。その自治会では、加入世帯の3割が「総会」活動に参加して、区部の下町で活動している[5]。毎回の総会への参加者は事前に回覧を廻して総会参加者を募っており、のべ参加数が70～80人ほどであるという。そもそも新小岩には100人以上の会員が会議をする場所がない。それを踏まえると、他の自治会よりは参加率のよさを活動の当事者は認識している[6]。

この自治会はJR総武線沿線の地域で、両国駅から千葉方面に向かい新小岩駅を降りた徒歩圏内に位置する。野村・戸川（2020）によれば、普段は都心部への通勤者と周辺に広がる商店街で働く人々が混在し、駅前の広場を抜けるとすぐ目の前に、活気に満ちたルミエール商店街がある。それは下町情緒にあふれた商業地域といえる。そうした地域の住民は葛飾区の把握する数字によれば第四自治会の加入世帯は1285世帯、加入率88・7％と数値としては高いものの、そのうち700世帯程度が集合住宅の入居者である。そのため、実質的には自治会の運営を担っているのは戸建て等の400世帯弱に限られている（同上：p.2）。

そして、第四自治会の組織は、執行部のほかに事業部、地域部、行政協力委員などで構成されており、事業部は部長のほか複数名の副部長からなる。地域部はいくつかの班で構成され、役員の任期は2年である。しかし、再任が妨げられるわけではないので、辞任しない限り、役員の顔触れは変わらない（小山弘美研究室編 2020a：p.16）。また、近隣の商店街に店を構える自営業者を中心としているので、多くの役員の顔ぶれは商店街で常に顔を突き合わせるメンバーである。最近は執行部に新たに会社勤めの定年退職者が2名加わるようになった。それを踏まえて、活動の当事者は組織の雰囲気が変わりつつあることを認識している（小山弘美研究室編 2020a：p.16；野村・戸川 2020：p.2）。

こうした地域で活動する住民は日々、どのような意識を抱いて活動し、時に苦悩されているのだろうか。加入世帯数が多いなか、総会参加者が3割程度であることを考えると、東京の中でも住民付き合いに定評のある地区といえども、担い手不足などの問題に苦悩する役員の姿が目に浮かぶ。ここでは主に、小山弘美氏が代表に行った調査結果を踏まえた上で、都市コミュニティの近隣住民組織に垣間みえた新来住民の関係構築と組織運営の課題を考えることにしたい。

①活動を必要としながらも活動時間に参加できず、活動と生活の両立が難しい

まず、小山弘美氏と学生が活動当事者に伺ったインタビュー調査では「役員の高齢化」を自治会の課題として挙げている（小山弘美研究室編 2020a）。若くとも50代の住民が活動し、最高齢の方になると90代の高齢者が役員として活動している。

次に、活動の幅が広く、集まる機会が多いのが特徴的である。役員の方々が高齢化しているといえども、1年間で春・秋の交通安全週間活動や、町内パトロール、日帰りバスレクリエーション、自治会ゴルフ大会、新年会、ボーリング大会を企画し、毎月1、2回の頻度で地元の小学生を学校まで見守る活動を行っている。加えて、定例会は年に1回の総会、4回の役員会、毎月の執行部会をこなしている。総会資料では、その活動数はのべ1年間で100項目近くにおよぶ。大変にハードなスケジュールをご高齢の会員同士が協力し合うことで、こなしている。それ故に、「仕事の兼ね合い」から活動を難しいという声もあり、中には役職を兼務しなくてはならない状況もあるという（同上：pp.17–18）。加えて、表1の戸川（2020：p.49）によれば、「総会」への参加頻度にかかわらず、総じて住民は自治会の活動を「若い世代が活動しやすい」活動とは評価していない。

積極的参加者でも33・9％の住民が肯定的に回答するのに留まり、消極的参加者に限っては23・6％と約10ポイントも低い。また、積極的参加者の過半数は「役員層の高齢化」（50・8）を挙げ、消

表1　運営の課題はどのように評価されているか

	積極的参加者 N	積極的参加者 %	消極的参加者 N	消極的参加者 %	非認知者 N	非認知者 %	全体 N	全体 %
役員層の高齢化	32	50.8	17	21.8	1	3.0	50	28.7
事業のマンネリ化	0	0.0	3	3.8	1	3.0	4	2.3
イベントへの参加率	0	0.0	1	1.3	1	3.0	2	1.1
予算の使い道	0	0.0	6	7.7	2	6.1	8	4.6
加入率の低下	3	4.8	7	9.0	2	6.1	12	6.9
一部の役員だけが参加している	8	12.7	8	10.3	6	18.2	22	12.6
若い世代が参加していない	17	27.0	13	16.7	4	12.1	34	19.5
その他	1	1.6	1	1.3	1	3.0	3	1.7
特になし	2	3.2	22	28.2	15	45.5	39	22.4
合計	63	100	78	100	33	100	174	100

注：参加水準；自治会活動（総会）を利用。「積極的参加者」＝「必ず参加する＋できるだけ参加する」、「消極的参加者」＝「あまり行かない＋行ったことがない」、「非認知者」＝「活動を知らない」の回答者。設問（問19）；「新小岩第四自治会において課題であると感じる点はなんですか。もっともあてはまる番号を一つ選び、○をつけてください。」
出所：小山弘美（2019）「自治会活動参加状況調査（新小岩第四自治会）」、戸川和成（2020）p.49を一部修正して引用

表2　自治会の必要性

		思う	やや思う	あまり思わない	思わない	全体
積極的参加者	N	43	18	2	0	63
	%	68.3	28.6	3.2	0.0	100.0
消極的参加者	N	33	35	11	4	83
	%	39.8	42.2	13.3	4.8	100.0
非認知者	N	11	15	4	2	32
	%	34.4	46.9	12.5	6.3	100.0
合計	N	87	68	17	6	178
	%	48.9	38.2	9.6	3.4	100.0

注：参加水準は表1と同じ。設問（問32）；「あなたは自治会が必要だと思いますか。」
関連性の検討結果；χ^2乗検定結果（ピアソンのχ^2値＝17.72，$p < 0.01$）
出所：（データ）表1と同じ；野村・戸川（2020）p.15を再掲

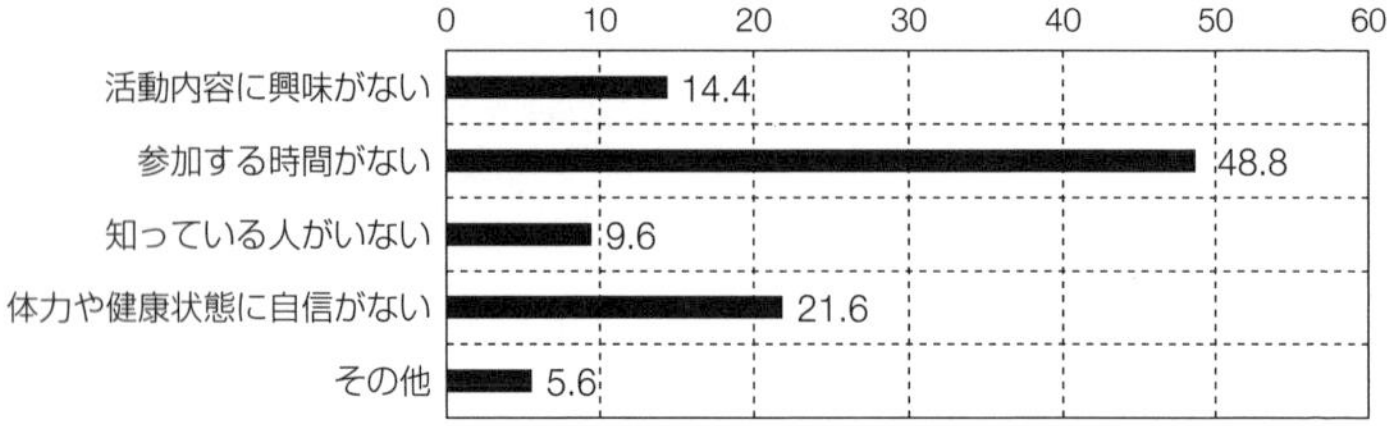

図2　参加しない理由

注：自治会への「必要性」を「あまり思わない＋思わない」の回答者（N=125）が全体。設問（問16-1）：「「3. あまり思わない」、「4. 思わない」方におうかがいします。自治会が必要でないと思う主な理由を1つお答えください。」

出所：小山（2019）「自治会活動参加状況調査（新小岩第四自治会）」、戸川（2020）p.52を一部修正して引用

極的参加者に限っては一部の回答者が「事業のマンネリ化（3・8）」、「イベントへの参加率（1・3）」、「予算の使い道（7・7）」を課題に挙げている。

　しかし、重要なことは表2をみても明らかなように、消極的参加者や自治会の「活動を知らない」とする非認知者でさえも、自治会の存在意義（必要性）に異論を唱える者が少ない。

　いずれの層も自治会の必要性（そう思う＋やや思う）を過半数の住民が認識している。必ずしも自治会の不要論がすべての地域にあてはまるものではない。

　一方で、消極的参加者が「参加をしない理由」を調べたところ（図2を参照）、「①時間がないこと（48・8）」、「②体力に自信がない（21・6）」ことが主な理由であった。

　①時間がないと回答した住民の多くは、働き盛りの世代（回答年齢の平均±標準偏差＝60・1±13・4）で、②体力に自信のない回答者の多くは、高齢者層（同上、80±7・1）であった。つまり、必ずしも、自治会の活動に興味がないからではなく、おそらく仕事の負担が大きいことが住民の参加を妨げていると考えられるのではな

いか。報告書によれば、「自治会の会合は夜であることも多く、幼児や小学生がいる母親や共働きの女性が参加しづらい」ことも証言を得られている（小山弘美研究室編 2020a：p.19）。

また、戸川（2020）によれば、活動に消極的参加者は積極的参加者と同様に、「防災」や「防犯」の分野に自治会が取り組むべきであると考えている[7]。それを踏まえれば、「地域の親睦」だけを活動の目的にするのではなく、会員全体が取り組むべき課題をくみ取る必要があるだろう（同上：p.50）。

さらに、運営のコストを減らすためにも、他に活動している団体と連携する必要もある。地域社会をとりまくネットワークは現在、NPO・ボランティアと連携する方法を探ることで、さらに広げられることが可能であることを認識する必要もあるだろう（中田 2017：p.104）。つまり、人数の限られた役員だけを活動主体に数えるのではなくて組織の枠を超えた他の団体・組織と協働しながら若い住民と一緒に、政策課題を解決する運営方法を検討する必要もあるだろう（同上：p.57）。

②旧来の高齢役員と新来の地域に流入する若い住民の関係構築が難しい

また、高齢化した役員メンバーも自らの組織が「高齢化」していることを認識し、ボーリング大会などの子ども向けのイベントを行っている。それは親子で参加しやすいような工夫である（小山弘美研究室編 2020b：p.49）。また、イベントを通じて「イベントに参加した後にパトロールに声をかける」こともある（小山弘美研究室編 2020a：p.19）。つまり、役員から若年層の住民へ、地道な声かけを行っている。しかし、聞き取り調査の中では「昔から自治会の中心を担ってきた世代が強いということもあり、受け取る人によっては威圧的に見え、若い世代は入りづらいということがある」という声が聴きとられている（小山弘美研究室編 2020a：p.19）。

これは、地域の社会変化を考慮して考える必要があろう。野村（2020）によれば、新小岩1丁目、2丁目の人口構成の変化を踏まえて、2000年以降に新小岩地域に高層住宅などが整備されることで、30～40代のマイホームを購入する世代が流入傾向にあること、自営業主の割合が減少し、サラリーマン層が移住していることが報告されている（同上：pp.14-15）。つまり、新小岩地域では流入人口が増え、新来住民が増加している。そのため、旧来住民の地元への愛着心が、まだそれを共有していない新来住民にとってはかえって「威圧的に見え、若い世代は入りづらい」というように受け取られてしまっている可能性がある（同上：p.19）。

また、本事例地域では役員の再選を妨げることが制度化されていない。活動の継続という観点からは評価できるが、役職のポストが空かない場合には執行部に若い人が入りづらい構造を創り出してしまっている可能性も否定できない。それは聞き取り調査からも確認されている（小山弘美研究室編 2020b：p.39）。よって、運営を担う役員の顔触れを意図的に変えて、仲間内の付き合いだけでなく、よそものが入りやすくなるような別の仕組みも含めて運営方法を考えていく必要があろう。

3　新来の住民と世代間の交流を促す組織運営の仕組みを考える

以上の事例を踏まえれば、上記に挙げた組織運営の課題は、運営を担う役員当事者だけの問題ではない。組織の運営内部の人間関係の構築方法に検討の余地はあるものの、さらに組織を超えた外部のつながりを取り入れる雰囲気づくりが必要であろう。それにより、新来の住民だけでなく活動の主体者にとっても居心地のよい運営方法が検討できるのではないだろうか。

その点を踏まえ、本節では組織内部と地域社会の社会関係資本の構造を整理することで、運営の改善につながる仕組みを考えてみたい。

まず、一つ目のケースは自治会の運営組織を超えた外部のＮＰＯやボランティア組織との協働を前提に、自組織の運営負担を減らす取り組みが必要であることを言及している。ＮＰＯはＮＰＯ法第２条によって、「不特定かつ多数のものの利益の増進に寄与」することが求められており、その活動は地域を範囲として限定されているわけではない。しかしながら、活動の対象が地域に限定されずとも、似通った政策課題に取り組むことを通じて臨機応変に協力関係を築くことができるかもしれない。自治会・町内会にとって、組織の活動リソースだけに頼らなくてもよいのであれば、地域住民の「共同の利益」を協働によって促進させることが可能であろう（中田 2017：pp.100-103）。そのように考えると、運営内部の役員が組織の枠を超え、ＮＰＯや社会団体と連携関係を結ぶことで橋渡し型（bridging）社会関係資本を醸成することができよう。それが、組織に対して正の外部性をもたらす可能性がある。これは「心の外部性を伴う信頼・規範・ネットワーク」（稲葉 2005：pp.17-18）と定義される社会関係資本のうち、異質な者同士が結びついて形成される社会関係資本の外部性による効果である。他組織と協働することで、活動の負担を減らせる一方で、若い世代の人や新来住民に開かれた環境も創ることができるだろう。

二つ目のケースは仲間内のつきあいが濃いと、まだ新来住民との関係が打ち解けていない段階では、会への勧誘を受け入れることが難しいケースではないだろうか。

なお、社会の移り変わりが早く、活動への住民の参加を得ることが難しい現在、自治会の運営メンバーが互いに助け合いながらさまざまな活動を通じて形成される「役員‐役員関係」の紐帯（ネットワーク）が仲間内の親睦を育み、活動に不可欠なリソースであることはいうまでもない。

しかしながら、見方を変えれば社会関係資本のうち、運営内部の同質的な者同士が結びつくことで醸成される結束型（bonding）社会関係資本が強いようにも受け取られかねない。つまり、運営内の役員間の仲間内の信頼関係（「特定化信頼」）が強いことで、かえって新しく越してきたよそものにとっては入りにくい環境だと感じてしまう可能性がある。

これは、社会関係資本の外部性の質が、相対的に置かれる人々の人間関係の位置によって左右されるからである（稲葉 2011：p.31）。自治会の運営内部のネットワークが旧来の高齢住民だけに閉ざされてしまうと、それはジェームズ・コールマンが提唱した「閉じたネットワーク」（Coleman 1990）の形態に近い人間関係といえる。そうした形態はネットワーク内の関係者の間で規範を貫徹させることには優れている。しかし、意図せずとも活動主体の関係を運営内部のメンバーにのみ閉鎖させてしまうので、かえって背景の異なる人々の情報を入手することが難しいという弊害も起こしてしまう可能性がある。よって、新しく地域に入ってきた若い住民との心的な距離を上手に縮められず、新来の住民が組織運営のコミュニティから排除されてしまう状況につながってしまいかねない。

以上の二点を踏まえると、地域の政策課題には背景の異なるNPOや他組織と一緒に協働し、なるべく運営内部のメンバーを多様にする（異世代で役員を固定化させない）ことで、風通しのよい組織の中でまとまりのよさを捉え直すことが必要であろう。

そこで、橋渡し型社会関係資本を組織の運営内部／外部に醸成することで、次のような新来住民と世代間の交流を可能にする風通しのよい組織運営に関する仮説を打ち出せよう。

仮説１：役員同士の関係だけでなく、運営組織を超えた他組織（NPOやボランティア）と一緒に活動している組織ほど、組織外部の橋渡し型社会関係資本が醸成される結果、活動の内容が地域の課題に対応しやすく、負担が軽減されやすい。

仮説２：組織の運営内部では、さまざまな世代が参加し、役員を担う活動主体が固定化していないほど、橋渡し型社会関係資本が醸成される結果、若い世代や新規の人（外部の人）が気軽に参加しやすい。

4　地域を紡ぐ信頼と社会参加、暮らしの政策に関する調査に基づく提言

前節まで、風通しのよい組織づくりと社会関係資本の関係について論じてきた。本節では、これま

での議論を踏まえて、仮説に対する妥当性を得るために、後述する戸川（2020）のデータを利用して具体的に検討することにしたい。

（1）調査概要と設問

使用するデータは２０２０年（令和２年）11月２日（月）～11月９日（月）の間に、筆者がWeb登録モニターを対象に行ったWeb調査、「地域を紡ぐ信頼、社会参加、暮らしの政策に関する調査」を用いる。[8] この調査は、社会関係資本を調査するのに加え、自治会組織の運営内部／外部に関した社会関係資本の状況について具体的に調査している。データの対象は東京都23区在住のWeb調査登録モニターを母集団とし、各区部ほぼ１００名（住民基本台帳に基づいた性別×年齢階層分布に応じて収集）を無作為抽出し、東京23区在住計２３００名の住民に関する有効回答を得た。[9] 調査は稲葉（2005）の定義に基づいて、外部性を伴う信頼・規範・ネットワークの社会関係資本が、行政と市民社会組織の協働による地域社会運営に対してどのような影響を及ぼすのかを、都市ガバナンス、ＱＯＬ（政策や生活の質）、社会関係資本の世代間継承の観点から明らかにすることを目的としている。[10] 本節ではその調査データを用い、パス解析によって仮説を検討する。

（2）仮説の操作化

筆者は仮説１・２に設定した自治会・町内会の運営内／外部の橋渡し型社会関係資本を測る変数に

は、調査票の「(2) 日常的な生活・活動について、⑤自治会や地域活動の様子」を利用した。具体的には、「2　様々な世代が参加している（年齢差が20歳以上）」、「3　役員と一般のメンバーのつきあい・交流が盛んである」に対する5件尺度の意見（1：あてはまる〜5：全くあてはまらない）を〈運営内部〉の「橋渡し型社会関係資本（つきあい）」に利用した。また、「11　地域の他の組織（NPOやボランティア）と一緒に活動している」（尺度は同上）を〈運営外部〉の「橋渡し型社会関係資本（他組織連携）」を用いる。

さらに、〈運営内部〉の「結束型社会関係資本」には「1　ほぼ同じ世代（年齢層）が参加している」、「役員をやってくれそうなメンバーが固定化している」（尺度は同上）を利用した。それに対して、「運営の負担コスト」に関する変数には「14　活動の曜日や時間が参加しにくい」、「15　組織運営・役割分担が上手くいっていない」（尺度は同上）を利用した。「活動内容の工夫」に関する変数は、「9　活動内容が世の中の変化に応じて変わっている」（尺度は同上）ことへの意識を利用した。

仮説1が支持されるならば、橋渡し型社会関係資本、運営の負担コスト、活動内容の工夫の間にはポジティブ（＋）の関係が確認されるはずである。

加えて、仮説2を確かめるために、組織の「風通しのよさ」に関する変数は「12　活動に若い世代や新規の人（外部の人）が参加しやすい」（尺度は同上）に関する意識を利用した。橋渡し型社会関係資本の正の外部性が支持されるならば、仮説2に設定したように、両者の変数にはポジティブな関係（＋）が支持されるだろう。

なお、パス図には自治会活動の「必要性」(「6　住んでいる地域の自治会・町内会の活動は全般的に言って地域のために必要だと思う」、1：そう思う〜5：そう思わない)の変数も含めることにした。また、作業過程において、上述の変数の値の向きを逆転させ、それぞれポジティブな肯定的意見であるほど値が大きくなるように再変換を行った。

(3) パス解析に基づく風通しのよい自治会・町内会の運営方法の提言

「社会関係資本」と「運営の負担」に関する変数を潜在変数に、それ以外の変数を観察変数に設定して、「社会関係資本」と組織の「風通しのよさ」、「運営の負担」、「(自治会の)必要性」の関係を、図3のパス図は示している。パス図は統計的手法をもとに、その基準に従って許容された変数間の因果関係や相関関係を矢印で結ぶダイアグラムをいう。

図3はパス解析の結果から得られた標準化係数をもとに、ポジティブな影響(+)と表記)、ネガティブな影響(-)と表記)を要約したものである。モデルの適合性に問題はない。「活動参加(異質性：多世代、様々な世代の参加状況)」から3変数を説明する因子は組織の運営内／外の橋渡し型社会関係資本(図中は橋渡し型SCと表記)、「活動参加(同質性：同世代、ほぼ同じ世代の参加)」と「つきあい：役員メンバー固定化」を説明する因子は結束型社会関係資本(図中は結束型SCと表記)である。アンケートの調査結果からは、それらの共分散はポジティブに密接に関連している。

分析の結果によれば、橋渡し型社会関係資本は「活動が世の中の変化に対応している」という意識

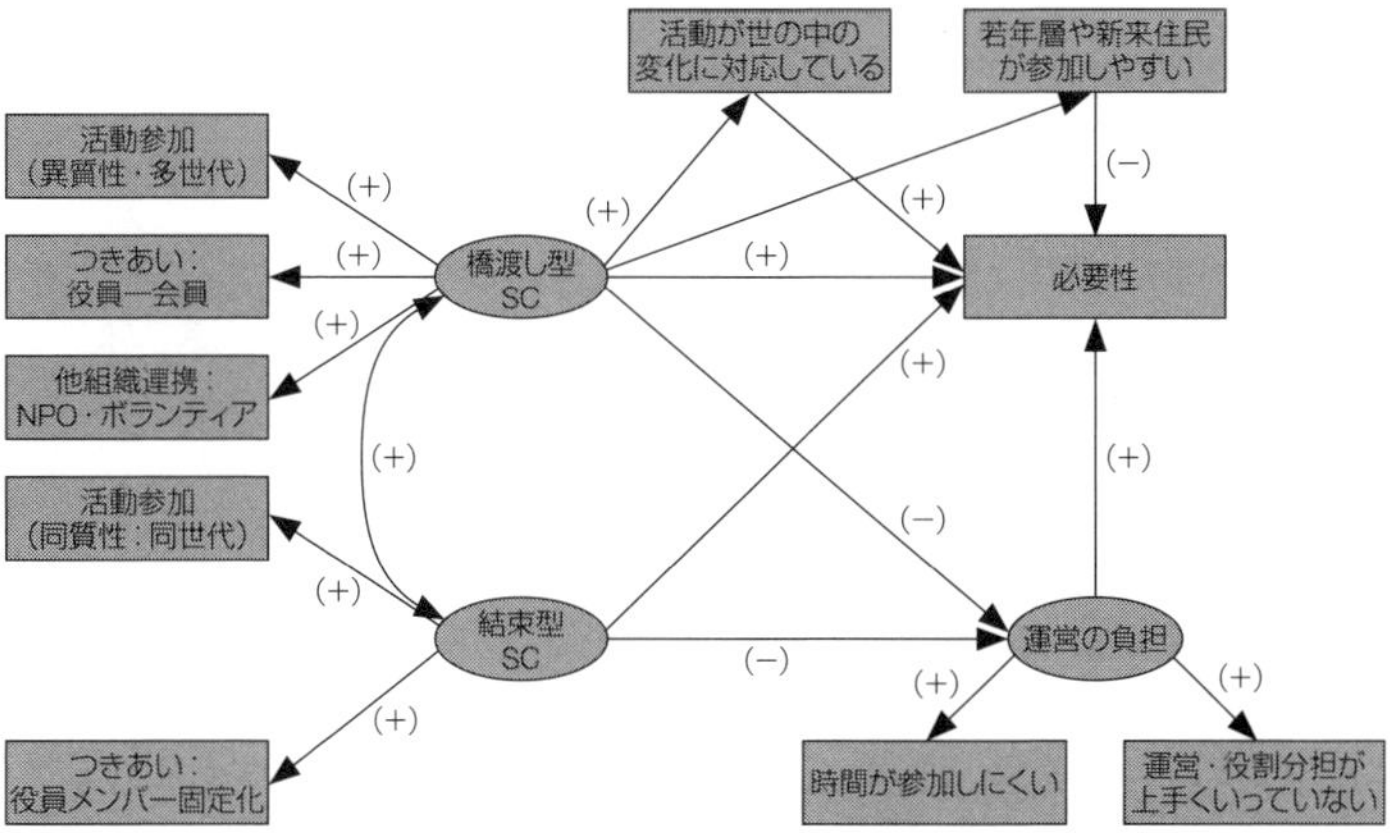

図3　ソーシャル・キャピタルと風通しのよい自治会・町内会の関係

注：図はパス解析の結果に基づき、影響を（＋）と（−）に要約したものである。パス解析結果のモデルの適合性は χ^2 検定（χ^2 値 = 398.473，自由度 = 28，$p < 0.000$）、GFI = 0.955，AGFI = 0.911，CFI = 0.956，RMSEA = 0.087、AIC=452.473のとおりである。推定方法は最尤法。観察数はN=1755（自治会活動の「活動をしらない」という回答者を除く）。結果は、パス解析結果の標準化係数に基づいている

出所：戸川和成（2020）「地域を紡ぐ信頼、社会参加、暮らしの政策に関する調査」を用いて筆者作成

とポジティブに結びついて、自治会の「必要性」意識を高める。よって、仮説1に挙げたように、「活動内容の工夫」に対しては橋渡し型社会関係資本を組織の運営内部と外部に築き上げる必要があろう。また、「若年層や新来住民が参加しやすい」という意識と正に関係し、仮説2に挙げた「風通しのよさ」への正の効果を支持している。

一方で、必ずしも「運営の負担」に対し、「5：あてはまらない」方の意見が増えるわけではない。これは運営内部の活動主体の間で約束される独自のルールを貫徹させることが難しくなってしまうのからかもしれない。

しかしながら、運営内部の役員が固定化し、同世代の住民のみが活動することで結束型社会関係資本が過度に醸成されると、「運営の負担」を増やしてしまう（「1：あてはまる」

という意見が増える）ため、その方が望ましくない可能性がある。但し、自治会の必要性にはポジティブな影響を与えており、運営に必要なリソースであることは否定されるわけではない。つまり、橋渡し型社会関係資本と上手く両立させるしくみが必要なのではないだろうか。この点についてはより詳細な検討が必要である。

5　結論

本章では、活動参加が縮小傾向にある現在において、活動を続ける自治会・町内会では、どのように組織を運営し、これからどのような組織づくりを行うことができれば、さらに新来住民と世代間交流を促すことができるのかを、社会関係資本の観点から分析し、論じてきた。

葛飾区新小岩地域を1年間参与観察してきた結果をもとに、東京23区の一般住民を対象とした調査結果をパス解析によって考えてみると、両者の知見は整合し、橋渡し型社会関係資本を運営内部と組織の枠を超えて醸成していく必要がある。

具体的には、運営のリソースを組織の内部に依存するだけでなく、地域で活動する他のＮＰＯやボランティア組織と似通った政策課題を通じて協働することで運営の負担コストを下げる試みが必要である。さらに、役員の顔触れを固定化させるのではなく、多様な年齢層を運営メンバーに加える仕組みを整えて、組織の風通しのよさに配慮した仕組みづくりを考えていく必要があるだろう。そうした試みによって、新来住民と世代間の交流が円滑に進み、気軽に集まれやすい環境への改善方法が見つかるのではないだろうか。

謝辞

本章を執筆するにあたり、新小岩第四自治会役員の関係者の皆様方からは、貴重なご意見を賜りました。御礼を申し上げます。また、小山弘美先生におかれましては貴重なフィールド・ワークの機会を与えていただき、感謝申し上げます。

注

(1) 総務省資料、「自治会・町内会とは」(https://www.soumu.go.jp/main_content/000307324.pdf　アクセス日：2020年11月21日)。

(2) 辻中(2006)は2006年8月19日〜12月24日に、全国自治会数(N＝29万6770、2003年現在、総務省調査値)のうち、全国1586市区町村の3万程度(3万2298件)の自治会を対象に調査を実施。「町内会・自治会など近隣住民組織に関する全国調査」(全国890市区町村を対象に、郵送調査(配布・回収)。配布サンプル数＝3万3438(有効回収率＝18・4％、有効回収率＝55・0％))の第一回集計結果によれば、過半数の自治会長が自らの町会の役割の認識を「親睦」(60・9％)と「住環境の維持」(62・6％)と答え、自治会が実際に行う社会サービスの供給活動は「清掃・美化」(88・5％)、「生活道路の管理」(87・2％)、「高齢者の支援」(70・9％)の分野の活動が7割を超える（辻中らほか編 2006：pp.33, 66, 125）。それは多分野の政策課題に自治会・町内会の役割が地域社会に必要であることを示す。

（3）日本経済新聞記事（2020）「コロナ禍で変わる町内会　ＩＴ化で加入促進、再生の契機に」２０２０年６月27日付（https://www.nikkei.com/article/DGXMZO60834490W0A620C2KNTP00/　アクセス日：２０２０年11月19日）に依拠している。

（4）本調査研究は、小山弘美氏（関東学院大学社会学部准教授）が葛飾区地域振興部地域振興課による「地域の支えあい活動への支援」事業による委託調査（２０１９年度）によって実施。筆者はその調査研究協力者の一人である（関東学院大学社会学部 小山弘美研究室 2020）。

（5）「問16：あなたは、自治会で実施している以下の活動にどの程度参加していますか。（Ａ）総会についての選択肢（1：必ず参加する、2：できるだけ参加する、3：あまり行かない、4：行ったことがない、5：活動を知らない）」を利用（小山弘美研究室編 2020a：p.66）。調査は自治会加入世帯のうち５７８世帯を対象に実施。調査期間は２０１９年８月19日（月）～２０１９年９月30日（月）、回収数は２０９件（回収率36・2％）で有効回収数は２０８件（回収率36・0％）である。調査票は第四自治会の班長がポスティングによって配布し、小山弘美研究室が郵送によって回収した。

（6）２０２０年11月28日に実施した副会長の小倉秀雄氏へのヒアリング調査に基づく（聞き取り調査者：戸川和成）。

（7）自治会に「力を入れてほしい活動（設問18）」に「防災」を、積極的参加者は56・3％、消極的参加者は42・7％が理解を示し、「防犯」には同様に、46・9％、45・1％の住民が賛意を示す。一方で、「地域の親睦」には積極的参加者が45・3％、消極的参加者は22・0％であり、賛意が半減している（戸川 2020：p.50）。

（8）本調査は「研究費番号 MHF2020-A006、ソーシャル・キャピタルの世代間継承が及ぼす都市ガバナンスのＱＯＬ改善に関する研究」（前川ヒトづくり財団 ２０２０年度（一般枠））の助成を得て、また「21世紀・首都東京のＱＯＬを持続的に向上しうる都市ガバナンスの実証研究」（千葉商科大学　戸川和成（政策情報学部　助教））によって実施している。その内容・形式については、千葉商科大学研究倫理委員会の審査を受審し、研究計画の承認を得ている（令和2年10月29日付承認番号20–01）。

（9）有効回答者の分布は住民基本台帳に基づいた東京23区在住の住民に関した男女別6年齢階層（世代別）分布と比較した上で、偏りがないことを確認している。

（10）調査票は基本的には辻中豊氏（東海大学副学長、筑波大学人文社会系　名誉教授）が２０１７年に実施した「行政と市民意識に関する調査」の枠組みに依拠し、社会関係資本に関する設問は稲葉（2013）が実施した調査を参考にした。さらに藤原佳典氏（東京都健康長寿医療センター研究所　社会参加と地域保健研究チーム研究部長）らが調査協力して２０１６年に実施した「多世代が安心して暮らせる地域づくりに向けた調査」、要藤正任氏（京都大学経営管理大学院　特定教授）が２０１６年、２０１７年に実施した「地域活動への参加に対する意識・活動状況に関する調査」、「地域に対する意識、地域活動・活動状況に関する調査」を基に、大幅な調査票の改訂を行った。調査情報を提供していただき、ここに謝辞を申し上げます。

第7章

行政と住民はなぜ距離があるのか

——被災地やその他の事例、ソーシャル・キャピタルを操作する

須田光郎

1 被災地の光景

２０１１年３月11日に起こった東北・東日本大震災後、各地自治体から被災地自治体への職員派遣による支援は早くも３月中旬から始まっており、以後支援業務の内容は時期に応じて変わってきているものの現在に至るまで続いている。東京都職員である筆者が被災地であるA市に派遣されたのは２０１１年５月初頭になってからで２週間ほどの派遣期間中、被災住民からの被害状況についての聞き取りや罹災証明発行事務についていた。

まだ当時は市内に残った津波の水たまりが完全に引きはじめた頃で被災住民の避難所暮らしは続いていたが、被災住民が被災した自宅にようやく戻れるようになった時期でもあり、自宅の罹災証明を求める住民が役所に列をなす状況であった。

ここで私が不思議に思ったのは、被災地住民と当の被災地A市職員との直接の接触が注意深く避け

られていることだった。役所の陣頭で住民対応に臨んだのはすべて遠隔地（私の属する東京都以外では九州各県や長野県など）から来た派遣職員たちであった。A市職員は庁舎への出入り口も分けて、執務は住民の目につかない場所で行われていた。もちろんそれがなにかトラブルのもとであったわけではなく、せいぜい派遣された他国出身の職員には東北の言葉が多少聞き取りにくいことがあったくらいであり、また後述するが地方自治体職員のある種の同質性から事務は滞りなく執り行われていた。しかし妙なのはそれだけではない。派遣された職員たちも多くは職務時間外も地元での住民との接触は内々に制限されていた。そのため営業再開していた地元の飲食店にほとんど立ち寄ることもなく、食事は期間中ずっと宿舎で災害備蓄食をとっていたのである。実は私と数人の職員は地元の店にこっそり立ち寄ったのであるが、お店からは大歓迎であった。むしろ災害直後で客足が薄いためぜひとも他の人も来てくれと要請されたくらいだったのである。

しかしなぜこのように住民と公務員との接触を隔てる必要があったのであろうか。実は同様の事例として最近のコロナ禍による都から給付金申請にかかる受付なども同じような光景が見られた。同じ都職員ではあるが陣頭に立ったのは当該業務所管ではなく、他の部署から応援に来た職員に任せたままであったという。これはさすがに応援職員からも苦情が出たそうだが、こういう住民と直接担当すべき行政職員が意図的に隔てられるケースは実はよく見られる。住民と距離を取りたいという本能がどうも行政内部には働いているように思われるのである。

2 住民を避ける役所

黒澤明監督の映画『生きる』（1952年公開）では、死病に侵された市役所の市民課長を主人公に役所の職員と住民との関係がよく描かれている。ここでは冒頭に下水のあふれるドブ川を暗渠化してほしいと陳情に訪れる住民が、市役所の各課を次々とたらい回しにされた挙げ句役所から追い返されるシーンが出てくる。最後には住民たちも怒って帰るわけだが、こういったシーンは実は半世紀以上の過去の話ではなく今もどこかで繰り返されているかもしれない。

実は役所内で住民対応はかなり「嫌な」業務として捉えられる傾向が強い。そのため住民相手の窓口対応に特殊勤務手当をつける自治体があったくらいである。特殊勤務手当とは地方公務員に対して支給される「著しく危険、不快、不健康又は困難な勤務その他著しく特殊な勤務」に対する手当であるが、住民対応はそういう種類の仕事と捉えられていたということである。実はこの手当の支給をめぐっては訴訟にもなっており、最高裁まで争われて役所側が敗訴している（平成7年4月17日 最高裁判所第一小法廷）。そしてそこまで戦う姿勢にこそ、おそらく役所の本音が隠れているといえるだろう。たらい回しなどの住民対応への消極的な姿勢は、実は役所の縦割りよりも住民と距離を取りたいという意識が背景にある可能性が高いのである。

このような姿勢に対してはこれまでもさまざまな対策が取られてはきている。たとえば一時期各地の自治体に設置された「すぐやる課」などの事例である。たらい回しを避け住民本位の行政サービスを提供するごく当たり前のことをやる課というのも妙な話であるが、そういった部署を作らないと住民に対応しようとしない組織としての特性がおそらく行政内部に存在しているということである。

3　本当の原因はなにか

これまでこういった「お役所仕事」の理由についてはさまざまな分析がなされてきた。たとえば公務員には他の職種以上に法令遵守の要請が強いこと、所管事務が法的根拠に縛られていて縦割りにならざるを得ないこと、特定住民へ特段の配慮をすることは公平に反し汚職につながりやすいこと、また公費を使う以上失敗が許されず安全な前例踏襲主義に陥りやすいこと、こういった背景からどうしても保守的・防御的・消極的な姿勢で仕事を進めざるを得ず、一人一人の公務員には責任はないというものである。つまりは法律を理由とする、公務員がよく使う論法である。

これは一見至極もっともな理由であるように見えるが、必ずしも原因とはいえず役所で見られる現象に過ぎないだろう。なぜならこれらは実は多かれ少なかれ民間にも見られる現象で、固いといわれる業界などの一部では役所と同じような弊が往々にして見られるからである。そこでは必ずしも法律が背景にあるわけではない。

こういう現象のみを捉えて対策すると、どうしても「すぐやる課」的な場当たりなものになりがちである。たしかにすぐやる課はすぐ対応するが、他の組織はどうなのであろうか。ちなみに「すぐやる課」は一時期のブームを過ぎて全国の自治体では次々と廃止されている。他の組織がすぐやるようになった結果であればいいのであるが、実態はどうであろうか。

本章においては、こういったこれまでの行政や公務員のあり方についての分析をいったん置き、これまでメスを入れられることの少なかった役所組織のネットワーク論による分析、社会関係資本論的解釈からこの問題について真の原因を解き明かそうとするものである。

4 ソーシャル・キャピタル論から見た組織の類型とその特性

さて、分析にあたってまず本書の第1章の社会関係資本論の基本的な仕組みを再確認しておきたい。なお、本書では見出しまでは「ソーシャル・キャピタル」と表記し、文中では「社会関係資本」と表記しているが、両者は同義としている。

社会関係資本論では人々のつながり・結合のあり方やネットワーク構造が2種に分けて論じられている。そしてその結合のあり方によって集団・組織の特性に相違が見られることがわかってきている。

その一つは結束型ネットワーク、結束型社会関係資本と呼ばれるもので、元々は家族や地域・血縁など同質性の強い者同士の強い絆・関係によって結びついた集団・組織の形態である。これは最も自然・原初的な人のつながりから始まるものであって、容易には切れることのない濃厚で強い絆によるものである。アメリカの社会学者ジェームズ・コールマンが社会関係資本として中心に据えたのはこの形態である（Coleman 1990）。

一方、橋渡し型ネットワーク、橋渡し型社会関係資本と呼ばれる関係がある。上記のような関係より幅広い他者との関係により形づくられる人間関係であり、比較的弱いつながりであるが、相手を選ばない自由さや組織に外部性を持たせる力がある。これについては、アメリカの政治学者パットナムが著書『哲学する民主主義』において市民的な連帯として挙げた社会関係資本がそれにあたる（Putnam 1993）。またコールマン門下のバートは、会社内の強い結束に結びついていながら外部とも接続がある人、すなわちこの橋渡し型ネットワークを持つ人が組織において重要な位置を占めていることが多いことを実証的に分析した（Burt 1992）。

さて、社会関係資本はこういった人と人との関係の中に埋め込まれた資本である。具体的には信頼・互酬性・規範・ネットワーク性が挙げられ、その形態は2種の社会関係資本でそれぞれ異なっている。

結束型社会関係資本では主に家族や知人・隣人など既に知っている人々同士で交わされる信頼、互酬性（助け合い）、規範（決まり・マナー）等が中心になる。われわれが通常「人間関係」や「人付き合い」と呼ぶものはこれであろう。これは相手が特定された社会関係資本であるので特定化社会関係資本と呼ばれることもある。

一方橋渡し型社会関係資本では、見知らぬ相手や他人も含んだより広い社会関係資本である。「見

表1　二つのソーシャル・キャピタル

	橋渡し型（一般的）ソーシャル・キャピタル パットナム型ソーシャル・キャピタル	結束型（特定化）ソーシャル・キャピタル コールマン型ソーシャル・キャピタル
信頼	まだ見ぬ他人を含めた人間一般への信頼	知っている人・交流のある人への信頼
互酬性	見知らぬ他人への助力・見知らぬ他人からの助力	家族・知人・友人からの人への助力
規範性	誰にでも適用される規範・モラル	家族・知人・友人等小集団に適用される規範・モラル
ネットワーク性	萌芽としての接続・見知らぬ他者との接続	現存する交流関係

出所：筆者作成

知らぬ他人とでも」交わされる信頼や、助け合い、規範がそれであり、赤の他人との一時的なお付き合いも含まれることになる。これは一般的社会関係資本とも呼ばれるものである。旅先で知らない人と助け合ったりするのはこの社会関係資本が働いていることになる（表1）。

さて誰もがこの二つの社会関係資本を同時に持っているが、その持っている割合は人それぞれであり、また組織もこの二つの社会関係資本の割合は異なっている。強い結束による組織もあれば、広いネットワークの広がりのある組織もあるということである。

具体的にいうと、赤ん坊は家族内の強い社会関係資本によって守られ育まれているが成長するに従い、学校や社会でより多くの他者と出会い新たな結束型と橋渡し型の関係を結んでいく。そして自らも家庭という新しい結束型社会関係資本を形成していく。組織も同様で、組織内のつながりを基盤としつつ外部の関係者や取引先、その他さまざまな外部とのつながりを広げて成長していく。

社会関係資本の効果はこういう二つの社会関係資本のダイナミックな相互作用でそのあり方が決まる。大人になっても赤ん坊のまま外部との橋渡し型の社会関係資本が自ら形成できないと社会生活が難しくなるし、また逆に結束型の社会関係資本を一切持たないと人々は日常助け合う相手がいないことになる。二つの社会関係資本の一方だけではなくいずれもバランスよく持つことが肝要と思われるのである。そしてそれらを両方バランスよく持っている人間が結果的に人々の中で強い立場を持つことを実証したのが前述のアメリカの社会学者バートの研究である。彼は企業の社内ネットワーク、人と人とのつながりを調べ上げ組織の中での結束的なネットワークのつながりと同時に外部への橋渡し型ネットワークを持っている人々が社内でも有力な立場、昇進や給与などにおいて高い地位を得ていることを発見したのである。

5　ソーシャル・キャピタルのダークサイド

さて社会関係資本は相互信頼や助け合いにより、そして強い規範により人々をより安定した幸福な生活へ導く働きがあるが、反面上記二つの社会関係資本のバランスが崩れてしまうと欠点が現れてしまう場合がある。

たとえば結束型の社会関係資本があまりに強すぎると、そこには一種のムラ社会が発生してしまい、組織の腐敗や組織の成員へ強いストレスを与えてしまうことになる。強い信頼と互酬性は身動き取れないしがらみの多い人間関係となり、規範はローカル化して劣化する。橋渡し型社会関係資本が少なくなると組織の外部性を失ってしまうからである。民間企業等で起こったさまざまな事件についての

表2　2つのダークサイド

	橋渡し型（一般的）ソーシャル・キャピタル パットナム型ソーシャル・キャピタル	結束型（特定化）ソーシャル・キャピタル コールマン型ソーシャル・キャピタル
ダークサイド	孤立（ネットワーク喪失） 社会の分解 経済的分断（二極化） 一般的ソーシャル・キャピタルが強化されると、特定人への結びつきは必ずしも必要なくなる結果、人々のつながりが希薄になる （近代的）（都会） *Bowling Alone* *Our Kids*	規範の劣化 社会の分節化・分断 経済的停滞 特定人との結びつきが強化され過ぎると、その他一般的社会で適用されるべき規範との齟齬が生じる （前近代的）（伝統的集落） *Making Democracy Work*

出所：筆者作成

分析でもこういった状況が生まれているのは『企業不祥事はなぜ起きるのか』（稲葉 2017）等に詳しいが、これは役所にも当てはまるはずである。

一方、橋渡し型社会関係資本ばかりに頼り結束形社会関係資本が不足してくると、人々は所属する集団からばらばらになり相互に助け合わなくなる。そして共同体に埋め込まれた社会関係資本にフリーライドする人が増えてしまい、やがてコミュニティは解体され荒廃する。これは都会にありがちな光景である。

いずれの場合も社会関係資本がアンバランスになる結果ダークサイドが發生する事例である。豊かな社会関係資本が形成されるためには、結束型社会関係資本と橋渡し型社会関係資本の一方のみが過剰にならず、バランスが取れていることが必須なのである（表2）。

6　行政組織のソーシャル・キャピタルの特徴

以上の知見から行政組織の社会関係資本を分析し、行政組織の特性について見てみると、民間企業等とかなり違った特性がみられる。

(1) 人事制度

まず公務員の人事制度について見てみよう。日本の公務員制度においては、採用時、情実や門地による採用を防ぐため完全な競争試験による採用を建前としている。公務員試験とは一種の採用資格試験で、人事院（国）や人事委員会（地方）等が行う試験により採用候補者名簿が作成され、その中から国や地方自治体が職員を採用することになっているのである。

この方式では採用する側が最初から自分たちの組織にマッチした人材を自ら選ぶ余地が少なくなる。候補者は他の組織が選ぶからである。そして一律な競争試験は主にペーパーテストで採用候補者が選別されるため、同じ程度の学力を持った人材が集中することになる。この結果、公務員になる人材は粒の揃った同質性の高い人が集まることになりがちである。そもそも公務員を志望するという人の特性が民間企業志望者と少し異なり強い安定志向や保守性などにおいて同質性が高い上に、さらに採用システムで同質性が高まってしまうのである。

その結果起こることは役所内のネットワークが結束型になってしまいやすいということである。結束型ネットワーク構造は、家族や親族・近隣など文化や性質の似通った人々の間で発生するものであるが、これと同じく似た者同士が集まった集団は結束型ネットワークになりやすい。公務員は同質性が高く結束型ネットワークを形成しやすくなるのである。

さらには行政組織のこういった人事制度のため組織内に外部とのネットワークを持った人材が少なくなってしまう。リクルートワークス研究所の全国就業実態パネル調査（2019）などによると現代の民間企業では終身雇用制はすでに少数派であり、多くの企業の多くの従業員が他社や他業種からの転職組であるため必然的に橋渡し型の社会関係資本を豊かに保持している場合が多い。いや、むしろ前職で得た能力や知識・人脈を元に転職するケースも多く、企業にとってもこういった外部との橋渡し型ネットワークに期待して人材を登用することも多い。ところが、行政組織においては未だに採用年齢を若い世代に制限した定期・一括採用が主流であり、能力に応じた、随時の外部採用は極めて稀である。また稀であるがゆえに転職者に向けたキャリアパスも用意されておらず、転職組は不利であるため（前職での役職者も役所の中ではいったん新規採用まで戻ってしまう）、ますます外部からの人材の流入が少なくなってしまう。結果、橋渡し型の社会関係資本は行政組織内の人材において決定的に不足した状態なのである。

（2）組織・業務

そして第二は役所の組織や業務の構成である。

よく役所の特殊性としていわれることであるが、あらゆる組織や業務が法的に細かく規定されいるため非常に融通が効かないものとなっている。新たな業務が生まれてもすぐにそれをするための組織はできない。組織を作るために法律や条例・規則等の制定が必要であるため、即応しにくいのである。そしてこのことは同時に古く不要になった組織体制もなかなか改まらないことを意味している。要らなくなった業務と組織が温存されこれをなくすことは極めて抵抗が大きい。行政組織は非常に硬直的で民間企業では考えられないほど変化しないものなのである。

そしてこのことは社会関係資本にも影響する。こういった組織の硬直性は結束型社会関係資本を形成しやすいことに結びついている。固定的な組織と業務は人の関係も固定的にし、自在な結合を許さない。役所内では関係のない部署との交流機会は非常に少ない。人々のネットワークは極めて小さな範囲・集団でまとまり典型的な結束型になりがちなのである。いわゆる縦割り行政の根幹にはこの原理が働いている。

それと同時に組織の外部性もこういった仕組みでは確保しにくい。組織を定める法律・条例や規則を制定するのは行政組織自身であるが、その妥当性をチェックすべき機関である首長や議会はこういった細かい問題に関与するだけのリソースがない。ましてや既存の組織や業務体制の是非にまでその妥当性をチェックすることは非常に難しいといえるだろう。行政組織を外部から橋渡しできる機関は少なくここでも橋渡し型社会関係資本が形成されることが少ないのである。

（3）財政・物的資本

では行政組織の社会関係資本をお金の流れから見てみるとどのような特徴があるだろうか。

行政組織は民間企業とは違い運営は税収などの歳入により行われ、サービスの提供も基本的に対価型ではなく給付型である。すなわちお金は強制的に集めるだけ。使う方も有無をいわさず使うだけという仕組みである。これは民間の経済主体が何らかのサービスを提供し、その対価としてお金を受け取るという仕組みと著しく異なっている。そしてこのことが社会関係資本に強い影響を与えている。

ここにおいても結束型社会関係資本を強めると考えられるのである。理由は役所には公権力が備わっているため自己存続のために外部や他者とのつながりすなわち橋渡し型社会関係資本は必ずしも必要でないこと。そして外部の他者とのつながり方に相互性・互酬性を伴わないことが挙げられる。前者については、民間企業ならば経済主体として、取引先や顧客との関係性があることによって財貨の流れが発生しそのことにより企業が存続するのに対して、役所は強制的に一律に税を徴収できるため相手との関係を考慮する必要はない。そして後者においては民間企業ならば一時的なサービスや製品の提供と対価の支払いという対向的な相互作用に始まってもっと長期的な互恵関係までふくめて他者との間に相互性・互酬性が必要とされるのに対し、役所は汚職などを防ぐためむしろ民間企業等外部・他者との間の貸し借りを忌避する組織であるということである。

そしてこれに関連して会計制度の硬直性も問題となってくる。日本の役所は単年度会計主義をとっており、一年単位で予算を使い切る仕組みになっている。長期継続的な支出は特別な理由がない限り許されず、そのため役所と外部の経済的なつながりは基本的にすべて一年単位である。たとえば、ある業務を民間企業に委託しその間どれほど良好な関係が築けたとしてもその関係は一年限りで打ち切られ、翌年の予算執行にあたっては新たに入札などの方法で相手が選ばれる。橋渡し型社会関係資本が一年単位で喪失する仕組みが会計制度として出来上がっているのである。

以上のような日本の行政を基礎づける制度的な背景により、日本の行政組織は橋渡し型社会関係資本が希薄である一方強固な結束型社会関係資本が形成される傾向が強い。

結果、本章の冒頭1で例示した住民と行政との間にある距離感は、こういった日本の行政組織の社会関係資本のあり方に起因していることが理解できるはずである。端的に言って行政は結束型社会関係資本によって内輪で強固につながっているため、また住民との橋渡し型社会関係資本は希薄であるため、外部である住民とはつながれない、いやむしろ、つながりたくないのである。

そしてこのアンバランスな社会関係資本によってダークサイドが発生する基盤は日本の行政システム自体に内在していると考えられるのである。

7　ソーシャル・キャピタル論からの行政組織に対するダークサイド分析（事例）

２０１９年、明るみに出たＫ電力金品受領問題は行政組織における社会関係資本のダークサイドの典型であろう。本事件はＫ電力役員ら75人がＦ県Ｔ市（旧Ｔ町）の元助役から金品総額３億６千万円を受け取っていたほか、数十年間にわたってさまざまな「不適切かつ透明性を歪める行為」（Ｋ電力第三者委員会「調査報告書」（2020））が双方の間で繰り返されてきたことが明らかになった事件である。

ここでの当事者の一方は民間企業であるＫ電力であるが、公共性の観点から地域独占を認められた半官半民的な巨大企業である。一方のＴ市は紛れもない行政組織である。そしてここでキーパーソンとなる元助役Ｍ氏は、地域と行政の社会関係資本を牛耳る人物であったことが報じられている。事務方トップの助役を務めた行政マンとしての実績と自ら経営する会社を核に地元経済界・政界に隠然たる勢力を保持し、彼の最晩年まで巨大企業Ｋ電力の経営陣でも彼の要求には逆らえなかった。本事件も彼の死後ようやく明るみに出たのである。一体そこにどんな力が働いていたのであろうか。

ここで一般に理解し難いのは元行政マンに過ぎないＭ氏がなぜこのような強い力を持つに至ったかであるが、社会関係資本論から分析すればかなりの部分までそのメカニズムが理解できる。

前項で述べたとおり行政組織はそもそも橋渡し型社会関係資本の乏しい、一方内部結束の強い組織であり、ここで強力な指導力を持つ事務方トップ「助役」が現れれば一枚岩となってしまうことは当然である。そして彼が退職後、今度は役所の力をバックに地元経済界・政界の取りまとめ役になる。行政に対しても地元の民間企業に対しても強い関係性を保持し、これら双方から外部に通じる唯一の橋渡し社会関係資本を彼が独占することになった。その結果、T市においては彼を中心に非常に強固な結束型社会関係資本が形成されたことは疑問の余地がない。

しかしながらこれが本件のあだになったのである。前述したとおり、結束型社会関係資本が過剰な組織や集団においては、強い信頼と互酬性で成員、ここでは地域の経済界や政界・役所が柵《しがらみ》でがんじがらめになり身動きがとれなくなってしまう。そしてそこでは外部性を失い身内だけのルールが横行し規範性が劣化していく。T市においてこれだけ長期間不正行為が繰り返されてきたのは、誰もそれに対して逆らえない劣化した規範が地域を支配していたからであろう。

そしてこのメカニズムはもう一方の当事者K電力でも働いている。電力供給などのような公共性の高い事業において経営主体は民間企業でありながら、その組織の性質は極めて行政組織に近い。海外では政府・公営企業が電力事業を行う場合も多い。ここでは長期間安定した経営が約束されているため集まる人材は公務員に近い性質を持ち、組織やサービスも長期間安定的であるため内部結束は強いが外部性の弱い組織になりがちである。事件後K電力第三者委員会「調査報告書」(2020)において指摘されたこの企業内部の問題点も、「内向き体質」「ユーザー目線欠如」「上意下達」「脆弱なガバナンス意識」等と内部論理が優先し外部性・透明性の低いことが指摘されている。結果的にこちらでも内部的な結束型社会関係資本過剰と橋渡し型社会関係資本不足によるダークサイドが発生していたのである。

以上から本事件はいわば二つの組織の社会関係資本のダークサイドが絡み合って起こったものといえるだろう。それ故に外部からは真の原因がわかりにくく、また悪者も簡単には見つからない。まさに社会関係資本論で分析してはじめて真の原因が明らかになる事例なのである。

8 公共政策学的な観点からみた解決策

さて第6節で述べたような行政組織に見られる問題点を解消し、社会関係資本のダークサイドの発生を防ぐにはどのような方法があるのだろうか。

社会関係資本論においても、従来の公共政策学的な観点からでも現代の行政組織の問題点として指摘されるポイントはほぼ似通っている。硬直的な人事制度、法制により柔軟性を掻く組織や業務体制、そして単年度会計制度などに見られる財務制度などの欠陥である。そしてその結果組織の業務効率が低下する一方外部である住民軽視を招き行政組織に対する信頼を失ってしまう。

これらについては実はすでにさまざまな対策が提唱・実施されてきている。たとえば同質性の高い集団が集まってしまうことについては、「経験者採用」などの方法で民間企業等外部での経験者等を行政組織に入れることは多くの自治体で行われている。私事ながら、私が東京都職員になったのもこの制度によるものであって、すでに二十年以上も前の話である。

また行政改革の名の下、組織改編や業務の見直し自体もこれまでも続けられてきており全く手つかずというわけではない。財務制度についても試験的には複数年次予算も導入されており単年度会計主義の弊害は十分に理解されているところである。

また海外の制度や事例についても公共政策学の分野では研究も進んでおり、日本への導入の提言も数多く行われているところである。海外先進諸国で民間の経営手法を公共部門に取り入れようとして１９８０年代頃から取り組まれているＮＰＭ（ニューパブリックマネージメント）を日本でも導入しようという動きはあり、一部行政組織の外部化（独立行政法人化）などはその流れの中にある。

しかしながらこれら対策の実効性は低い。

その理由はこれら対策のほとんどが例外的措置によりごく一部で手当されているだけであり、国と地方、全国の行政組織への全面的導入には遠く至らないことである。そしてそういった全面的導入を行うためには日本の公法分野の抜本的な大改正が必要であって、その実現は現行制度のもとでは到底不可能であるからである。

つまりやるべきことはわかっていても今の体制を維持したい、変えたくない行政がそれを自ら行うことは考えられないし、また政治的にそれを行う機運も少ない。そしてそのために必要な膨大な作業負担に行政組織自体が耐えきれないのである。

以上から公共政策学的な発想の下では制度的な手当でしか解決できないため、事実上部分的なテスト以外、抜本的対策が不可能、いつまでたっても何ら手がつかないというのが現状なのである。

9 ソーシャル・キャピタル論からみた対策

では社会関係資本論的な発想から、現在の行政の抱える諸問題を解決できる方法はあるだろうか。そもそも社会関係資本は制度の有無にかかわらず、人間集団に発生するものであるから、公共政策学的な制度的対策は必要とせず、人間集団の人間関係に直接働きかけることにより対策可能なはずである。

ここでの対策は行政組織における社会関係資本の最大の問題点、過剰な結束型社会関係資本を低減し、希薄な橋渡し型社会関係資本を育てアンバランスの解消を目指すものになるだろう。

ではどのようにすれば社会関係資本の強さや量をコントロールできるのだろうか。実は現在の社会関係資本論の世界でこれについてはまだ定説となっているものはない。ただ関係のあるさまざまな要因は明らかになりつつある。たとえば地域活動やボランティア活動等への参加率や参加頻度、また家庭環境や所得、地域の空間特性なども関係していることが明らかになってきている。しかし行政と住民との間にある社会関係資本に特化した知見は知りうる限り未だない現状である。

そこで、ここで導入したいのが社会関係資本を時間が形成すると考える仮説（須田 2015）である。社会関係資本の形成を人と人との交流時間によるものとする考え方は、経験的には十分納得できるものであろう。長い付き合いの中から人と人の信頼は強化され互酬性も強くなっていく。さらに長い付き合いのなかから互いに守るべき規範は強化されていく。このことは近年のネットワーク論等からも同様の研究がなされており（Aral 2016）、ネットワークの伝送量をネットワークの強さと捉えている。強いネットワークに強い社会関係資本が形成されるのは当然のことであろう。そして人と人とのコミュニケーションにおける伝送量は交流時間に比例するのである。つまり時間を投入することによって社会関係資本をコントロールできる可能性は大いにあるのである。

さて、これを行政と住民との関係に対して応用するならばどのようになるだろうか。

人と過ごす時間をどこに投入するかということについて意図的な変更は、行政側にはあまり期待できない。行政が橋渡し型の社会関係資本を形成できないのは前述のとおりその業務自体に外部の他者を必要としない特徴があるからで、その業務内容が変更されない限り社会関係資本はそのままである。

ここではむしろ住民側からの働きかけが必要になってくる。住民側から積極的に行政に対して橋渡し型の社会関係資本を築いていかない限り、行政組織の社会関係資本は是正されないのである。そしてその方法は住民から行政に対して決してその仕事を「任せきり」にせず、常に注視し、是非を判断し、行政に対して積極的に意見を伝え行政に参加していく関係を否応なく作り出していくという姿勢が必要になる。いわば行政に対するフィードバックループを住民から作り出し、常に住民の存在を行政に意識させることが必要になるのである。

具体的にはまず行政に関心を持つこと、テレビや新聞のニュース、広報誌等に目を通し任せきりにしないことである。そしておかしい点があれば質問し確認し問題点があれば是正を申し入れる。新しい関係を作り出す。そういったことを日常的に行う住民が多数いると行政は住民を意識せざるを得ないのである。

実は行政組織側は極力、行政対象である住民のことを意識せずに仕事できることを目指している傾向が強い。そのために本章冒頭に掲げた事例のように行政と住民との距離がむしろ意図的に作られている場合も多いのである。行政の民に対する「由らしむべし、知らしむべからず」（論語）という姿勢は、封建時代の話ではなく今も連綿と続いている。これを是正しない限り、行政と住民との間の距離は縮まらない。これとは逆につねに行政に寄りかからずに、その動静や是非を知ること、そしてこれらを行うために時間を投入することが必要なのである。

そしてさらに住民は住民同士横のつながりを作り出していく必要がある。住民単独で上記のようなことを行っても行政はなかなか改まらないが、これが多数の住民でネットワーク化されパットナムのいう「市民的積極参加のネットワーク」が形成されるとき、地域のガバナンスの主体は市民に移り行政はその手足になるだろう。

そのとき行政は強い外部からの橋渡し型社会関係資本により自ら変革せざるを得なくなる。公共政策学的な観点から非常に変革が難しいと思われた「制度」は最終的には社会関係資本によって変えざるを得なくなることになると思われるのである。

10 まとめ

パットナムの『哲学する民主主義』（1993）は社会関係資本の存在を世に広く知らしめ、政治学・社会学・公共政策学その他多くの分野で学際的に今も読まれているエポックメイキングな書物である。

本書は南北イタリアの政治的・経済的なパフォーマンスの格差を社会関係資本と市民性の違いから説明しようとしたものであるが、その著述・理論の枠組みは今も色あせていない。開かれた市民社会が育った北部イタリアでは近代産業が花開きイタリアの先進的な地域となっているが、市民性が育たず地域の閉塞的な人間関係の中に人々が置かれた南イタリアでは恩顧主義がはびこり、住民の政治的・経済的な参加が阻害されイノベーションが進まない。伝統的な価値観と世襲の有力者が支配するこの地域ではマフィアの温床とさえなってきたのである。

翻ってわが国の現状を考えてみよう。少なくとも現代日本の多くの地域で行政と住民の関係は距離があり、北部イタリアよりも南部イタリアに近い部分があるかもしれない。住民と行政との距離がある場所では民主主義や市民性、健全な社会関係資本が育ちにくく、結果的には国全体の政治的・経済的パフォーマンスに影響する。

日本の国際競争力は１９８９年から１９９２年まで世界1位であったが、その後三十年を経過して２０２０年には34位まで低落している。日本のこの経済的なパフォーマンスの低落の理由は一体どこにあるのだろうか。さまざまな要因があろうが、その中で日本社会の社会関係資本にダークサイドが発生していないことを祈るばかりである。

第8章

橋渡し型ソーシャル・キャピタルと結束型ソーシャル・キャピタルはどう創られるのか
――田野畑村での岩見ヒサさんの活動

小林ひとみ

1　はじめに

岩手県北部に町の区分としては本州一の広さを持つ岩泉町がある。２０１１年に東日本大震災、２０１６年に台風10号豪雨災害を経験した町だが、日本三大鍾乳洞の一つ龍泉洞をはじめとする豊かな水、海や森がある。筆者は２０１６年11月から約2年半、この町の役場で復興支援業務に携わっていた。その隣の村、田野畑村（図1）は岩泉町に続く三陸復興国立公園[1]に指定され太平洋に面した村で、海のアルプスと呼ばれる北山崎や鵜の巣断崖など壮大な大断崖を有する海岸段丘[2]の町である。村の人口は３２０６人（２０２０年11月1日現在）、平地は16％足らずで、ほとんどが山林である。その地勢から、村は陸の孤島、日本のチベットや岩手のチベットと呼ばれていた時代がある。この村も東日本大震災で被災した。

約40年前、田野畑村が原発誘致問題に奮闘したことは広くは知られていない。当時、村に深い愛着

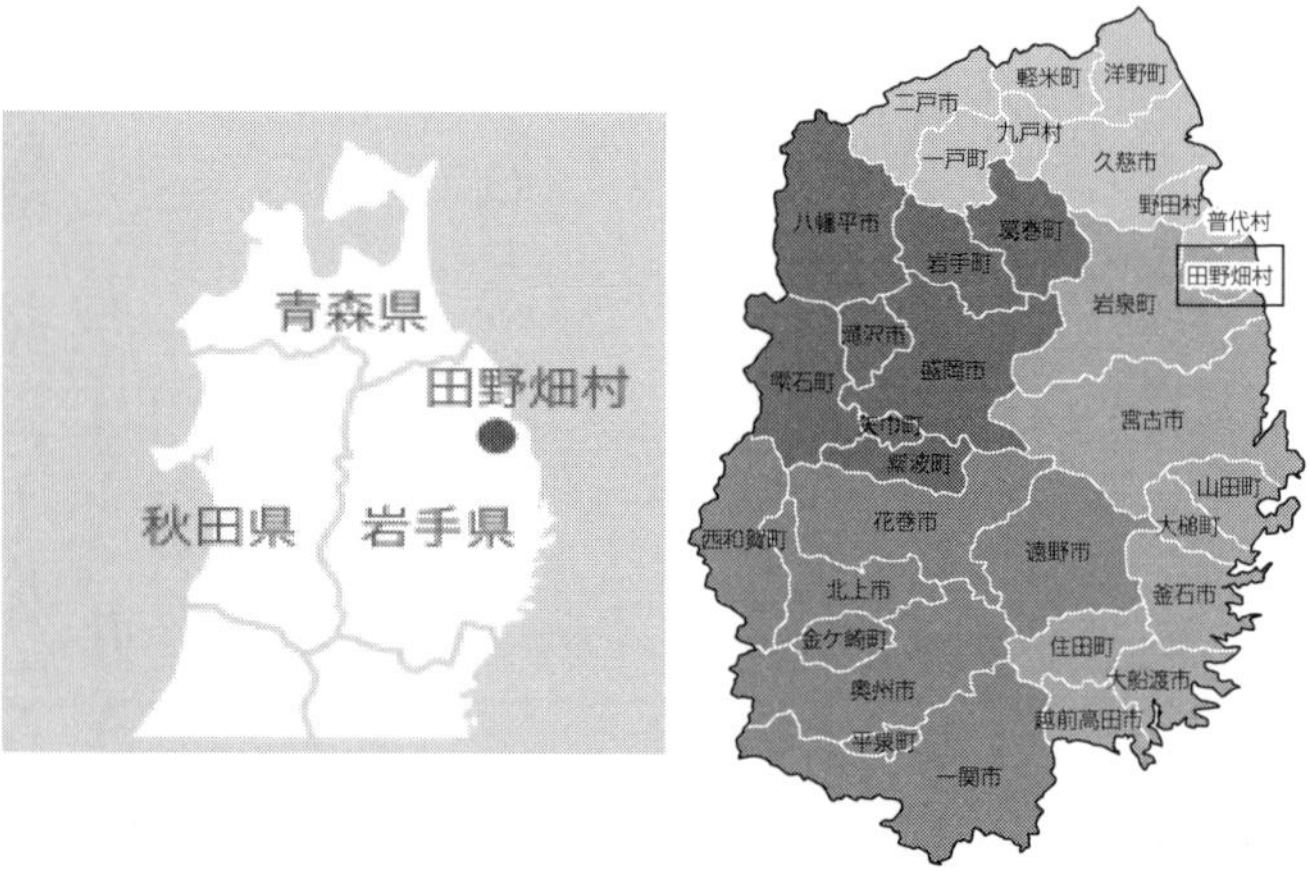

図1　田野畑村の位置

出所：田野畑村ホームページ「田野畑村観光情報」および岩手県ホームページ「県内各市町村」

を持ち、村の女性たちや村民を動かし、結果的に原発誘致から外されることに導く活動をした女性がいる。１９５０年に生まれ故郷の大阪から田野畑村に移り住み、２０１５年９月19日に97歳で亡くなった、田野畑村の無医村時代から保健指導に奔走した元開拓保健婦[3]、岩見ヒサ（１９１７〜２０１５）である。

本章では、ひとりの女性の活動過程でどのような人間関係が形成され広がりを持ったか、社会関係資本（ソーシャル・キャピタル）の視点から考察を試みる。

田野畑村では、原発誘致問題から約30年後の２０１１年３月11日に東日本大震災が発生した。本章は原発の是非を議論するものではない。しかし、村に原発が建設されなかったことで、村のみならず東北が結果的に難を逃れたことは紛れもない事実であろう。村の女性たちは、誘致問題が浮上するさらに10年以上前から、川や海の水質を守るため合成洗剤を使わない運動に取り組んできた。

なぜ、現在の田野畑村の暮らしがあるのか。それが筆者の唯一の問いである。

岩見ヒサ（以下、ヒサさん）の活動の中で社会関係資本がどう創られ、どう醸成していったか。社会関係資本が個人や集団にどう影響を及ぼしたか。ヒサさんの活動を通して起こった出来事などが、現在にどうつながっているかについて社会関係資本の切り口から捉えてみたいと思う。

ヒサさんは90歳の時、長野県の保健婦資料館[4]から自分史の依頼を受け執筆に至っている。本章は著書や、筆者が岩泉町在住時期に得た情報、ヒサさんの当時を知る人や晩年まで交流があった人たちへの聞き取り（２０２０年９月～11月）などを手がかりとしている。

なお、社会関係資本の定義については序章および第1章で紹介されているが、本章では、埴淵知哉（2018）の歴史的な側面や社会的文脈も念頭に置きつつ、信頼、規範、ネットワークを基本に、特に個人や集団の関係性の形態、橋渡し型や結束型社会関係資本、さらに人々のネットワークに注目し、考察を試みる。

2　本章に関連する田野畑村のエピソード

思案坂と辞職坂

昔、田野畑へ赴任してきた役人や教師たちが、谷越えのあまりの険しさに行くか引き返すか思案したという「思案坂」、何とか坂を通過した者も、その先のさらに深い谷についには職も投げ出したという「辞職坂」（写真1）がある。昭和期後半から平成中期までに三つの橋が完成し、また三陸鉄道開通と交通基盤の整備により村への交通アクセスは容易になった。

写真1　通称「辞職坂」を見下ろす高さ 120m の思惟大橋、太平洋まで直線距離で約 4km
出所：2015 年岩手県田野畑村 村勢要覧

三閉伊一揆

田野畑村は一揆の村でもある。江戸後期、財政難にあえぐ南部藩のたび重なる徴税に耐えかねた民衆ら1万数千人は藩主交代などを訴えて1847年と1853年の二度決起した。一揆の特異性は南部藩ではなく仙台藩に提訴したことにある。仙台藩主に要求箇条を提出し、南部藩にほぼ全面的に受け入れさせた。処罰を一切行わない「安堵状」を取りつけ、百姓一揆の成功を裏付ける極めて重要な文書とされ、歴史的に評価されている（三閉伊一揆を語る会 2017）。一揆衆は読み書きができない農民にもわかるように、「困る」を意味する「小○」（写真2）ののぼり旗を立てて仙台藩をめざした。現代では「復興一揆」のデモ行進、「脱原発一揆」などで重要な役割を果たしている（茶谷 2014：p.103）。

田野畑村民俗資料館は一揆の資料を中心に収蔵する、全国的にも珍しい資料館である。田中依子さん（仮名、80歳、以下依子さん）[5]は東日本大震災発生後の6月から8年間、民族資料館に勤務し、震災後に資料館を訪れた数多くの人たちに、三閉伊一揆と震災と原発を一つのまとまりとしてガイドを行うとともに、資料館に寄贈された一揆研究者たちの資料整理を行ってきた。（故）漁協組合長畠山栄一氏によると、戦前まで「一揆＝極悪人」、集落の汚点で隠したいという意識が伝承を妨げてきたが、先人の功績を風化させられない、と三閉伊一揆を語る会を立ち上げた（岩手日報　２００３年９月11日付）。現在は一揆指導者畠山太助の５代目子孫、畠山吉郎さん（83歳、以下吉郎さん[6]）が引き継いでいる。

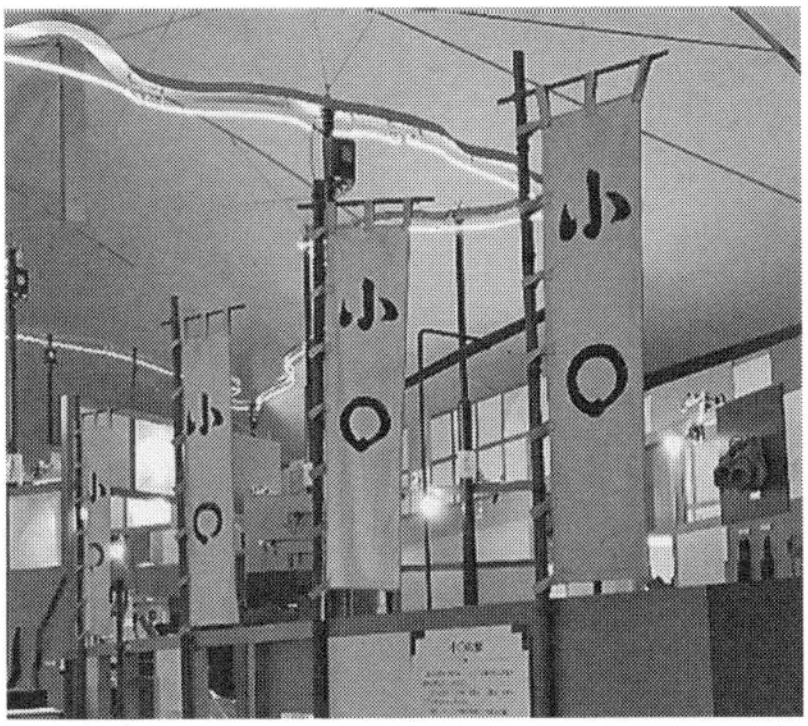

写真２　三閉伊一揆ののぼり旗「小○」
出所：田野畑村民俗資料館にて筆者撮影（2020年９月27日）

地震津波の歴史

三陸沿岸は何度も地震津波災害に襲われた。１８９６年明治三陸大津波での田野畑村の死者１２８人、１９３３年昭和三陸大津波では83人、他に１９６０年のチリ地震津波などがある。村は１９６９年に明戸防潮堤を建設したが、東日本大震災が襲った津波第一波後の引き波で破壊された。本章で取り上げている明戸浜には震災遺構「明戸海岸防潮堤」（写真３：本章末参照）が遺されている。

3　ソーシャル・キャピタルからみたヒサさんを取り巻く活動

(1) 大阪から田野畑村へ

ヒサさんは大阪府に生まれ、看護婦、助産婦の資格を取得し青年期を過ごした。23歳で結婚し東京に転居したが、夫と3歳の息子を相次いで病気で失った。苦難を乗り越え、郷里の中学校で養護教諭として復帰した。夫の異母兄である田野畑村宝福寺の住職、岩見対山(7)の勧めで休暇を取り、初めて田野畑村へ行った。その時のことを「田野畑の風景は清澄そのままで強く心を魅かれた」と表現し、その後、最期まで村の自然や資源の大切さを訴えた。

1950（昭和25）年、33歳で対山と再婚し、田野畑中学校の養護教諭として転任した。校長から「お医者さんだと思って何でも相談してください」と紹介され、業務以外でも病人の相談や手当て、妊婦の診察、助産などに追われた。長男の出産で同年12月に退職したが、その後も寺に相談に来る人が増え、集会所や老人のたまり場になった。

ヒサさんは村の住民にどう映ったのか。村に赴任した時点では異なるバックグラウンドであるが、封建制の強い僻地にとっては専門職を持つヒサさんが新鮮な橋渡しの役割を担っている。「新しい情報を得たり、逆に情報を流すためにはバックグラウンドが異なる人のネットワークのほうが適している（稲葉 2011：p.32）」ように、関係性はよりプラスに働くことが期待できたのではないか。

中学生だった吉郎さんは、「日本のチベットとか陸の孤島と汚名され、閉鎖的で地域エゴが強く、新しいことには拒絶が強かった。ヒサさんは孤立の村の扉を開け、村に新しい風と文化を運んできてくれた」と当時を語っている。

(2) 開拓保健婦活動(1956~1970年)

役場から開拓地の保健指導の要請を受けたのは1956(昭和31)年11月で、村に来て既に6年以上経過していたが、開拓地の場所や生活のことはほとんど知らなかった。

開拓地の状況

村の最も僻地の台地や山沿いの傾斜地に点在し、6組合12地区に約220戸、約1200人が居住。訪問先の多くは往復4~5時間で、最も遠い地区では片道17・5キロ、または傾斜度60度の辞職坂または思案坂を通る行路を徒歩移動。家屋は広範囲の地域に点在し、時には山峡の奥深い傾斜地に一戸ずつ捜す必要もあった。1960年末にオートバイが支給されたが、登山道のような石ころ道を走るので注意が必要。1970年の村の世帯数は1255戸、人口は5412人で、全体の約2割の住民が開拓地に居住。入植者の1割は樺太からの引揚者で残りは村内既存集落の二男、三男や土地がない人、入植前は製炭、樵、漁業出身者など。ほとんどの人が営農に無経験で無資本。開拓事業は非常に立ち遅れていた(岩見 2010:pp.59, 63, 69-70)。

開拓者の生活実態

住居の大きさは大小あり、隙間風が入り、畳のない家も多い。食生活は米麦稗を各3分の1の混食が多く、生魚は平均月2回、豆腐や味噌は自家製。井戸のある農家は30％で、他は流れ水または湧き水使用。馬耕農家は25％で、残りは原始農耕。どうにか食べていければいいという家庭が圧倒的に多い。栄養不足と過重労働による疲労感や神経痛の人が多く、少々体の具合が悪くても我慢して労働した（岩見 2010：pp.70-72）。

開拓地の一方で、沿岸部住民の様子は全く異なる。『ハックの家』[8] 代表の竹下美恵子さん（76歳）は沿岸部出身である。昔は隣近所が自然とお互い様の関係にあった。浜には番屋[9]があった。漁師たちが網漁で獲った魚を出荷したあとの残りは「バケツに持ってけ、持ってけ」と言われ、食べ物は充実していた。子どもの頃は今とは異なり、「潮が引けたから行こう」と岸壁でウニやアワビを採って食べていた。地域は狭いが商業が盛んで、雑貨屋、床屋、呉服屋、食堂などがあり、「私たちは地域に育てられた」という。

本章では地域の特性を数量的に見るものではないが、埴淵・中谷・近藤（埴淵 2018：pp.41-42）は住民の健康増進に関し、所得格差、居住地の建造環境や社会環境、あるいは地理的文脈について触れている。また、埴淵（埴淵 2018：p.63）は地域の社会関係資本の起源を考える際には、その場所でしか成立しないような特殊な条件も含めた歴史的側面の複雑さを指摘している。村の地勢の特徴や開拓地という居住環境の違いでは、社会関係資本を考えていく上で考慮する必要があるだろう。

①開拓地の保健活動

保健指導の資料はなく、入植者の所帯台帳作りなど全世帯の訪問調査に始まった。乳幼児と妊婦が多く、特に乳幼児対策は緊急を要する指導事項だった。主な活動は、妊婦診察・指導、助産・産褥指導、乳児指導、受胎調節、予防衛生教育、栄養・生活指導等である。農閑期には集団指導を、農繁期には個別指導などの工夫をし、料理講習や布団づくり講習会なども行った（岩見 2010：pp.63, 72–76）。

開拓の人たちと喜びも悲しみもともに分け合って、働いていける生活にこよなき喜びを感じている。開拓地の人々は「あまり無理せずとやってくださんせ」と自分を労わってくれ、また、自分の努力が僅かでも人々に受け止められ、私の存在が喜ばれていることが幸せだった。「保健婦さんどうしたんだべ、病気ではなかべか、どっかに難産でもあったんだべか」など、みんな善意に解釈をして、誰も私がさぼったとはいわなかった（岩見 2010：pp.66–68, 76）。

活動を通して住民との信頼関係が培われていることが伺える。吉郎さんは、「住民の意識改革につとめ、その影響力で女性も問題意識を持つようになった」と当時を振り返るが、利他的な活動をいとわないリーダーシップを持つキーパーソン（稲葉 2011：pp.107–108）とともに信頼、規範、女性たちのネットワークが徐々に醸成されている。

②婦人部の結成・運営、婦人たちの自立への支援

県開拓課からの指示もあったが、訪問活動の中でその必要性を痛感し、1958年春から準備し、1年後に全地区に結成した。取り組んだ理由は、活動期の女性たちが自覚して高齢期の生き甲斐を貯えておくことと、合成洗剤による水質汚染の問題への懸念からだった。女性たちは、川や海を汚さないようにと、早くから合成洗剤を使わない運動に取り組んでいた。婦人部の中に購買部を設けて日用品を置いた。半日がかりだった移動負担が軽減し、地区の団結心を高め、集団指導の場を持つようになった。婦人部を民主的に運営させることに尽力をつくした（岩見 2010：pp.63, 75–76, 116–117）。

会則の原案作成、審議、役員選出、会議の運営にも立ち会い、協力し、説明をしてようやく婦人部らしい形態ができあがった。活発に発言するようになり、時には発言しすぎて争いになりそうなこともあった。

開拓地の女性たちは、電灯もない極貧の中で、開墾という重労働に従事しながら幾人かの子どもを産み育て、弱音を吐くこともなく、ひたすら働き続けて生きた逞しい女性だった。彼女たちは、そんな苦しい生活の中からも人の行為を素直に受け止めて、常に感謝の心を忘れなかった。婦人部の活動を通して、開拓地の婦人たちは働くのみの農民、「もの言わぬ農民」ではなくなった。相互理解と団結の精神が少しずつ育まれていった。開拓保健婦の業務が終わる頃、夫は「開拓地の母さんたちの顔が知性的になったねえ」と言った。彼女たちは考える農婦、意見も言える農婦に変容し

ていた（岩見 2010：pp.75–76, 87–88, 94, 106）。

平坂リヨさん（86歳、以下リヨさん）[10]は、「若い人がお料理習いたいと、料理教室を開いたり、会に来なくなったら意見も聞いて、他に受胎調節など、いろいろやりました」と当時を振り返る。

稲葉陽二（稲葉 2016：pp.59–61）によれば、連帯は社会関係資本の結果生じるものであり、凝集性はグループやコミュニティの成員間のまとまりのよさを意味している。開拓保健婦活動は相互理解の蓄積によって信頼関係をより高め、互酬性の規範や女性たちのネットワークが構築されていき社会関係資本が醸成し、その結果、連帯を生み結束性を高めた。異なるバックグラウンドに始まったが、開拓保健婦活動は結束型社会関係資本がプラスに働きながら成熟していったといえよう。

また別の見方もある。青木千賀子のネパールでの事例では、経済的、金融的手段へのアクセシビリティが低い女性の課題がマイクロファイナンス活動を通じて、女性たちのエンパワーメントにつながるコミュニティ内の信頼や規範の醸成、自己管理能力の育成に役立っている（青木 2013：pp.76–81）。開拓地での指導とともに組織育成の過程では、女性たちの活動の活性化が社会関係資本を豊かにしたが、考える農婦、意見を言える農婦に変わっていったことは女性たちのエンパワーメントを高めることにもつながっている。

保健婦活動について補足する。開拓保健婦活動は村民との人間関係であることから、必然的に社会関係資本に影響を及ぼす。村田陽平（村田 2018：pp.147–150）は保健師の地域活動について、保健師自身が関係性を取り結ぶコネクター、結節点になり、保健師の地域での活動自体が、地域の社会関係資本の基礎となるネットワーク形成に少なからず寄与することができ、また地域住民間の信頼、規範、ネットワークなどの要素を把握することにつながり、結果的に地域の社会関係資本の向上に貢献できるものと考えられるという。ヒサさんはまさしく村田のいう活動であり、直接村民に接して得られる地域の質的情報は重要である。

(3) 原発誘致問題への奮闘(村婦人団体連絡協議会会長時代、以下、村婦協 1977~1983年)[11]

15年間の開拓保健婦活動は国の開拓事業終了とともに終わり、隣町の岩泉保健所での6年間の保健婦業務(最後の3年間は保健婦長)を終えて、1976(昭和51)年に定年退職した。その後、村の各婦人部を育成してきた経緯などから村婦協会長に選ばれた。リヨさんによれば、会長に立候補した人が2~3人いたという。

①原発誘致の経緯

1981(昭和56)年12月の定例県議会で、田野畑村の明戸地区が原子力建設の候補地として取り上げられた。当時の岩手県の電力自給率は32・8%で、増設は国策の一つとされていた。すでに地質調査も行われていた。しかし最初は原発誘致の話題ではなく、海底公園が作られるという風聞が立ち住民が沸いていたという。県知事が誘致に積極的な意向を示してからは、村内でも推進派と反対派が二分していた。

原発関連では、1975年に電源開発株式会社が調査に乗り出そうとした旧田老町摂待地区（現宮古市田老）が、地区漁民や婦人部等の反対運動で断念した経緯があり、当時の知事は「安全性などに問題がある」として見送った（讀賣新聞　1981年11月12日付；岩手日報　2015年4月22日付）。

結果的に1982（昭和57）年3月の調査結果発表では明戸地区は外された。しかし翌日の新聞では、明戸地区が最適候補地であることには違いがないと附記されていた。昭和57年の岩手県は原子力発電所の建設の可否に揺れ動いている感があった。田野畑村が原発を受け入れなかったことにより、岩手県の原発推進は封じられた（岩見 2010：pp.126-127）。

同時期に、同様の候補地として取り上げられていた青森県六ケ所村が決定された。

②原発誘致反対への奮闘

ヒサさんは1982年1月1日の岩手日報「わが町、わが村」に投書している（岩見 2010：pp.122-123）。

交通の便はよくないけれども、わが村には美しい海があり、豊かな漁場がある。さらに清浄な空気があり、山野がある。私たち婦人は、こうしたわが村の川や海を汚さないようにと、早くから合成洗剤を使わない運動に取り組んできた。こんな小さな村に原発ができてはどうなるのか。美味を誇る海の幸に及ぼす心的、物的影響がどうなるのか。私たち婦人団体は子々孫々にこの美しい田野畑の自然を残すために、団結して原発反対に奔走するだろう。

原発とは無縁だった村が候補になり、まず原発とはどういうものかを知るために友人に相談し、『原子力発電とはなにか……そのわかりやすい説明』（緑の会編、編集責任：広瀬隆、野草社）を入手し原発について学んだ。当時、社会教育主事だった吉郎さんによると、「住民はあんまり問題意識を持たなかった。最初は海底公園という構想の話で、国では設計図まで作り上げて、住民が沸いたわけね。人の出入りも多くなって金も入る」「問題意識を提起したのは岩見ヒサさん、そして女性の方々。それは子どもを産んで育てるから、やっぱり危ないと。安全を確保するためには原発はやっぱり駄目だと。立地すると後戻りができないから」「男性は稼ぐ一方で問題意識を持たない。お金が入ってくるから出稼ぎしなくても潤うと。住民意識の改革の役割を果たしたのは女性」「早野村長の原発に対する考え方は、最初は半々で。当時は出稼ぎブーム、地元は産業も不振で仕事もないから出稼ぎに行った時代だ」という。リヨさんも「その当時は原発なんて考えもしなかったことが、ヒサさんから教えられた。誰も原発に対してピンとこなかった。そういう恐ろしいものだっていうことがわかって、婦人部でじゃあ署名運動をしようって、勉強して、署名しようとした。聞きつけた村長は婦人部に来て、黙って聞いていた。ヒサさんに感謝している、えらかった」と当時を振り返る。

村議の中村勝明氏は、「若者には危険性を理解する者もいたが、有力者の大多数が賛成で声を上げられなかった。いざとなると男はだめ。女性の力はすごい。女性たちの行動が田野畑村、岩手を救ったと確信する」（岩手日報　2015年4月22日付）といい、朝日新聞編集委員上田俊英氏は、「県側は、原発が建設されれば31億5千万円が交付されると強調。村の予算規模は20億円ほど」（朝日新聞　20

15年7月30日付）と述べている。

ヒサさんは村長に面談を申し入れた。村長は原発の怖さよりも、多額の金が入ることで村民が惰眠化する方が怖いという考えだった。ヒサさんは工事による自然破壊や海の汚染、生態系の変化、事故を心配する不安な生活、放射性産業廃棄物の処分方法、放射能漏れの心配などの意見を述べた。村長は「私は村民のやりたくないことはやりません」と話し、結局それが結論であった（岩見 2010：p.121）。

同月、村婦協は臨時役員会を開き、原発の知識を伝え、村婦協としての意向について相談した。誘致された場合の利点等も含めて役員に投げかけたが、村民の健康維持、川や海の汚染防止、子孫への自然財産継承などの意見から、全員一致で原発誘致反対の意向を決めた。村民の殆どは原子力発電の知識を持っておらず、社会福祉協議会、村議員、漁業や農協の役員、推進派などに本を配布したり、新聞への推進派の意見記事に手紙を添えて本を送ったり、講師を呼んで講演会を行うなど、反対運動に奮闘した（岩見 2010：pp.121–123）。

村婦協と婦人部の連帯感や凝集性は問題発生直後から村民たちに訴えかけたまとまりをもった奮闘活動に役に立っている。開拓保健婦活動から婦人部の形成を経て原発誘致反対の奮闘に至っては、明らかにプラスの結束型社会関係資本に影響を与えているといえる。もちろん、社会関係資本には負の側面があることも忘れてはならない。たとえば、婦人部などのグループをやめたいと思っても辞められないしがらみなど、稲葉は負の外部性について言及している（稲葉 2019：pp.107–113）。

地域の絆という意味での社会関係資本の形成には現場の事情に精通し、前述したキーパーソンの存在がある（稲葉 2011：pp.107–108）。本章のキーパーソンは明らかにヒサさんである。村の資源を守り、子孫に残したいという明確な意思が団結につながり、まとまりと連帯性がより醸成されていった。稲葉の、キーパーソンの意思を実践に移すことのできる地域のネットワークの存在がより重要であることは前述で触れた。また、コミュニティとの関係では、パットナムは社会の効率的な運営にはブリッジング型（橋渡し型）の社会関係資本の醸成が必要であると指摘している（石田 2008：p.88）。ここでは、外の地域や民間のネットワークとは異なり、各地区婦人部間のネットワーク、そして婦人部と連携を図る村婦協との関係性であり、外部との橋渡し的な明確な関係性は探し出せなかった。定例県議会での発表から立地調査結果発表まで約4カ月足らずの出来事であるが、村にとっては非常に重要な4カ月であったはずである。外部とのネットワークの手掛かりとして、合成洗剤を使わない運動は、他の三陸沿岸部の漁協婦人部も同様に活動していたことから、何らかの連携があったのではないかと推測される。また、ヒサさんの一周忌にあわせて作成された寄稿文の中に、合成洗剤追放をめざして結成された「きれいな水といのちを守る全国連絡会（1974年結成）」の全国大会に第1回目から参加している釜石市女性の寄稿が寄せられている（岩見ヒサさんをしのぶ会実行委員会〔以降、しのぶ会〕2016：p.25）。さらに後述の「豊かな三陸の海を守る会」事務局長の菅野和夫さんによれば、『原子力発電とはなにか……』の著者広瀬隆氏にはアドバイスを受けるため2度ほど田野畑村に来ていただきヒサさんと会っているという。

住民組織などの民間と行政とを結ぶ社会関係資本を連結型と呼ぶが、連結型社会関係資本としての影響があったかどうか。「村民のやりたくないことはやりません」という村長の回答だけでは明らかではない。しかし一連の流れから、村長はヒサさんや婦人たちの意見を否定もしておらず、民主的な考えがあったことは推測され、連結型も働いていたのではないだろうか。

4 橋渡しの緩やかなつながり

誘致問題に揺れた田野畑村の経験は、その二十数年後につながれている。

「豊かな三陸の海を守る会」の発足(2005年11月5日)への貢献

「三陸の海を放射能から守ろう」と六ケ所村の核燃料再処理工場本格稼働に反対し、沿岸住民ら三十数名で「豊かな三陸の海を守る会」を立ち上げた。この宮古市周辺で活動している市民団体は、今や会員数約100人である。当時の会長(故)田村剛一氏によると「まだ生活が厳しい当時、あえて開発を断り自然を守った」とヒサさんの先見性をたたえ、「守る会結成時は顧問になり、励ましてもらった」(朝日新聞 2015年9月28日付)。さらに、「ヒサさんがおらなければ、守る会が発足できたかどうか。ヒサさんは私たちの守る会の生みの親といっても間違いない。三陸の海を守るために闘ってきたヒサさんの崇高な思いは、私達が引き継いでいかなければならない」と寄稿を残している（しのぶ会 2016：p.27）。

豊かな三陸の海を守る会発足時からの現事務局長菅野和夫さんへ、お話を伺った。

会員の横田有平さん（元重茂漁協参事、前宮古市議、現共同代表）はヒサさん主宰のこだま短歌会(12)の会員でもあり例会の度に田野畑村に通っていた。三陸の海に放射能が流されるという話をどこからか聞き、ヒサさんに相談した。守る会の設立ではヒサさんに顧問になってもらい、介護の方の付き添いで宮古に何度か来てもらった。当時、放射能についてシーベルトだのベクレルだの聞いたことがなく、体にどんな害があるのかもわからなかったし、田野畑村への原発誘致の話題も、私たちにはわからなかった。

また、合成洗剤についても、生活用水はうまく処理されていると思っていた。

岩手県漁連情報紙に東京水産大学（現東京海洋大学）の水口憲哉教授の「将来、六ケ所村が本格稼働すると三陸の海は今世紀最大の汚染地域になってしまう」という記事が掲載されていた。そこで、各種（漁協、労働組合、野鳥の会、生協等）市民団体に呼び掛けて水口先生の講演開催実行委員会を立ち上げ、設立前の9月に講演会を開催した。

このことが縁で田野畑村の方々ともつながった。当時の（故）畠山栄一（田野畑村漁協組合長）さん、畠山吉郎（田野畑村議員）さん、田中依子さんとも共同活動しながら、ヒサさんとは最後まで交流が続いた。その後は体調不良で宮古に来ることはなかったが、田野畑村を通る際にはヒサさんの所に寄って、情報交換した。

菅野さんは田野畑村とのつながりについて、三閉伊一揆の話をしてくれた。

「困る」の意味は違いますが、私たちも一揆の精神になぞらえて、「三陸の海に放射能を流されては小○（困る）」というのは私たちのモットーであり、「小○」は旗頭です。各漁協の女性部も同じです。講演会開催時には「小○」を演壇上に掲げています。団体は違っても、岩手県のこの地方にある特有の旗頭です。

2015年の守る会創設10周年記念講演会では広瀬隆氏を講師に招き、重茂、宮古、田老町、岩泉小本浜、田野畑村、普代村の各漁業協同組合、他にも多数の団体が協賛し開催している。

5 点から線へ、そして面へのひろがり

本章では、社会関係資本の橋渡し型と結束型がどのように創られたかについて、さまざまな側面から見てきたが、同時に核となるキーパーソンの存在、女性の活躍、住民と行政の信頼関係なども見逃せない。ヒサさんが特別な人だったのか？　突然、困難（本章では原発）が目前に迫った時、冷静な視点で問題意識を持ち、即戦力・行動力や交渉力を持ち合わせ、かつネットワークを形成できる、そ

のような人こそキーパーソンの役割を果たせるのではないか。

今回の聞き取り調査で大変お世話になったヒサさんをしのぶ会の小松ひとみさん[13]は、原発誘致反対運動はヒサさんの人生にとって、そうするべき使者であったのだろうと推察するという。また、ヒサさんのリーダーシップがあったとしても、当時の日本の時代の流れがあったことも一緒に考えておく必要があることに言及している。埴淵（埴淵 2018：pp.62-64）の歴史的経緯や文脈的規定要因など、それらがどのような社会関係資本の蓄積に対して正または負の影響を与えるのかを考えさせられる。

原発で揺れたヒサさんを取り巻く社会関係資本はそこで終わっていない。社会関係資本では地域のネットワークの存在がより重要であることは、前にも触れた。ヒサさんの、一貫した『田野畑村の豊かな自然と資源に対する考え方』をひとつの点（原点）として社会関係資本を歴史の中に見ると、まずキーパーソンとして村民と一緒に信頼・規範・ネットワークが築かれ、その過程で連帯感や凝集性が蓄積され、社会関係資本が一層醸成していった。突然飛び込んできた原発誘致問題によって、より信頼の高い結束型や女性たちのネットワークが積み重なり、さらに外部との橋渡しにもつながっていき、点が線となってつながっていった。ちなみに原発問題奮闘の社会関係資本は三閉伊一揆の歴史展開にも重なるものがあり、一揆の歴史を知り尽くしている依子さんも同じように思われていた。

その奮闘から30年後に予想もしなかった展開を迎え、東日本大震災が発生した。しかし、奮闘で揺れた村の豊かな資源は今も保たれ、先人たちが遺した自然の恵みが受け継がれている。それが現在の村政「ふるさとたのはたづくり」であり、面となって広がっている。詳細は割愛するが、地域のネットワークに関する要点を紹介する。

晩年、ヒサさんは現石原弘村長に「村民の心に寄り添い、その意思を大切にして村政にあたってほしい」と伝えている（朝日新聞 2015年9月28日付）。偶然だが、9月に村長にお会いすることができ、その記事やヒサさんについて伺った。「ヒサさんの、人間としてのあまりもの強さに驚いた。どんなに苦しくても守るものが一つある、二つある…ということで生きる術を頂いた。人間として大事にしなければならないことを教えてもらった」と印象的な話だった。村政に対するヒサさんの思いは「2015年岩手県田野畑村　村勢要覧」に現れているように思う。

より多くの村民が村づくりに参画し、行政と手を携えて行政施策を推進し、村民一人ひとりが希望の持てる、幸福度の高い、住み続けたい田野畑村をめざしている。

東日本大震災後は特に、『新生たのはたづくり』として住民と行政の協働を柱に、水産、酪農、観光、学び等を中心にNPO法人の活動など、村内外のつながりが展開されている。NPO法人体験村・たのはたネットワークは2013年地域づくり総務大臣表彰を受賞している。また、田野畑中学校が取り組む地域活動の学内組織「（株式ではなく）仮式会社 COMARU」は10月に田野畑村、村教委と協働連携に関する調印を行った。道の駅へのブース出展を目指し、地元の素材を活かした商品開発に励むという。社名は「船のかじを作る」の英語頭文字だが、「小○」（困る）から名付けられている。

田野畑村の地縁的ネットワークやＮＰＯなどの団体そしてそれらを側面から支え協働していく行政の三者のネットワークにより、村の社会関係資本がさらに醸成されていくことで、村づくりのさらなる発展を期待したい。

ヒサさんをキーパーソンとした一連の活動は社会関係資本がよい形で築かれ、その影響においては、東日本大震災発生によって田野畑村は大きく被災したが、震災から30年前まで遡る人間模様によって、むしろ村や東北の財産が守られる結果が導かれたといっても過言ではない。先人たちが守り抜いた自然や資源こそが、現在の田野畑村を支えている。

6　おわりに

本章で岩見ヒサさんを取り上げたのは筆者のあるきっかけがあった。筆者は岩泉町に来る前、少なからず放射線量が気になる宮城県亘理郡山元町（県最南端で福島県相馬郡新地町とは県境）にいた。県内各地の線量情報が新聞に掲載され、被災者の方々からも時々話題が持ち上がっていた。岩泉町に着任してからは線量のことなどすっかり忘れていた。ある日、田野畑村の壮大な断崖を堪能したあと村を散策していた時に、道路からコンクリートの塊が目に留まった。「数十年前、この村に原発ができるかもしれなかったんだよ」と知人から聞かされ、初めて岩見ヒサを知った。岩手県は豊かな自然や食に恵まれている。東北の財産が今なぜここにあるのか、あらためて不思議に思うようになった。ヒサさんを通じた人間模様にどのような展開があったのか、社会関係資本の切り口から考えてみたかった。なぜなら東日本大震災から復興しつつある現在、筆者が岩手に住んだ2年半余りの間、人々にとって暮らしは当たり前すぎて、当時のことなど忘れ去られたかのような、あるいは筆者のように歴史の事実を全く知らない人があまりにも多いと感じたからである。先人たちが遺してくれたものの背景にある、人々の奮闘のシナリオが社会関係資本を通して見えてくる。そして私たちは、大切に遺された恵みを五感でいただく喜びを、あらためて感じることができるのである。

写真3　震災遺構「明戸海岸防潮堤」
出所：明戸浜にて筆者撮影（2019年3月24日）

注

（1）1955年に陸中海岸国立公園として指定、2013年現在の名称となる。
（2）海岸線は直線的で標高約200メートルの平坦な丘陵が、海岸線直前で急激に落ち込み、海へ延びる谷が深く刻まれる。
（3）農林省所管の開拓保健婦制度は1947年から1970年まで続いた。開拓地や農家の実態を把握して、保健衛生や生活指導を主とし、産婆の役割、無医村地区では医療行為の代行まで行った。ヒサさんは1956年11月から1970年3月まで開拓保健婦として活動した。最初の辞令での身分は開拓保健技師だったが、開拓保健婦設置条例の変更で「保健婦の有資格者」の条項により、1963年に保健婦の資格を取得した。開拓行政の終了により1969年に開拓保健婦制度は廃止され、翌年厚生省の管轄に入ったため、ヒサさんは県の保健婦に身分移管された。1970年4月から定年退職する1976年3月まで岩手県岩泉保健所に勤務し、最後の3年間は同保健所保健婦長を務めた。

(4) 日本独自の養成が行われた保健婦たちの、地域活動を通し公衆衛生向上に貢献した活動の歴史をまとめ、後輩たちに伝え、今後の道につなぐ役割を担っている。

(5) 一揆への強い想いから2010年村に移住、資料館に勤務していた。同年10月ヒサさんと出会い、最期まで深い交流が続いた。

(6) ヒサさんの最初の教え子である。農業を営む一方で、村役場職員や宝福寺事務局を務め、原発問題の頃は教育委員会社会教育主事で、各種婦人団体を含めた委員会担当など、ヒサさんとは常につながりがあった。

(7) 八戸市出身の対山は、出家し修行道場で活動。田野畑村に昭和三陸大津波（1933）が襲った際、村には医師もおらず、死者が出ても寺院もなく僧侶もいないことを新聞で知り、決意を固め移住し、宝福寺を建立。

(8) 障がいをもつ人たちへの社会的自立を中心にサポートしている特定非営利活動法人。

(9) 昭和50年代頃までは漁師が海産物の保管や漁具の収納、浜作業、寝泊まり場として盛んに使われていた。

(10) 1966（昭和41）年頃、北山地区の婦人部会長。当時のヒサさんを知る数少ない人物。

(11) 学区単位に婦人部が組まれ、連携を図るために村婦協があった。

(12) 子どもの頃から短歌に親しみ、1981年からこだま短歌会岩手支部を主宰。聞き取りで会った盛岡在住の石ケ森和子さん（88歳）は愛弟子で現在も活動中。

(13) 岩泉町議会議員で、町のさまざまな課題に取り組みながら、一方では、常に問題意識を持って地域活動に参画、活動している。

第9章

韓国における農村・漁村地域の経済活性化
――ソーシャル・キャピタルによる価値創造連鎖モデル

朴　弥怜

1　地域経済活性化とソーシャル・キャピタル

サイズが大きすぎたり形の悪い農作物は売れずに残り、捨てられてしまう。食材として味は問題なくても、規格外であるため商品価値が下がってしまうのである。また、豊作の年にも農作物の値段は暴落し、収穫の手間の割にちゃんとした値段で売れないため、捨てられてしまうこともしばしばである。農業と漁業は、天候など自然に任せるしかないことが多く、状況次第では収入が安定せず、農民・漁民の生活も困る。

韓国のテレビでは、農民・漁民を助ける趣旨でフランチャイズ・レストラン経営者がタレントたちと現地に出向き、彼らの悩みを聞き、番組出演者たちと一緒に解決策を考えるという内容の番組がある。そこでは、出演者であるフランチャイズ・レストラン経営者が、個人的な人脈として全国チェーン・スーパーマーケット経営者に呼びかけをする。農民・漁民を助ける趣旨を理解したスーパーマーケット経営者は、売れない食材を適正な値段で買い上げ、商品化し、販売するという内容である。

２０２０年はＣＯＶＩＤ－19の影響で外出自粛や学校閉鎖などが続いたため、レストランや給食の食材として卸していた農産品が売れ残り、廃棄されることもあった。こうした中、テレビ番組の反響は大きく、農民・漁民を助けることに参加したい消費者が大勢いて、商品は短時間で完売することもあった。テレビ番組に出演した経営者の個人的な人脈が農村・漁村と企業間をつなげたことで新商品が開発され、消費者の購入につながった。この事例の一連の流れは社会関係資本理論で説明できる。

一般に社会関係資本は、地域コミュニティにおいて自助努力によって諸問題を解決する概念として知られ、政治学や社会学分野において研究が進められてきた。Putnamによる定義がもっとも知られており、社会関係資本は、ネットワーク、互酬性の規範、信頼で構成されるという（Putnam 1995）。稲葉は、これまでの社会関係資本に関する研究は個人（ミクロ）レベル、組織（メゾ）レベル、社会全体（マクロ）レベルの三つのレベルに区分できるとし、これら各レベルで社会関係資本が作用するからこそ、その意義が高いと説明する（稲葉 2005）。

一方で経営学分野においても社会関係資本に関する研究がなされている。Ghoshalらによる研究によれば、社会関係資本が資源の結合や交換を通して、イノベーションを生み出すという。Nahapiet & Ghoshalは、社会関係資本は構造的（Structural Dimension of Social Capital）、関係的（Relational Dimension of SC）、認知的（Cognitive Dimension of SC）といった三つの次元があると定義している（Nahapiet & Ghoshal 1997）。また、それぞれ次元の構成要素としては、構造的次元には社会的相互作用のつながり（social interaction ties）[1]が、関係的次元には信頼・信頼性（trust and trustworthiness）が、認知的次元にはビジョンの共有（shared vision）[2]があるという。さらにこれら社会関係資本の3次元構成要素は資源の交換と提携（resource exchange and combination）につながり、イノベーションなど価値創造（value creation）にむすびつくと説明する（Tsai & Ghoshal 1998）。

本章では、生産地と市場をつなぎ、地域経済活性化を目指す韓国での事例を社会関係資本理論から考察する。

2 個人のつながりから始まった生産地支援

農村・漁村の地域経済活性化を趣旨としている韓国のテレビ番組「マンナムの広場」は、SBS（ソウル放送）テレビ局プロデューサーとフランチャイズ・レストランの経営者との個人的なつながりから始まった。「マンナムの広場」のプロデューサーである李クァンウォン（이관원）氏と、フランチャイズ・レストラン「THE BORN」の経営者である白種元（백종원）氏は、「食」をテーマとしたテレビ番組を5年にわたり何本も制作してきた仲である。「マンナムの広場」では収録のために規格外野菜が売れずに困っている農家に訪れた。そこで、出演者である白種元（백종원）氏は、個人的な人脈を活用し、全国チェーン・スーパーマーケットを持つ「SHINSEGEグループ」経営者である鄭溶鎮（정용진）氏に農産物の買い上げを提案する電話をかける。具体的事例に入る前に、本節では

「食」を通して生産者を応援し、地域経済を活性化するという趣旨に賛同した「個人」とその個人が所属する「組織」について紹介する。

(1) マンナムの広場プロデューサー 李クァンウォン(이관원)氏

「マンナムの広場」は、2019年12月から地上波民間放送局SBS(ソウル放送)で週1回放映される番組である。番組ではフランチャイズ・レストラン経営者としてテレビ活動をしている白種元(백종원)氏とタレントたちが農村・漁村を訪れ、農民・漁民らの悩みを聞く。そして農村・漁村地域の特産物を利用した新メニューの開発などをすることで、消費者に地域農産物のよさを広く知らせ、販売を促進する。(3)

担当プロデューサーの李クァンウォン(이관원)氏は、2012年にSBSに入社した若手プロデューサーである。「THE BORN」の経営者である白種元(백종원)氏とともに、2015年に「白種元の三大天王(백종원의 3대천왕)」、2017年に「白種元のフードトラック(백종원의 푸드트럭)」、2018年「白種元の街角食堂(백종원의 골목식당)」と、「食」に関するテレビ番組を制作してきた。(4)

(2) THE BORN代表理事 白種元(백종원)氏

「THE BORN」は、代表理事である白種元(백종원)氏が1993年に小規模の個人食堂を開店したことから始まった。白種元(백종원)氏は飲食店経営に全く経験がなかったために散々苦労したこ

とはテレビなどでもよく知られている。経営が軌道に乗ると徐々に店舗数を増やしていき、フランチャイズ方式でレストランを運営するようになった。現在は韓国内で1639店舗のフランチャイズ・レストランを構えている。レストランは、リーズナブルな値段で楽しめるコンセプトになっており、焼肉店や居酒屋、中華料理屋、カフェなどがある。2005年からは中国に出店したことを皮切りに、日本、米国、シンガポール、インドネシア、マレーシア、フィリピンなど11カ国に進出し、海外展開している。

白種元（백종원）氏はバラエティー番組などテレビ出演が多く、素朴な話し方や優しそうな風貌のため、視聴者からも人気が高い。プロデューサーの李クァンウォン（이관원）氏が制作した「白種元のフードトラック（백종원의 푸드트럭）」、「白種元の街角食堂（백종원의 골목식당）」に出演した際には、開店したものの経営ノウハウがなく、運営に苦しんでいる小規模食堂やフードトラック経営者に、秘伝のレシピや経営ノウハウを伝授するなどしており、庶民の味方というイメージが確立された。また個人のYouTubeチャンネルを運営し、簡単レシピを紹介している。有名女優と結婚し、3人の子どもをもうけており、家族とのプライベートな場面もテレビを通して知られている。こうしたことから若者から中高年層に至るまで幅広い年代から人気の高いタレント経営者である。

（3）SHINSEGEグループ副会長　鄭溶鎭（정용진）氏

SHINSEGEグループの歴史は、SAMSUNGグループの創業者である李秉喆（이병철）氏が196

3年11月に百貨店事業を開始したことから始まる。(5) 百貨店は、韓国ソウル市中心市街地である明洞に位置しており、李秉喆（이병철）氏の五女の李明熙（이명희）(6) 氏が担当した。1991年からは百貨店事業を含む流通部門をSAMSUNGグループから独立するための準備を始め、SHINSEGEグループを立ち上げ、1997年には完全分離した。現在、SHINSEGEグループは、2011年からSHINSEGEとE-MART(7)の二つの系列として運営されている。SHINSEGEは主に百貨店と免税店などファッション関連事業を、E-MARTは全国チェーン・スーパーマーケットやテレビ・インターネットショッピングなどといった流通事業、そしてホテル・リゾート事業を推進している。

現在、SHINSEGEグループは、李明熙（이명희）氏が会長であり、長男の鄭溶鎮（정용진）氏が副会長としてE-MART系列を担当し、長女の鄭有慶（정유경）(8) 氏が百貨店総括社長としてSHINSEGE系列を担当している。

E-MARTはB2C（business to consumer）であることから、消費者の購買行動の把握や商品紹介などのマーケティングが必要である。こうしたことから鄭溶鎮（정용진）氏は、SNSを通して積極的に消費者とコミュニケーションをとっている。鄭溶鎮（정용진）氏の個人SNSには、子どもと遊ぶ写真や家族のために料理する写真、安価な自社製品を使う写真を掲載している。家族とともに過ごすお父さんとしての顔や安価な製品を楽しんで使っている姿は、財閥でありながらも親身に感じられるとの評判で、2020年11月現在フォロワー数は47万人にのぼる。(9)

1996年にソウルにE-MART第1号店を開店し、2000年代に入ると全国出店を進めたが、当初地域の伝統市場の商人らからは進出反対が強かった。大手スーパーマーケットの全国進出に対して、伝統市場が競争力を失うと憂慮したためである。このような中、E-MARTは、「伝統市場との共存（win-win）」を目標に掲げ、全国進出を慎重に進めてきた。2016年に地方の伝統魚市場に進出した際には[10]、同建物内では生鮮食品は販売せず、その他の食品・生活用品を販売するなど、むやみな競争を避ける形で開店する方式をとった。地域の伝統市場に出店する際には、「E-MART」のブランド名を出さずにE-MARTのシンボル色である黄色に「No Brand」と書いた看板を掛けるようにした。また、伝統市場の商人らに商品陳列や食品衛生など、長年流通業として培ってきたノウハウを共有し、また市場周辺の道路整備や駐車場増設などを行った[11]。伝統市場のある地域へ進出する際には、このような取り組みを行った結果、市場の来客数が増え、今となっては商人たちからもNo Brandの入店を歓迎されるまでとなった[12]。伝統市場と共存する形のNo Brand店舗は全国12カ所で営業されている[13][14]。

3　社会全体のつながりへ

本節ではテレビ番組「マンナムの広場」の具体的な事例から、個人間から組織間へ、組織間から社会全体へ社会関係資本の連鎖が生じ、価値を創造する仕組みを説明する。

(1) 売れ残ったじゃがいも、さつまいも

①江原道江陵市じゃがいも(2019年12月12日放送)

江原道は韓国で最も高い山々が連なる太白山脈があり、東海岸に隣接している。そのため、冬は大雪になることもあるが比較的に温暖であり、夏は雨が続くため、気温が上がらず、比較的に涼しい気候である。韓国内で生産される高冷地じゃがいものほとんどが江原道産であり、じゃがいも産地として有名な地域である。江原道に位置する江陵市は人口約20万人で、海に隣接した山間地域である。地理的特性上、道が険しく、大雪になれば道路事情がよくないため、人のアクセスが比較的少ないことから、軍部隊も駐屯している。また山と海の景観が美しい観光地としても知られている。

2019年は高冷地じゃがいもが14年ぶりの豊作で、前年比50%以上生産量が増加し、じゃがいもの値段が暴落した[15]。このような中、規格外の不揃いのじゃがいもは売れずに廃棄せざるを得ない状況であった。「マンナムの広場」で白種元(백종원)氏が訪れたある農家では、収穫したじゃがいも30tが売れずに困っていた。そこで、白種元(백종원)氏が個人的な人脈としてSHINSEGEグループの副会長鄭溶鎮(정용진)氏に電話をしたところ[16]、じゃがいも30tの全量買い上げを快諾した。

放送翌日である2019年12月13日から規格外じゃがいもをE-MARTの店頭に並べ、またテレビ・インターネットショッピングを通して900g当たり780ウォンで販売したところ[17]、2日間で完売した[18]。この時、SHINSEGEグループのじゃがいも販売利益は赤字が出ない程度で、地域経済活性化に参加することに意義をおいたという[19]。

②全羅南道海南郡さつまいも（2020年4月23日放送）

全羅南道海南郡は、韓国の南西部に位置しており、リアス式海岸が続く丘陵地帯である。温暖な気候で農業・漁業が盛んであり、人口は約7万人である。海南郡は、畑の75％が赤黄色土であり、日照量が豊富で、海風が吹くため、さつまいも栽培に適している。[20]

全羅南道海南郡の農業協同組合では、味がよくてもサイズが大きすぎるという理由で売れないさつまいもを約450t抱えていた。在庫量は、海南産さつまいもの全生産量の35％を占めるものであった。[21]「マンナムの広場」では、白種元（백종원）氏と出演者のタレントたちが、農協の倉庫に訪れた時に、大量の在庫に驚愕する場面があった。白種元（백종원）氏は、じゃがいもの時と同様にSHINSEGEグループの副会長鄭溶鎭（정용진）氏に電話で買い上げのお願いをする。すると、鄭溶鎭（정용진）氏も450tという在庫の量に驚きながらも、SHINSEGEグループで約300tのさつまいもの購入を決め、7日で完売した。[22] 3kg入りの1袋の値段が1万9980ウォンで、これは一般的な大きさのさつまいもの1・3kg分に相当する値段である。[23]

E-MARTの店頭やテレビ・インターネットショッピングで販売を開始すると、テレビ番組をみて買い物に訪れた消費者が多く、規格外サイズの特大さつまいもはすぐに完売してしまったのである。鄭溶鎭（정용진）氏は個人SNSに大学芋を調理した写真をアップロードするなど広報にも力を入れていたことと、[24]テレビ番組の人気もあるためか、テレビ番組で紹介された特大サイズのさつまいもではない通常のさつまいもの売れ行きもよく、E-MARTでのさつまいも類の売上が前年比218・7

%増加したという。[25]

SHINSEGEグループでは、上述したじゃがいもやさつまいもの他にも、「マンナムの広場」で紹介された農産物はすべて購入し、全国で販売したという。[26]

(2) コラボ商品――穴子調理セット(2020年8月6日放送)

慶尚南道統営市は、リアス式海岸の続く韓国南海岸に接しており、570の小さい島を有しているため、美しい景観を持つ観光地として知られている。平野地帯がないため、海岸線に沿った急斜面に畑を耕し、漁業も営んでいる。温暖な気候が年中続き、漁獲量も多く、海苔や牡蠣の養殖が盛んである。人口は約13万人である。

慶尚南道統営地域では、COVID-19のパンデミックにともない、輸出ができなくなった穴子の大量の在庫を抱えていた。「マンナムの広場」で訪れた際には廃棄の危機にある在庫が約900tもあった。穴子は調理が難しく、韓国では外食で食べるものであって、一般家庭では生の穴子を購入し、調理することはあまりない食材である。

そこで、白種元(백종원)氏が代表をつとめるフランチャイズ・レストランTHE BORNと、鄭溶鎮(정용진)氏が副会長をつとめるSHINSEGEグループが、コラボレーションし、「穴子醤油どんぶり調理セット」と「穴子大根煮調理セット」を開発販売した。レストラン経営で料理のノウハウを持つTHE BORNが穴子レシピを提供し、SHINSEGEグループは家庭でも簡単に食べることができる

ように調理セットにして製造販売する形であった。調理セットには、下ごしらえした穴子と野菜、ソースが入っており、火を通すだけで簡単に穴子料理ができあがる。

2020年8月6日から販売開始し、10日には製造した調理セットすべてが完売した。「穴子大根煮調理セット」は1パック（990g）1万9900ウォンであり[27]、外食に比べて手ごろな値段で自宅で穴子料理が食べられる。これはテレビ番組のための限定版ではなく正規商品として今後も継続して製造販売する予定であるという[28]。

4 ビジネスにおけるソーシャル・キャピタルと価値創造連鎖

(1) ビジネスにおけるソーシャル・キャピタルと価値創造連鎖の仕組み

「マンナムの広場」のじゃがいも、さつまいも、穴子調理セットの事例からは、「食」を通した地域経済活性化というビジョンを共有し、信頼を基盤としたつながりが、個人間、組織間、さらには社会全体（市場）の消費者にまでその輪が広まったことがわかる（図1）。

「マンナムの広場」の場合、テレビ局プロデューサー李クァンウォン（이관원）氏とTHE BORN代表白種元（백종원）氏は「食」をテーマとしたテレビ番組を制作してきており、5年以上の付き合いがある。そこに白種元（백종원）氏が個人的な人脈としてSHINSEGEグループの副会長鄭溶鎮（정용진）氏をテレビ番組に紹介し、生産地とつないだ。個人間のネットワークが拡張し、組織間の

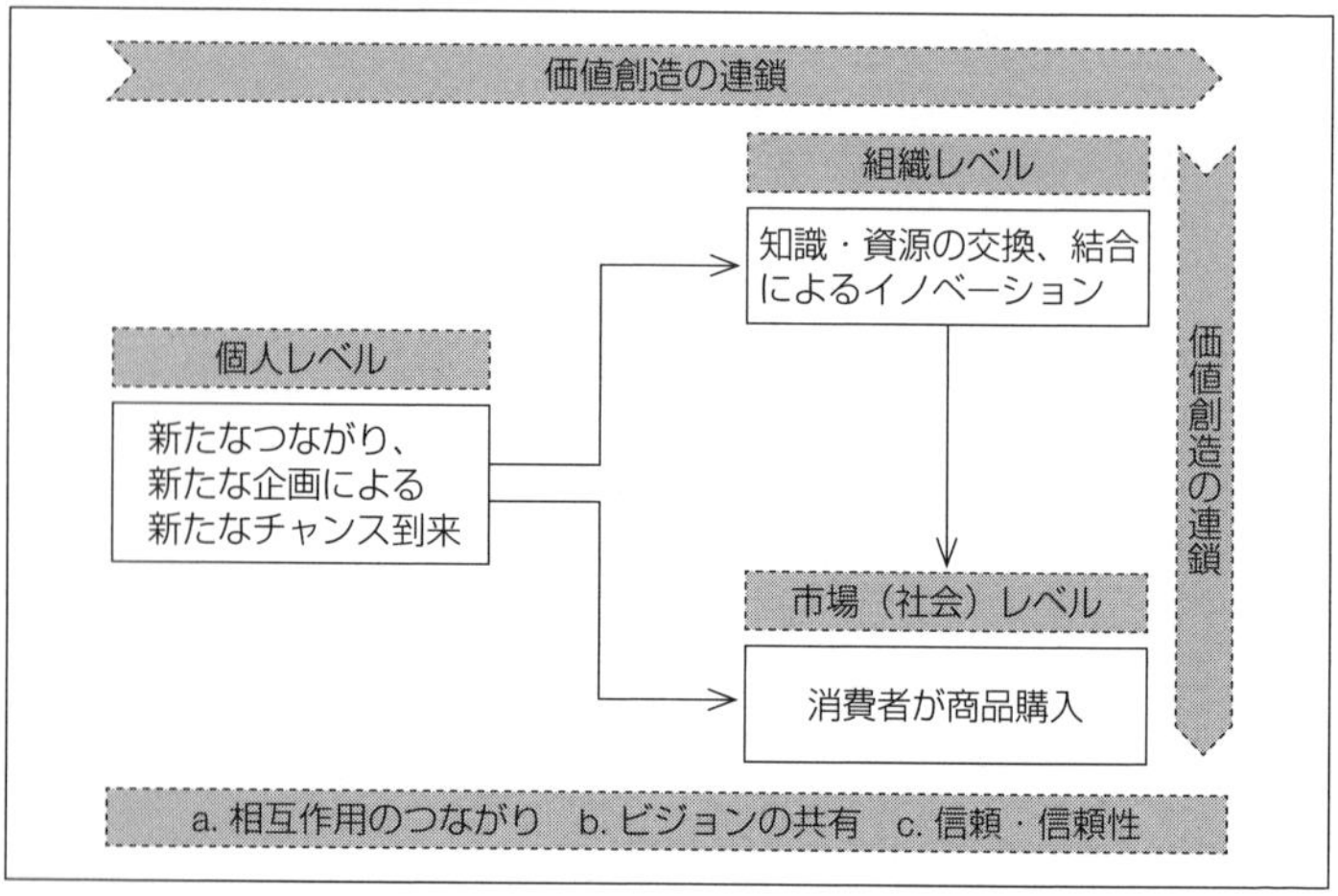

図1　ビジネスにおけるソーシャル・キャピタルと価値創造連鎖の仕組み

出所：Nahapiet & Ghoshal（1997）、Tsai & Ghoshal（1998）、稲葉（2005）に基づき、筆者が加筆作成

ネットワークが形成され、SHINSEGEグループは、THE BORNとコラボし、生産地から仕入れた食材で新たな商品（調理セット）を開発した。すると、農村・漁村地域の経済活性化に参加したいという消費者から人気商品となり、たちまち完売した。鄭溶鎭（정용진）氏は普段からSNS上で自社製品を使用する写真を掲載するなど、積極的に消費者とコミュニケーションをとってきた。「マンナムの広場」で取り上げられた商品は、こうしたテレビやSNSを通した宣伝効果も大きかった。「マンナムの広場」のSHINSEGEグループの事例は、個人・組織・市場（社会全体）レベルにまで社会関係資本の連鎖が起き、民間の力で地域経済の活性化を実現できる可能性を示唆するものである。図1は、個人・組織・市場（社会全般）レベルにおいて、相互作用のつながり、ビジョンの共有、信頼・信頼性を基盤とした社会関係

資本の働きと、それらによる価値創造連鎖の仕組みを表したものである。

（2）企業努力と人情厚い社会

個人の人脈でネットワークが広がり、新たな企画と新たなビジネスチャンスが到来することは、まさに個人レベルでの社会関係資本の正の効果である。「マンナムの広場」では、「食」を通して地域社会の経済活性化の趣旨に賛同した個人的な縁のつながりが広がり、生産地と市場を結んだ。「マンナムの広場」の中で、白種元（백종원）氏が鄭溶鎮（정용진）氏に電話で農産物購入の依頼をした際に、鄭溶鎮（정용진）氏は農産物の購入販売を即決する。これはSHINSEGEグループがファミリー企業であり、鄭溶鎮（정용진）氏がオーナー経営者であるからこそ実現できたものである。また、鄭溶鎮（정용진）氏は、地域経済活性化に参加することが企業のブランドイメージに結びつき、利益として還元されることを長期的な観点から考えられる立場にいる。企業の「ブランドイメージ」は、消費者にとっては「企業に対する信頼」を反映するものであるため、消費者の購買行動にも影響を与える。

「マンナムの広場」で紹介された穴子調理セットは完売が続いた。消費者たちは、白種元（백종원）氏が出演する人気テレビ番組で紹介された商品だから、あるいは鄭溶鎮（정용진）氏が個人SNSに掲載し、セレブも食べる商品だからといった理由だけで購買行動に出たのではない。そこには、企業努力がある。SHINSEGEグループは、店舗、テレビ・インターネットショッピングなど広い販売チャンネルを有していることで多様な消費者層を確保している。また、THE BORNは、中華料理

や韓国料理、居酒屋など多種の飲食店経営から得た多様なレシピを保有している。こうしたSHINSEGEグループとTHE BORNによる異なる業種とのコラボ商品開発は、画期的な商品開発に結びついた。これは、組織間の社会関係資本の正の効果である。

また、市場（社会全般）レベルにまで社会関係資本の連鎖が起きた。「マンナムの広場」のプロジェクトに参加し、食べて地域経済活性化を応援したいと思う消費者が存在していたのである。韓国には、困った人をみると見過ごせないおせっかい文化が規範として社会全体に内在している。困った人をみると見過ごせないということは、大層なことではなく、電車やバスでお年寄りに席を譲る、また、道に迷うなど困った様子の人をみかけると、通りがかる人々が何かと「一言」言って「一助」したいなどという日常でのおせっかいのことである。「マンナムの広場」を通して紹介された商品が完売したのは、韓国社会におせっかいの規範が内在化していることが基盤にある。韓国社会が「人情が厚い」特性を持っていることから、消費者たちが困った農家支援に参加したい気持ちが広まったと考える。また、ＣＯＶＩＤ－19で自宅勤務や外出自粛により、外食が減り、自宅での調理が増えたことも商品の売れ行きがよかった理由の一つである。

また、消費者たちが、白種元（백종원）氏と鄭溶鎮（정용진）氏に対して「良い印象」をもっていることも、商品に対する信頼を高めたと考える。白種元（백종원）氏と鄭溶鎮（정용진）氏の仕事やプライベートの様子は、テレビや個人ＳＮＳなどを通して一般人によく知られており、庶民的な感覚をもった経営者でありながら、家族思いのお父さんであるイメージが強い。

白種元（백종원）氏は、街角の小規模食堂から始めて、幾度も失敗を経験しながらも、全国フランチャイズ・レストラン経営者になった人物である。白種元（백종원）氏本人が厨房やホール仕事を担当しながら、レシピ開発や接客改善のために努力を重ねてきた。また、そうした経営ノウハウをテレビ番組を通して、小規模食堂経営者に伝授していることから、「庶民の味方」としてのイメージも強い。

鄭溶鎭（정용진）氏は財閥企業の三代目でありながらも、素朴な生活スタイルと家族思いの日常の様子がＳＮＳを通してよく知られており、韓国社会においては親近感のある財閥経営者として人気が高い。SHINSEGE グループはファミリー企業であるため、オーナー経営者のイメージは企業イメージと商品イメージに直結する。消費者からすれば、好印象の鄭溶鎭（정용진）氏が紹介・販売する商品は信頼できるといった構図ができていることから、生産地支援商品の売れ行きがよかったとも考えられる。

こうした消費者の「経営者に対する信頼」は、「マンナムの広場」で紹介された商品が、単に企業の利益追求のためではなく、生産地・生産者支援に徹した形で販売される商品であるといった「商品に対する信頼」に結びついたことも、商品が完売した理由であると考える。

5 持続可能な価値創造を目指して

「マンナムの広場」の事例は、テレビ番組に有名経営者や人気タレントが出演していたことで、消費者たちへの反響も大きく、商品の売れ行きもよかった。生産者、販売者、消費者の win-win 関係を可能にする事例として示唆は大きい。しかし、このような取り組みと消費者たちの関心はテレビ番組が放映されている間だけの一過性のもので、持続性があるとは限らない。

こうした社会関係資本の連鎖から生み出された地域経済の活性化が、一過性で終わらないようにする努力が必要である。SHINSEGE グループでは、テレビ番組のためだけではなく、今後も「THE BORN とのコラボ商品を開発し、生産地を支援し続ける予定であるという。また、韓国ポータルサイトである NAVER では、農作物販売コーナーにおいて、「マンナムの広場」で紹介された商品をオンライン販売することを決めている。さらには、ハイアットホテル調理部からも「マンナムの広場」食材を利用したフランス料理のコラボレーションの提案も受けた。

このような個人・組織・市場レベルでの社会関係資本による価値創造連鎖が他企業や他地域にも広まり、継続させていくためには、ビジネス上の利益向上と地域社会の便益向上を両立できる仕組みづくりが必要である。

SHINSEGE グループは、伝統市場との「共存」を目標に、むやみな争いを避ける形で伝統市場に進出する「No Brand」（低価格スーパーマーケット）事業を進めてきた。これは、大手スーパーの全国進出に対する地域商人らの反対が激しかったことから始まったのであるが、伝統市場との共存だけでなく、No Brand 自社開発商品もコストパフォーマンスが高いと評判で庶民の味方として人気が高く、今となっては SHINSEGE グループのイメージ改善にも一助している。「マンナムの広場」の「食」を通して地域経済活性化を目指すコンセプトは、SHINSEGE グループ E-MART のCSR（企業の社会的責任：Corporate Social Responsibility）理念の「共に成長する」「地域社会に貢献」と合致する。この関係を継続させるためには、単なる善意だけではなく中長期的観点で利潤が獲得できることが必要である。

規格外だから、豊作だからと農産物が売れずに困っている生産地の現状を「マンナムの広場」を通して初めて知った消費者も多い。「マンナムの広場」では視聴者（消費者）に特産品をアピールするために、ロケ先で現地の食材を使った料理を作り、レシピを公開している。こうした事例が重なることで社会全体の便益が向上されることが期待される。

注

（1）Putnam（1995）の定義でいうネットワークに当たる。
（2）Putnam（1995）の定義でいう規範に当たる。

（３）ＳＢＳ「マンナムの広場（맛남의 광장）」ホームページ。
（４）東亜日報―dongA.com　２０１９年11月１日付。
（５）日本統治時代に韓国初めての百貨店として１９３０年10月に三越が京城支店（現、ソウル市）を開店した。韓国独立後、同場所に１９５５年２月には（株）東和百貨店が設立され、その後、１９６３年11月には（株）東和百貨店を吸収合併する形で、新世界百貨店（SHINSEGE 百貨店）が始まった。現在も日本統治時代の建物は、SHINSEGE 百貨店本店として利用されている。
（６）李秉喆（이병철）氏には息子３人、娘５人と８人の子をもうけており、李明熙（이명희）氏は末娘である。三男の李健熙（이건희）氏は前 SAMSUNG グループの２代目会長で、李明熙（이명희）氏の兄に当たる。
（７）２０１９年度現在、SHINSEGE は資産13兆１８５億ウォン、負債７兆５０３４億ウォン、資本５兆５１５１億ウォンであり、E-MART は資産16兆７５３９億ウォン、負債７兆８９６４億ウォン、資本８兆８５７５億ウォンである（韓国金融監督院ホームページより、２０２０年11月30日現在）。
（８）李明熙（이명희）氏は、鄭在恩（정재은）氏と１９６７年に結婚し、長男鄭溶鎭（정용진）氏、長女鄭有慶（정유경）氏の２人の子をもうけた。鄭在恩（정재은）氏は、SAMSUNG 電子の前社長であり、現在は SHINSEGE グループの名誉会長である。
（９）朝鮮日報―ChosunBiz　２０２０年11月10日付。
（10）朝鮮日報―ChosunBiz　２０１７年３月９日付。
（11）朝鮮日報―ChosunBiz　２０１７年３月９日付。
（12）韓国経済　２０２０年10月11日付。
（13）SHINSEGE グループＨＰ「No Brand」（２０２０年11月30日現在）
（14）IT Chosun　２０１７年６月27日付。
（15）亜州経済　２０１９年11月22日付。

(16) 韓国経済　２０２０年8月10日付。SHINSEGEグループ関係者によれば、事前連絡なしに白種元（백종원）氏から購買以来の電話がかかってきたという。
(17) 朝鮮日報—ChosunBiz　２０１９年12月13日付。
(18) 中央日報　２０２０年４月30日付。
(19) 韓国経済　２０２０年８月10日付。
(20) 無等日報　２０２０年４月23日付。
(21) 無等日報　２０２０年４月23日付。
(22) 聯合ニュース　２０２０年４月30日。
(23) 亜細亜経済　２０２０年４月24日付。
(24) 中央日報　２０２０年４月30日付。
(25) 聯合ニュース　２０２０年４月30日付。
(26) 朝鮮日報　２０２０年４月24日付。
(27) 朝鮮日報—ChosunBiz　２０２０年８月10日付。
(28) MONEY TODAY　２０２０年８月10日付。

第10章

企業不祥事はなぜ起こるのか

――ソーシャル・キャピタルの視点から見た現場と社会における理不尽[1]

稲葉陽二

第2次安倍内閣の構造改革の3本の矢の一つは企業統治改革であったが、組織と企業の不祥事はあたかも改革をあざけるかのごとく頻発している。それどころか、旗振り役の安倍内閣まで企業と組織の統治の根幹である法令遵守と説明責任を全うできない状態にあった。本章では、一般的な企業統治論と異なる社会関係資本の視点から、この事象を検討したい。

社会関係資本とは「外部性（当事者だけではなく周囲の第三者にも影響を及ぼすこと）を伴うネットワークと、規範と信頼」であり、ネットワークを構造的社会関係資本、信頼や規範を認知的社会関係資本と呼んでいる。外部性があるのでコミュニティや組織が個人の関係を超えた影響を人々に与える地域や組織の文化（風土）まで扱える点が魅力的な概念である。

もともと、外部性という市場の失敗の部分に着目しているので、市場経済だけは不十分な分野、特に健康との関連で学術的にも盛んに実証研究が行われているのだが、企業・組織の内部も市場経済が働かない分野があるので、経営学でも1990年代から研究対象になっている。本章では従来の経営学や経済学の伝統的なアプローチではなくこの社会関係資本の概念を用いて企業不祥事を検討することことしたい。なお、不祥事についていえば、構造的社会関係資本は組織内のネットワーク構造と、認知的社会関係資本はより広く組織が置かれている経済社会環境と関連している。したがって、以下ではまず認知的社会関係資本と関連している経済社会環境から検討をはじめ、次に構造的社会関係資本としての企業内外のネットワーク、特に企業風土に焦点をあてて検討していくこととしたい。

1　日本経済の低迷と生産性の低下

(1) 失われた30年

不祥事は組織が置かれた経済社会環境の変化と密接に関連している。そこで、まずはじめに過去30年の日本経済の変化、正確には凋落、を確認したい。日本経済のピークは1991年2月で[2]、その後、日本経済はバブルがはじけ大幅に減速するが、それでも1991年から1997年までは年率1・5%成長であった[3]。しかし、1997年をピークに実質減へ転じ、1997年から2018年の21年間の実質国内総生産の伸び率は、年率わずか0・3%、21年間で日本の実質GDPはわずか6%しか増えなかった[4]。日本の90年代の経済停滞を中南米の80年代になぞらえて「失われた10年」と呼んだが、その後の20年を通算すれば「失われた30年」が待っていたことになる。

一方、1970年以降1990年代半ばまで停滞を余儀なくされていた米国経済は、1997年から2018年の21年間、実質年率1・9%成長、経済規模はほぼ5割拡大した[5]。さらにこの間、中国

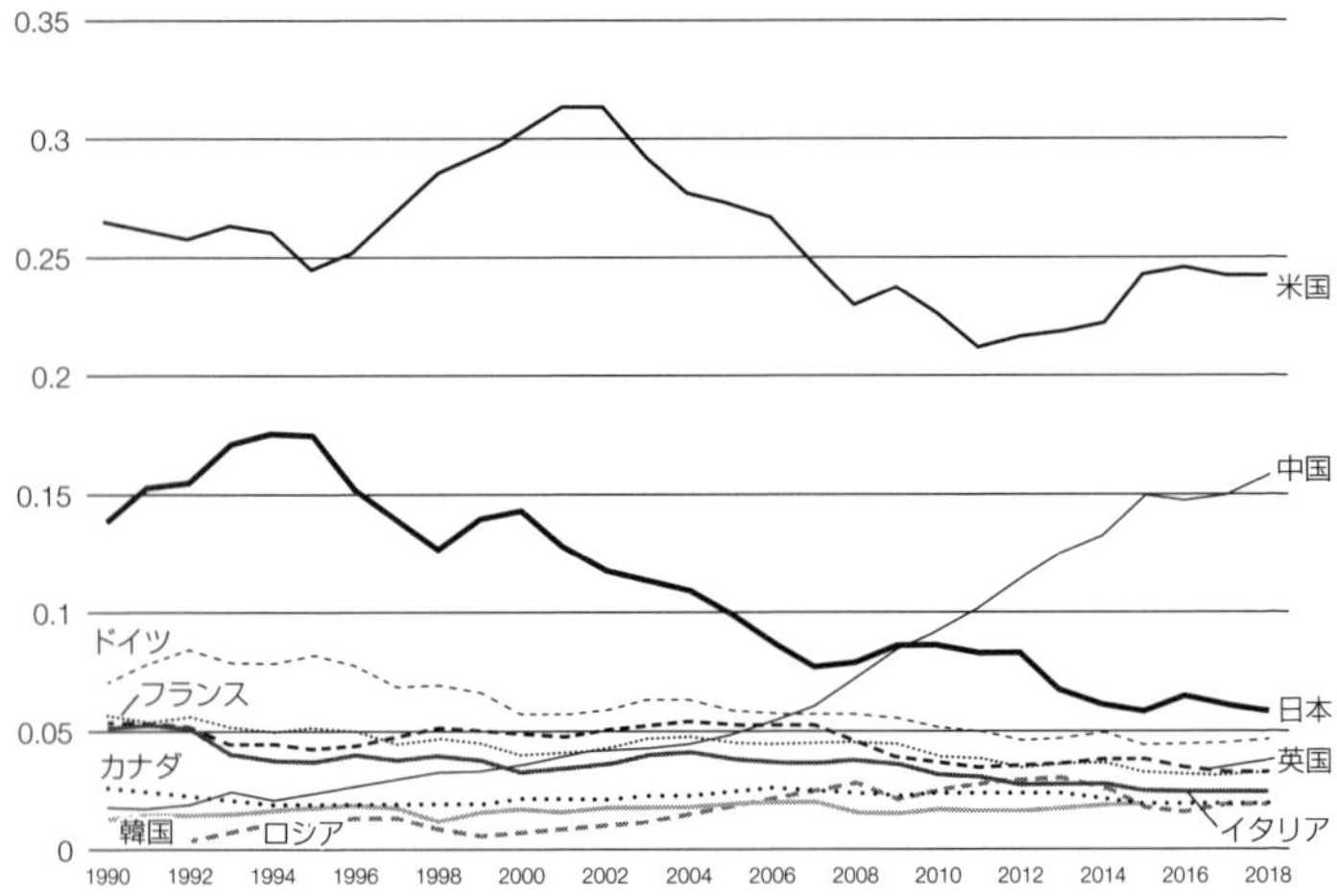

図1　ドルベース名目 GDP 国別シェア推移（1990 ～ 2018）

出所：IMF World Economic Outlook Database, October 2019 より筆者作成（ただし、2018 年は IMF 推計）

は実質GDPがほぼ6倍、実質年率9％の高成長を遂げ[6]、2010年には名目GDPで日本を抜き世界第2位の経済大国となった。図1に示すように、世界経済における日本のシェア（名目GDPドル表示）は1994年から2018年の間に実に3分の1に縮小した[7][8]。また、米国は微減ながらほぼ世界経済の4分の1のシェアを維持し、中国は2・0％から15・7％へ大幅に拡大した。世界経済における日本の存在感は大きく薄れるなかで、中国が堂々たる2位へ躍り出たことになる。わが国経済の長期に亘る停滞とそれに伴うシェア低下を反映し、国際社会における日本の相対的地位は大幅に低下している。2国間の経済規模を名目ドル換算ベースで比較すると、対米では日本は米国のほぼ5割強の規模（1990年）から2018年には4分の1強（2018年）に低下し、対中国では中国の7・9倍であったものが逆に中国の

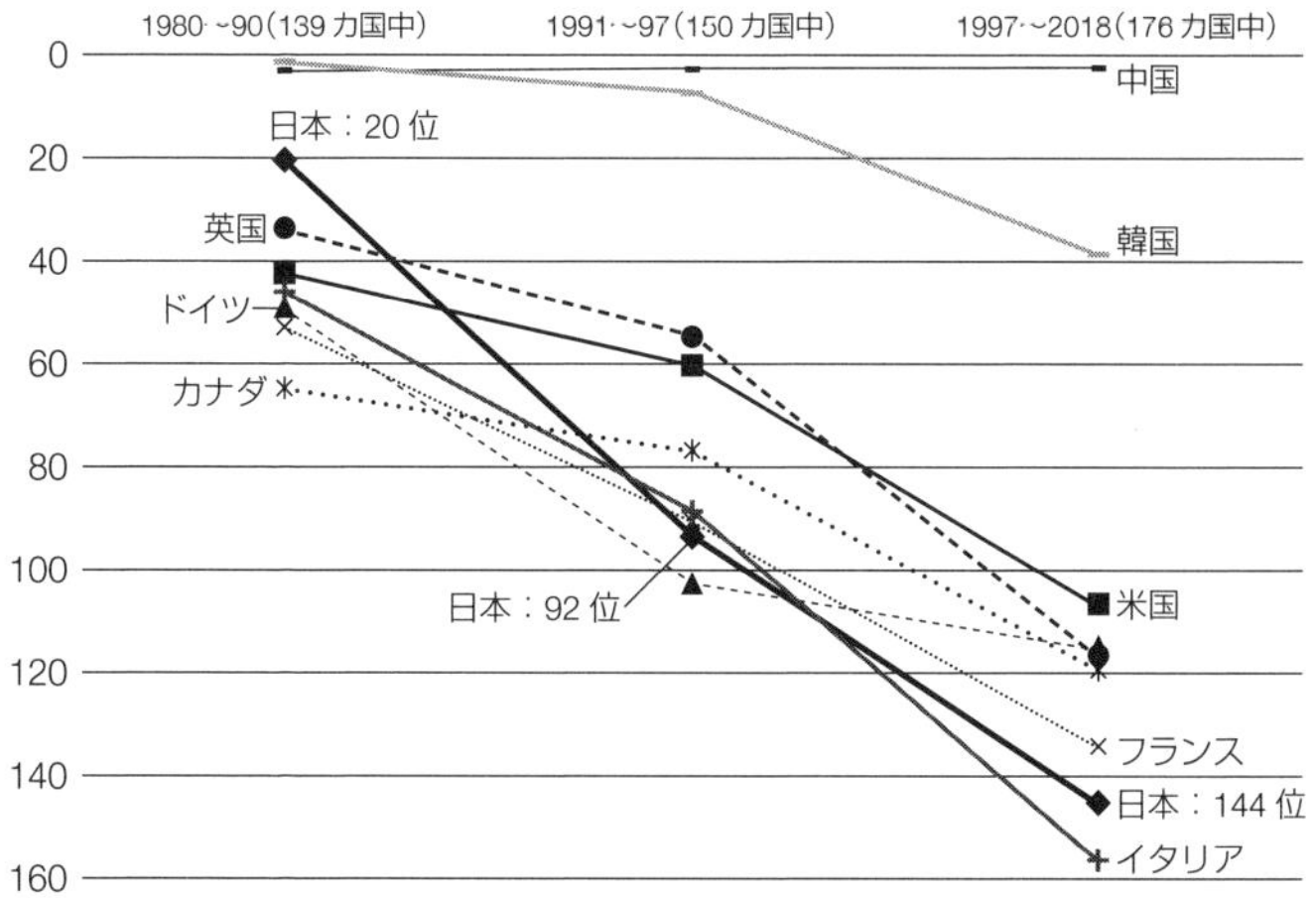

図2　1人当たり実質GDP成長率ランキング
出所：IMF Economic Outlook Database, October 2019より筆者作成

3分の1の規模に過ぎなくなった。

（2）日本経済低迷の背景には生産性の低下がある

国別GDPのシェアは各国の人口の増減に左右されるので、国民の豊かさという観点からは、1人当たり実質GDPをみるほうが適切であるが、残念ながら、これで見ても日本の凋落は際立っている。1人当たり実質GDPは1991年から1997年の間、わずか6・6%増（年率1・1%増）、1997年から2018年の21年間で16・9%増、年率では0・75%増にとどまった。アンガス・マディソンによれば、日本の1人当たり実質成長率は1820年から1998年の178年間で年率1・67%（Maddison 2001＝2004：邦訳p.31の表1－2）、また高島正憲によればそれ以前の江戸時代中期は0・25%（高島 2017：p.252）[9]であったから、長期的には日本の1人当たりの豊かさは、産業革命後、戦時期を

除けば、江戸時代中期以来の最低水準を経験していることになる。

1人当たりGDP（各国通貨ベース）の伸び率ランキングはIMFのデータベースから作成できる。このランキング（図2）をみると、1980年代平均では、139カ国中韓国が1位で、中国が3位、日本は20位であった。しかし、日本の順位は年を追うごとに低下し、1991〜1997年では149カ国中92位に大幅に後退し、さらに1997〜2018年では175カ国中144位へ低下している。この間、中国は終始2位から3位を維持し続けたし、米国は1980年代は139カ国中33位と日本の後塵を拝していたが、1991〜1997年平均では60位と日本（上述のように92位）と逆転しドイツを除くG7国すべてより高位となった。日本は1997〜2018年の21年間の平均でもほぼ同様の状態で中国・韓国はもとより、ドイツにも逆転を許し、イタリアを除くG7国すべての後塵を拝している。GDPは付加価値の指標であるから、1人当たりGDPは国民1人当たりの付加価値生産性である。この伸び率では、日本は世界最低レベルにあり、経済全体では付加価値を創りだす力を喪失している。

(3) 日本企業の技術力低下

フォーチュングローバル500社に選ばれた企業の数を国別にみると、ピーク時の1994年には500社のうち3割（149社）が日本企業であったが、2018年には52社に激減している。[10] これは日本の企業セクターの国際競争力喪失の最も端的な証左であり、背景には日本の技術進歩の停滞が

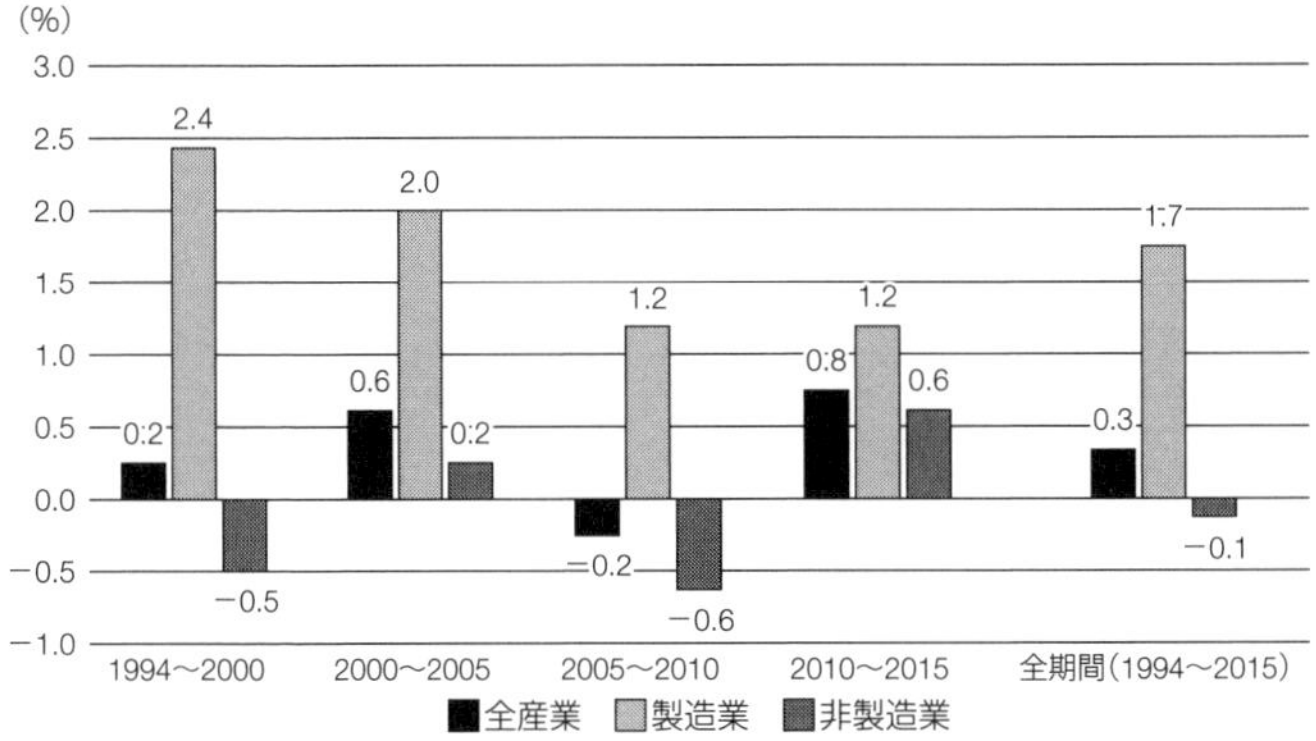

図３　全要素生産性伸び率（年率）

出所：経済産業省経済産業研究所 JIP データ付加価値ベース産業別 TFP 成長率（2019 年 10 月 4 日修正）より筆者作成

ある。技術進歩の正確な測定はマクロ経済ベースで行うのは容易ではないが、資本と労働で説明できない経済成長の残渣を全要素生産性（ＴＦＰ）[11]と呼び、このＴＦＰを技術進歩の代理変数として用いることが多い。これはマクロレベルだけではなく企業レベルでも作成可能である。そもそもＴＦＰは、経済成長のうち資本と労働で説明できない残渣であるから、さまざまな要因に影響され、解釈は慎重に行うべきだが、成長要因の一つとしての社会経済環境の変化まで含めた技術進歩の代理変数の指標として一定の有効性を持つ。経産省経済産業研究所により産業別年度別の基礎データとＴＦＰの変化率の試算が本章執筆時には２０１５年まで公表されている。このデータによれば、付加価値ベースの日本経済全体のＴＦＰの伸び率は、１９６０～１９８５年までの年率２％を超える伸び[12]（黒田 1992）から大幅減速し、１９９４～２０１５年の21年間で年率０・３％の伸びにとどまった（図３）。製造業はかろうじて年率１・７％の伸びであるが、非製造業はマイナス０・１％であり、技術進歩ではなく技術退歩があったことになる。

また、産業別１００業種でみても、62業種でゼロないしマイナスであり、年率１％を超えた業種はわずかに25業種、２桁の伸びをしたのは半導体素子・集積回路（13・２％）のみであった。なかでも、わが国の主力輸出産業である自動車産業のＴＦＰ伸び率はほぼ年率マイナス０・１％であったし、その他でも道路運送、介護、生産用機械、公務、水運、教育等雇用者数が多い業種で伸び率がゼロないしはマイナスであった。

なお、ＴＦＰについてはＯＥＣＤも加盟国の長期にわたるデータを公表している。ＴＦＰの低落傾向は先進国に一般にみられるが、日本のＴＦＰの伸び率は、Ｇ７のなかでも米国やドイツからは遅れをとっている（OECD 2020）。

2 徒手空拳で改善を求められる現場の理不尽

以上でみた日本経済の凋落、特に生産性指標の低迷を現場でみるとどういうことになるのであろうか。生産性の上昇、つまり技術進歩は、経済活動での現場では従業員１人当たりどれだけの設備が与えられているかの指標である労働装備率（固定資産／労働者数）の向上で顕在化する。労働者は徒手空拳では、最新技術を駆使することができる労働者と戦うことはできない。それでは、わが国の労働装備率はどうなっているか。法人企業統計から労働装備率の推移をみると、保険金融業を除く全産業

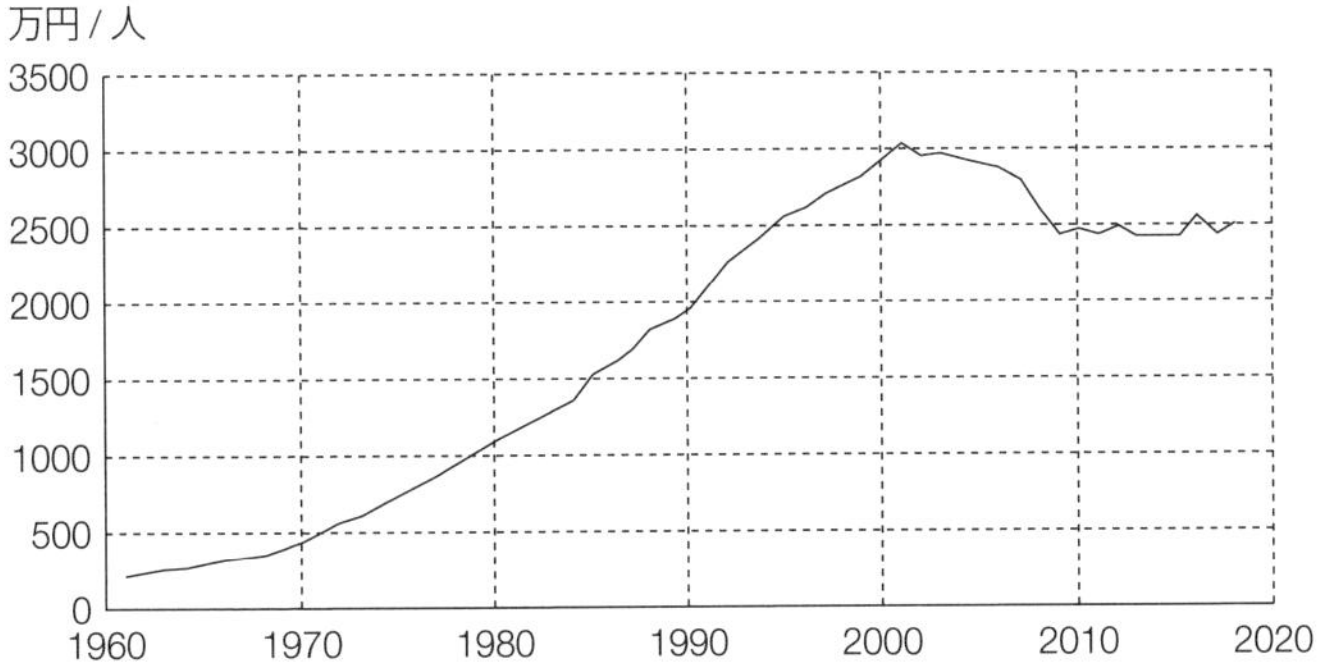

図4　名目労働装備率の推移
金融保険業を除く全産業資本金10億円以上
出所：法人企業統計より筆者作成

資本金10億円以上（図4）では2001年の3023万円／人から2018年の2498万円／人へ17％も減少している。図4に示される労働装備率は名目の固定資産額から計算したものだから、本来設備投資が活発に実施されていれば、上昇するはずだ。2010年代は製造業・非製造業、規模別でみても労働装備率の大幅な低迷がみられる。それぞれの業種、事業所で固有の事情があろうが、このデータで見る限り日本の現場の労働者は徒手空拳での対応を迫られている可能性が高い。

なぜ、このようなことになるか。その一因は皮肉なことだが、技術進歩にあるように思われる。ＡＩが喧伝され、経済活動の基本的な構造とビジネスモデルの根本的な変革を迫られている。『半沢直樹』が高視聴率だが、そこに描かれている銀行は過去のものだ。バブルの後始末の不良債権処理に追われ、さらに超緩和金融政策によるゼロ金利で利ザヤを奪われ、ブロックチェーンなどの新技術から追い打ちを受け、銀行の経営者は将来にむけた確固たる戦略を見出せずに茫然としている。銀行だけではなく、鉄鋼も自動車も皆、従来のビジネスモデルの根本的な変革を迫られている。大企業の経営者は、大規模なサンクコストと従業員を抱え、どのような分野へどのような投資をすればよいか思い悩み、立ちすくんでいるのが２０１０年代後半の状況ではなかろうか。いずれにせよ、グローバル企業であればあるほど、高齢化が進む日本に追加投資をする選択肢はないように考えるのは当然であろう。経営者の迷いは、低迷する労働装備率とその一方で積みあがる現預金に象徴されているように見える。キャッシュは潤沢だが、どこで何に使えばよいのかわからないので、株主還元として自社株買いをする。しかし、株主還元は経営者の無策と表裏一体である。

3　格差の拡大が理不尽に拍車をかける

しかも、この経済成長の失われた30年の間、世界は格差の拡大に見舞われ、日本も例外ではない。ＯＥＣＤは加盟国の世帯別等価可処分所得[13]に関する不平等を表す指標（ジニ係数）を所得税支払い後・社会給付受領後と、所得税支払い前・社会給付受領前の２種類公表している。ジニ係数は０から１までで、高いほど不平等であることを示す。日本は２０１５－２０１６年データでは前者でみて０・３３９と[14]37カ国中高いほうから11番目、また、市場競争の結果をより的確に表している後者は前者よりも大幅に高く（つまり格差がより大きい）、０・５０４であるが、これで見ても高い方から33カ国中11番目（２０１５年）である。そのほか、可処分所得の上位10％と下位10％のシェア比は５・２

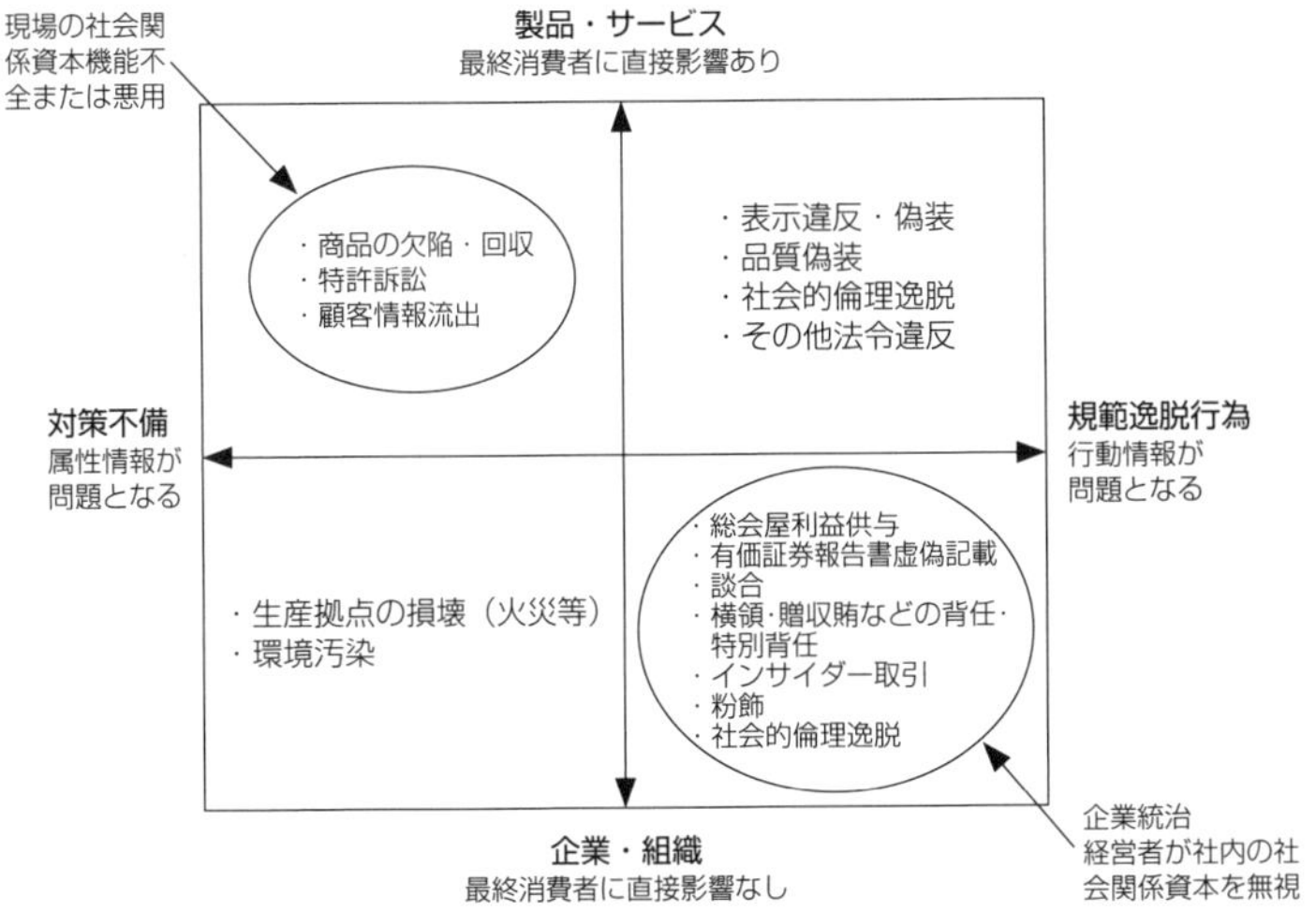

図5　北見による企業不祥事の分類
出所：北見幸一（2010）『企業社会関係資本と市場評価』学文社、p.74 図3-1に基づき筆者加筆

倍とこれでみても8番目に高い。つまり日本は所得格差が高い国である（OECD 2019：Fig.6-1）[15]。

現場の労働者は、労働装備率を改善してもらえない中で、一向に具体策を提示しない経営者から一方的に効率を上げろ、利益を上げろと言われる。投資不足で陳腐化が進む設備のなかでどうやって効率を上げるのだろう。その一方で、経済格差が拡大し、経営者と労働者との賃金格差はひらき労働者は負け組となっている状況のなかで、労働者の企業への忠誠心も規律、つまり社内の社会関係資本も失われる。

4　経営者の無能と現場の理不尽

（1）企業組織不祥事[16]の現状——不祥事の過半は経営者が関与

具体的な不祥事について、北見幸一は不祥事を

図5のように分類している（北見 2010：p.74）。この分類に従い、『企業不祥事事典Ⅱ』に2007～2017年の間の主要不祥事として採録されている94件をみると、右下の組織ぐるみの規範逸脱行為が全体の53％を占めている。つまり主要不祥事の過半は経営者が関与していると考えられる。

（2）企業風土という言い訳

不祥事が起こるたびに企業は第三者委員会を設けて原因を調査しているが、不祥事の理由として必ず挙げられる言葉に「企業風土」「組織風土」、最近では「企業体質」がある。たとえば、2018年12月27日付のスルガ銀行の取締役等責任調査委員会による報告書には、「企業風土」ないしは「風土」があわせて42回もでてくる。神戸製鋼所の製品データ改竄事案でも同社の調査報告書（「2018年3月6日 当社グループにおける不適切行為に関する報告書」）には後半の不祥事の原因についての部分で「組織風土」、「風土」、「企業風土」という言葉があわせて32回も使われているし、関西電力（2020年3月14日付調査報告書）では企業風土は1回だけだが、それとほぼ同義の企業体質という言葉が21回、日本郵便（2019年12月18日付報告書）では「組織風土」「風土」が13回でてくる。

本章の冒頭でも述べたように、社会関係資本はコミュニティや組織にそれぞれ独特の風土があるとする立場であるから、筆者も組織風土、企業風土が存在することは肯定するのだが、それらを不祥事の原因とするのは誤りである。その理由は次節で述べるが、まず、不祥事に関する「企業風土」がどのように使われているかを確認する。

神戸製鋼所の製品データ改竄では、記者会見で副社長が「体質なのか、企業風土なのか、意識の問題なのか…（後略）」とうめいたと報じられている。この事案についての同社の調査報告書（「2018年3月6日 当社グループにおける不適切行為に関する報告書」）には後半の不祥事の原因についての部分で「組織風土」、「風土」、「企業風土」という言葉が躍るが、よく読むと意味不明である。

「意識・風土の問題に関していえば、本社の管理部門は、拠点において収益が上がっている限りは、事業部門の品質活動や品質問題について積極的に関与しようとせず、又は口出しをすることができず、各拠点における現場の「生の声」を十分に吸い上げることができなかった。このような制度の問題と意識・風土の問題が重畳的に作用して、本社が、品質保証体制の整備・運用を各事業部門に任せきりにするという事態が生じ、このような経営管理構造が、「工場で起きている問題」について現場が声を上げられない、声を上げても仕方がないという閉鎖的な組織風土を生むことにも繋がったと考えられる。」（神戸製鋼所報告書 p.41：網掛け部分は筆者が追加）

この記述で「（組織）風土」の意味は、「各事業部門が本社の介入を許さないで暴走すること」の様に筆者からは読める。また、その結果「現場が声を上げられない、声をあげても仕方がない」とあるがどうしてそうなるのか理屈がわからない。結局、前半からの文脈を含めてみると、各事業部門が現場を無視して暴走した。だから本社は悪くない、と言っているように読めるが、品質保証体制の整備、運用も、経営管理構造の設計、運用も経営者の仕事ではないのか。特に同社の場合、データ改ざんは長期にわたり、かつ多部門で生じていた事実に鑑みれば、この報告書は同社の経営者の責任逃れのために「(組織)風土」という言葉を使っていることになる。

本章では具体例のこれ以上の詳説は省くが、「組織風土」、「風土」、「企業風土」、「企業体質」などの表現の特徴は主語が不明なことだ。そして一見すると尤もらしいのだが、よく読むと意味不明であることだ。第三者委員会といえば中立公正に響くが、しょせんは不祥事の当事者である企業の経営者から報酬を得ていることを忘れてはならない。不祥事の当事者である企業経営者は是非、自社の第三者委員会報告書で、「風土」「体質」という記述に関する箇所を熟読玩味してもらいたい。肉体も意思ももたない「風土」「体質」がなぜ不祥事の原因となりうるのか。それを悪用したり、見過ごしたりした人間がいるのではないか。それを正すのが経営者ではないのか。筆者には、第三者委員会の調査報告書の不祥事の原因は「企業風土」という指摘は第三者委員会が企業のトップの責任をぼやかすために持ち出す概念としか読めない。

(3) ソーシャル・キャピタルからみた現場の理不尽――「企業風土」[17]を言い訳にする経営者

企業風土を不祥事の原因とするのが誤りである理由は、大きく分ければ二つある。第一に、「企業風土」は企業のトップが作り上げているもので、われわれが日常生活を営む近隣のコミュニティの風土とは根本的に異なる。第二に、責任が企業風土にあるとしてしまえば、誰も責任を取らないで済むことになってしまう。これは経営者からみれば、関連した部署の係員を罰すればトップの責任を果たしたことになってしまう。つまり、経営者にとっては非常に都合がよいが、その責任はあいまいになる。

前者の点は、社会関係資本の観点から明確に説明できる。企業もコミュニティの一つととらえれば、社内のネットワークも社会関係資本であるが、普通の地域コミュニティにおけるネットワークとは根本的に異なる。

「一つは、企業内社会関係資本の特徴は、企業に属するものは必ず上司、最終的にはトップとのネットワークで結ばれている点だ。つまり、社長は、全社員にアクセス権を持っている。したがって、社長はその意思があれば、社内の誰とでもコミュニケーションをとれる点で、通常の地域コミュニティ内の社会関係資本とまったく異なる。…（中略）…二番目に、企業内の職制のネットワークは、基本的に上司から部下への情報伝達網であり、下からみれば一方的に上から情報や命令を与えられ、上から下へは上司の一存で情報を流すことができる。しかし、下から上へどういう情報をいつ流すかは上司のスタンスに左右されるという、非対称性がある。トップはよく自由に進言して構わないなどというが、それはトップのスタンス次第で、下がトップを信頼していない企業の中でそんなことをトップが言っても誰も信じない。そのような企業だと、職制のネットワークでは下から上へ本当の情報は上がらない。」（稲葉 2017：pp.187–188）

付言すれば、普通の地域コミュニティのネットワークなら嫌なことがあれば退出すればよいが、企業内のネットワークでは従業員から辞めるという選択肢がないケースが多い。賃金などの雇用条件や環境を考えれば、ほかによりよい選択肢がないからだ。特に、社会的に威信がある著名な企業の従業員は、転職しても現職以上の好条件を得るのは難しいと考えれば面従する。退出という選択肢がないと、企業内の職制のネットワークは本来、業務を円滑に遂行させるもので、そこから従業員間の信頼を増すなど正の外部性を期待しているのだが、逆に粉飾、偽装、リコール隠し、談合などに悪用され、会社の近視眼的利益やトップの保身の観点からみたらプラスでも、社会的にはマイナス、つまり大きな負の外部性を持つものとなる。

要するに、企業内の社会関係資本の要となるネットワークは経営者が作り上げるものである。それは確かに「企業内で時間をかけて選抜された幹部職員集団が企業経営を牛耳るネットワークの状態」で過去の経緯が大きく影響しているが、それを変えるのが経営者の役割である。ルイス・ガースナーが全米で最も保守的といわれたＩＢＭという巨象を躍らせ、見事に再生したように（Gerstner 2002)、企業風土に問題があればそれを変えるのが経営者の仕事であることを当事者である経営者がなぜ自覚しないのか。いずれにしても、自らの資質の足りないことを棚に上げて「企業風土」を不祥事の原因とするようなことが許されてはならない。

企業統治の仕組みをいくら改革しても企業風土という得体のしれないものに責任転嫁していては、

一向に不祥事は減らない。ちなみに前節の冒頭に挙げたスルガ銀行の報告書では、「企業風土の大部分は、経営トップの行動で決まる」(p.213) と「企業風土」の責任は経営者にあることを、第三者委員会報告書としては珍しく明記している。

5　企業不祥事にみる社会の理不尽と社会関係資本の棄損[18]

企業不祥事は、本章の前半で指摘した雇用形態の不安定化や格差の拡大などの社会的病理の影響もある。不祥事の多くは、当該企業に適したネットワーク、つまり社内の経営者と従業員間の社会関係資本や、従業員間の社会関係資本が突然絶たれたり、そもそも社会関係資本の構築が難しい雇用形態に変化したりしていることが背景にある。非正規雇用を多用する雇用形態の変化が、社内の社会関係資本の崩壊に追い打ちをかけている。マニュアル化で対応しようとしても、それで対応できない問題は現場の判断に任せられる。しかし、判断の結果が悪ければ現場の人間の責任にされることも多く、従来存在していた上司と部下の信頼と規範は壊れ、不祥事が生じる。だとすればそれを配慮して従業員に寄り添う対応を経営者が行う必要があろう。

加えていえば、上場企業や金融機関のように人々からの信頼という社会関係資本を前提としている企業の不祥事は、社会全体への信頼を壊すという意味で大きな責任がある。従業員に寄り添うことが重要だと述べたが、顧客に寄添うのも同じことではないのか。一例を挙げれば、生保会社は永らく

「顧客に寄添う」ことを目的の一つとして活動してきた。だからこそ保険加入者が社員（会社法上の社員で従業員ではない）である相互会社という特殊な形態にあった。したがって、生保業界の根幹にあった「顧客に寄添う」という規範とそこから生じる信頼つまり社会関係資本という社会インフラを自ら壊した日本郵政の社会的責任は限りなく重いと思うのだが、この点に関する国民と同業他社への謝罪は未済のようにみえる。同社の経営者は資本主義の大前提である社会全般への信頼を壊したことについてどう考えているのだろうか。

結局のところ、企業不祥事の原因には、社会的病理と組織内の病理の二つがある。後者へのより具体的な対応策は紙幅が尽きたので別の機会に譲り、最後に社会的病理への対応について私見を述べ筆をおきたい。社会的病理への対応は、さまざまなものがあろうが、筆者は投資家の判断基準を抜本的に変える事を提案したい。従来の経営学・経済学の企業統治分析は基本的に利益の最大化を目的としているが、ぜひ、国民所得統計（ＧＤＰ）と同様に雇用者報酬も含めた付加価値総額に判断基準を変更してほしい。企業の本当の目的は、単に利益だけではなく付加価値を生むことにあるのに、その付加価値のほんの３割から４割を占めているにすぎない利益だけを投資家の判断基準にするのはおかしい。労働者はさまざまなかたちで生産性が計測されるのに、経営者の評価が利益だけで行われるのはフェアでない。利益だけではなく人件費も入れた付加価値が重要であり、さらに敷衍すれば利益の上げ方が問題なのだ。付加価値総額の７割近くある雇用者報酬を削って利益を上げても、それは雇用者から株主への付加価値の再分配であり、評価に値しない。付加価値総額を増やしてこそ名経営者なのだ。かつては単体の財務諸表で人件費と利益の総額として付加価値をとらえることができたが、2000年以降、連結決算ではそれが外部の投資家からはわからなくなっている。ESG投資が叫ばれているが、まず手始めに、人件費という付加価値額を投資家に開示するべきであり、特に機関投資家はそれを強く求めるべきではないのか。

付加価値額に占める人件費の比率である労働分配率は世界的に低下傾向が続いており、企業収益が改善しているのに、格差と貧困、それに伴う社会の分断、民主主義の劣化は一向に止まらない。頻発する企業不祥事も、労働者は利益至上主義を一方的に求められ、経営者側は事実上利益至上主義から逃れる複数の選択肢を与えられていることに起因している可能性がある。もしそうだとしたら、経営者は企業統治改革に誠実に対応したとは言い難い。政治学者のエリック・アスレイナーが唱える「不平等の罠」論がある。これは「経済格差が特定の集団のなかでの結束を強める一方で社会全体への信頼を壊すことには無頓着になり、腐敗を助長し、その結果さらに格差が拡大する」という仮説だが、名門企業の相次ぐ不祥事もこの仮説で理解できるのではないか。わが国の労働装備率が大きく低下している。言い換えれば、現場は設備の増強がないなかで、工夫ばかりを強いられていたことになる。日本的経営は現場と幹部が一体となっていることで賞賛されていたが、今や、労使間、特に非正規雇用と経営陣との間は大きく分断され、現場が荒んでいる。そうだとすれば、投資家の側からもそれを指摘しなければならないが、その際には効率一辺倒の伝統的な経済学や経営学から離れ、本章で用いた社会関係資本からの視点が有用であろう。

注

（1）本章は稲葉（2020）に依拠している。
（2）内閣府景気動向指数景気基準日付　第11循環の山（https://www.esri.cao.go.jp/jp/stat/di/150724hiduke.html　２０２０年1月21日アクセス）。
（3）内閣府国民経済計算２００９年度確報（２０００年基準　１９８０年〜２００９年）（https://www.esri.cao.go.jp/jp/sna/data/data_list/kakuhou/files/h21/h21_kaku_top.html　２０２０年1月20日アクセス）。
（4）内閣府国民経済計算　H23年歴年連鎖価格　１９９４-２０１８（https://www.esri.cao.go.jp/jp/sna/data/data_list/kakuhou/files/h30/h30_kaku_top.html　２０２０年1月20日アクセス）。
（5）The Council of the Economic Advisers（2019）, p.640.
（6）IMF（2019）IMF World Economic Outlook Database, Oct. 2019.　国別地域通貨ベース実質ＧＤＰ（https://www.imf.org/external/pubs/ft/weo/2019/02/weodata/weorept.aspx?sy=1997&ey=2018&scsm=1&ssd=1&sort=country&ds=.&br=1&pr1.x=17&pr1.y=9&c=924&s=NGDP_R&grp=0&a=　２０２０年1月20日アクセス）。
（7）IMF（2019）IMF World Economic Outlook Database, Oct. 2019.
（8）ただしIMF（2019）によると、購買力平価ドル表示では日本の名目ＧＤＰの世界経済に占めるシェアは１９９１年がピークで９・04%、その後一貫して減少し２０１８年は４・１%と、名目値によるドル表示より日本のシェアは低い。
（9）高島（2017：p.252）では１７２１年から１８０４年までの日本の１人当たり実質ＧＤＰの伸び率を年率０・25%と推計している。
（10）２０１９年は https://fortune.com/global500/（２０２０年2月４日アクセス）、１９９４年は宮崎信二「「フォーチュン・グローバル５００社」にみる日本企業の衰退（上）」p.85（http://wwwbiz.meijo-u.ac.jp/SEBM/ronso/no16_4/05_MIYAZAKI.pdf　２００９年5月28日アクセス）にもとづく。

（11）全要素生産性 Total factor productivity の略。ＯＥＣＤ統計とＩＭＦ統計では多要素生産性ＭＦＰ（multifactor productivity）と表記されている。

（12）黒田（1992）によれば、１９６０年から１９８５年のわが国に付加価値成長率６・８％に対し、ＴＦＰは年率２・２１５％成長し、特に高度成長期の１９６５－１９７０年は５・48％の伸びをみせた。

（13）世帯可処分所得を世帯人数の平方根で除したもの。可処分所得レベルでの格差を表示するには適切であるが、市場の競争の結果である格差を表すには、不適切である。

（14）日本は２０１５年データ。

（15）なお、日本でジニ係数を算出している政府統計として全国消費実態調査と所得再分配調査がある。前者は5年ごとに総務省が、後者は3年おきに厚生労働省が実施しているもので、直近のデータは消費実態調査が２０１４年、所得再分配調査が２０１７年である。所得再分配調査における当初所得は社会保障給付（含む現物給付）受給前の、再分配所得は社会保障給付（含む現物給付）を受給後のそれぞれ世帯所得である。また全国消費実態調査における世帯所得は社会保障給付を受領後のものであり、所得再分配調査における再分配所得にほぼ同じである。また、所得に関するジニ係数は世帯可処分所得とそれを世帯人数の平方根で除した等価可処分所得の両方で計算でき、上述のＯＥＣＤ統計は等価可処分所得に関する格差を計測している。世帯単位で社会保障給付受領前の所得である所得再分配調査による当初所得は、いわば労働市場での競争の結果をそのまま表したものである。それに対し、等価可処分所得は市場で得た所得により一人当たりの可処分所得、生活の余裕を示したものである。両調査とも世帯可処分所得について当初の数値を用いたジニ係数と等価可処分所得を用いたジニ係数の両方を公表している。一般に等価可処分所得に依拠したほうが、ジニ係数は低くなる。また、両調査とも等価可処分所得にもとづいたジニ係数は直近ではその前の調査と比較して横ばいとなっているが、等価所得化前の原データでみると所得ジニ係数は依然として高止まりしている。特に２０１７年所得再分配調査で今回の当初所得のジニ係数は２０１４年調査の０・５７０４から０・５５９４へ低下しているが、これは、２０１７年調査では65歳以上の世帯の割合が48・２％から46・２％へ減少し、現役世帯の割合が増加したことによる影響がある。調査世帯の年齢階級別構成割合が前回のものと同じになるようにウエイト付けをしてジニ係数を試算すると０・５６４１と14年調査とほぼ横ばいで高止まりしている。わが国における世帯所得ジニ係数は所得再分配調査の分配後所得以外は依然として高止まりしている。また、全国消費実態調査では可処分所得に関するジニ係数と資産格差に関するジニ係数の両方を公表しているが、資産格差は収入格差より格段に大きく、個人の資産額の正確な捕捉が困難な現状にかんがみれば資産も含めた経済格差は極めて大きいものと推測できる。

(16) 筆者は「企業不祥事とは、会社の役職員による、不正行為または法令もしくは定款に違反する重大な事実、その他公共の利害ないしは社会の規範に反する行為で、会社に対する社会の信頼を損なわせるような不名誉で好ましくない事象。」と定義している。

(17) 本節は稲葉（2018）の６節「不祥事と企業風土―本当の原因は何か」前半部分を加筆修正したものである。

(18) 本節は稲葉（2018）の９節「労使間の分断が招いた企業の劣化―社会的病理の反映」を加筆修正したものである。

第11章

〝遠慮がちな〟ソーシャル・キャピタル再訪
――長野県須坂市の保健補導員制度を例に

今村晴彦

1　地域コミュニティと〝遠慮がちな〟ソーシャル・キャピタル

地域コミュニティのあり方を問うニュースがよく聞かれるようになった。たとえば、外からの移住者による、地元自治会の入会費や権利をめぐるトラブル、ＰＴＡの強制加入や活動負担を問題視した「ＰＴＡ問題」など、その多くは否定的な見方である。一方で、自治会などにおける日頃からの顔の見える関係性によって、災害時の被害が最小限に防がれた事例がよく取り上げられる。新聞記事を一例にとると、２０１４年の長野県北部地震における「『白馬の奇跡』で死者ゼロ　全国の防災モデルに」（産経新聞　２０１４年11月28日付）や、２０１８年の西日本豪雨における「土石流でもけが人ゼロの団地　結実した訓練と担当者制度」（朝日新聞　２０１８年7月19日付）といったものである。上記の例はコインの表裏のように、地域コミュニティのソーシャル・キャピタルがもつ「光と影」の側面を表したものであろう。「影」は、地域の結束型ソーシャル・キャピタルによる閉ざされたつながりや、時代にそぐわなくなった伝統的な規範の押し付けなどの「ダークサイド」と関連するものであり、「光」は、パットナム（Putnam）によるソーシャル・キャピタルの説明、すなわち「人々の協調行動を活発にすることによって社会の効率性を改善できる、信頼、互酬性の社会規範、ネットワークといった社会組織の特徴」（Putnam 1993）における、まさに「人々の協調行動」が発露したものとみることができる。著者はこれまで、日本のさまざまな地域コミュニティの活動を観察し、関わってきた経験から、こうした団体や活動は課題もあるが、地域においてこれからも大切な役割を担うものと考えている。しかしながら、こうした地域コミュニティの「良さ」を表す言葉が見つからず、その主張に何となく歯がゆさが伴うのも事実であった。この「歯がゆさ」に対する一つの答えとして、拙著『コミュニティのちから』（共著）において、〝遠慮がちな〟ソーシャル・キャピタルという見方を提示した（今村ほか 2010）。

そのきっかけとなったのは、長野県の「保健補導員」という、行政の保健師等とともに地域の健康づくりを推進する住民組織活動であった。長野県は２０１０年の平均寿命（厚生労働省『平成22年都道府県別生命表』による）が男女ともに全国1位（２０１５年では男性は2位となった）であるなど「健康長寿の県」といわれるが、その背景として重要な役割を果たしたとされるのが、医療機関や保健師を中心とした公衆衛生活動、およびそれを支える保健補導員活動である（長野県健康長寿プロジェクト 2015）。長野県の保健補導員制度は、１９４５年に旧高甫村（現須坂市）において全国に先駆けて発祥したとされ、１９９３年には県内の全市町村に組織が設置されるに至った（今村ほか 2010）。２０１

9年は県内で1万2243人の保健補導員が活動しており、大半は女性で任期制である（『第47回長野県保健補導員等研究大会』統計データ 2019より）。著者はこの保健補導員制度に注目し、本章で取り上げる須坂市など、県内のさまざまな市町村の取り組みの実態を調査し、長野県においてなぜこの制度が維持されているのかを考察してきた。特に興味を持ったのが、保健補導員の活動が、積極的に手を挙げる人たちで成り立っているわけではなく、「自治会や隣組の持ち回りで回ってきたから」「地域にお世話になったから」「○○さんに言われたから」という、やや消極的な「お互いさま」の気持ちで成り立っていることであった。その一方で、多くの保健補導員が、活動の経験を通して、任期が終了する頃には「やって良かった」と言うようになる。人によっては、地域で新しいグループを立ち上げるなど、健康づくりに限らず地域になくてはならない存在になる例も多い。こうした、たとえ強い自発性に基づかなくても、小さなさざ波のように「お互いさま」という気持ちのバトンを回し合うことで確かにつながっているような社会は、決して「古い」ものでも否定すべきものでもなく、地域をはじめとしたコミュニティをより良くしていくために必要な要素であり、まぎれもなくソーシャル・キャピタルの一つの表れなのではないか。それを仮に〝遠慮がちな〟ソーシャル・キャピタルと名付けた（今村 2010）。

この〝遠慮がちな〟ソーシャル・キャピタルには、ソーシャル・キャピタル論のさまざまな側面（Islam et al. 2006；Krishna et al. 2000）がみられる。たとえば著者の観察では、長野県では一般的に、隣組を基本とした自治会や行政区、常会などの「結束」が強い。さらに地域の役職の多くは持ち回りによって決まり、保健補導員のように、積極的ではなくても「お互いさまだから」という心持ちで、なるべく多くの人が役割をもつように「橋渡す」ような仕掛けがある。つまり、自治会などを中心とした「構造的」な側面が、「お互いさま」という「規範」や、地域のネットワークの基盤となっている可能性がある。また、こうした基盤を「やって良かった」という気持ちにつなげるために、行政との「連結型」のつながりも重要な役割を果たす。著者の観察では、行政の保健師等による健康学習機会の提供や活動の支援が、保健補導員が活動経験を肯定的にとらえるきっかけとなっていた。長野県の多くの地域は、こうした地域コミュニティの側面が良い相乗効果を生み出し、まさにオストロムら(Ostrom & Ahn 2009)が指摘する制度(institutions)として、地域全体のソーシャル・キャピタル、そして「健康長寿」の礎になってきたのではないかと著者は考えている。

しかしながら、上記の調査は10年以上も前のことである。こうしたソーシャル・キャピタルは、現在も健在であろうか。遠慮がちであるが故に、徐々に衰退してしまっていないだろうか。また2020年は新型コロナウイルス感染症の流行により、地域の活動も大きな制約を受けることとなった。その影響はどの程度受けているのだろうか。さらに、そもそも保健補導員活動は実際に地域の健康に寄与しているのだろうか。そこで本章では、長野県の保健補導員制度の「発祥の地」といわれる長野県須坂市を事例として、著者が実施した追跡調査の結果等をもとに、その後の〝遠慮がちな〟ソーシャル・キャピタルを訪れてみたい。

2　使用するデータと資料

本章で使用するデータや資料は、大きく以下の三つである。

まず一つ目は、2014年2月に市の高齢者を対象に実施された『お達者健康調査』の結果である。この調査は、東邦大学と須坂市の共同研究として、保健補導員活動を含む、須坂市の高齢者の健康の関連要因とその特徴を検証することを目的に実施された。調査時点で要介護度3以下の65歳以上の全高齢者1万3846人を対象に自記式質問票調査を配布し、1万758人から回答を得た（回収率77.7％）。質問票は、健康状態や地域の生活に関する質問より構成し、女性に対しては、保健補導員の経験に関する質問も設定した。また調査実施後、須坂市の保有する国民健康保険医療費などのデータの提供を受け、匿名化IDを用いて調査回答者の情報と突合した。

二つ目は、2020年11月に実施された、須坂市保健補導員会第32期（2020年4月～）の役員および事務局（市の保健師）を対象としたヒアリング調査の記録である。協力いただいた役員は、会長の高橋さん、副会長の木畑さん、会計の中山さんの3人（全員女性）である。ヒアリングは主に、保健補導員活動や須坂市の地域のつながり、そして新型コロナウイルス感染症の影響下における活動について聞くことを目的とした。なお名字を出すことについては、予め了承を得た。

最後に三つ目は、須坂市保健補導員会が発行する『50年のあゆみ』『60年のあゆみ』をはじめとした、記録資料や統計資料である。また、２０２０年9月に開催された地域活性学会第12回研究大会で、須坂市健康づくり課の荻原さんより「With コロナ時代の健康づくり～保健補導員会の活動を中心に～」と題した発表があり、その内容も参考にした。

上記のデータ等を用いて、須坂市の保健補導員活動とその背景にある〝遠慮がちな〟ソーシャル・キャピタルについて、主に次の四つの観点からみてみたい。

・観点①　経験者数と満足度　：これまでの保健補導員の経験者数と満足度
・観点②　保健補導員の意識　：第32期の保健補導員の引き受け時の状況と意識
・観点③　活動による健康影響：保健補導員活動の経験者本人および家族の健康
・観点④「コロナ禍」の活動：新型コロナウイルス感染症の保健補導員活動への影響と対応

3　須坂市の保健補導員活動

まず、須坂市の保健補導員活動について簡単に紹介したい。須坂市は、長野市の東北に隣接する、人口約5万人の市である。保健補導員活動の発祥地とされており、１９４５年に旧高甫村において、住民からの申し出により組織が発足した経緯をもつ（浅野 2009；2013）。その後、5町村が合併して須坂市となり、１９５８年に現在の須坂市保健補導員会として活動が開始した。保健補導員の任期は2年で、2年を「一期」として活動している。30期までの60年間はすべて女性がその役割を担ってきた。設立当初から、「一家にひとり保健補導員」（浅野 2009）をスローガンとしており、原則として再任はしない方針を取っているのが特徴である。保健補導員は市内に69ある町のうち67町から数名ずつ選出され、町、およびそれらを編成した10ブロックを単位として活動する。町とブロックにはそれぞれ役員が置かれ、特にブロックの「会長」「副会長」の役割は、組織の「理事」（毎期20人）として、会全体の活動方針を立てる役割を担う。さらにこの理事会において、会全体の四役（会長、副会長、会計、書記）が選出される。選出は区長の指名や隣組などの「持ち回り」、くじ引きなどが中心である（今村ほか 2010；浅野 2013）。保健補導員の活動内容として、市の保健師などの専門職のサポートによる2年間の健康学習プログラム（2015年の年間延べ開催回数は90回で延べ参加者は2054人：須坂市保健補導員会の資料より）に加え、地域における健診受診勧奨、「子育て広場」や健康教室の開催、健康体操の実践などがある。上記のように「持ち回り」による選出が中心であるが、活動の満足度は概して高く、任期終了後もOB会への参加や体操グループの立ち上げなど、活動を続ける例も多い（浅野 2013）。長年にわたる健康づくり活動により、これまで保健補導員会はさまざまな賞を受賞しており、2016年は春の緑綬褒章を受章（団体として受章）した。

4 観点① 保健補導員の経験者数と満足度

須坂市の保健補導員会の大きな特徴は、前述のとおり原則として再任をしないというルール（規範）で健康づくりのすそ野を地域に広げていること、かつ活動の満足度が高いことにより、経験者の新たな活動につながる例も多いことである。そこで、まず観点の①として、保健補導員の経験者数と満足度からみた活動の波及の程度をみてみたい。

『50年のあゆみ』等の記録資料によれば、須坂市保健補導員会1期（１９５８年）の保健補導員数は１５４人であり、以来、徐々に人数が増えている。そして１９７１年の旧東村の編入合併後の８期（１９７２年）以降は毎期２００人を超えており、近年若干の減少がみられるものの32期（２０２０年）は２６０人が選任された。これまでの経験者数は、31期までで計７７９４人となるそうだ。これは現在の須坂市の女性人口の約3割にあたる。ただし、これは全期間の累計であり、ある時点でどの程度の経験者がいるのかはわからない。そこで参考となるのが、『お達者健康調査』の結果である。65歳以上に限定された数値ではあるが、調査時点の２０１４年において、回答者の女性５９５７人のうち、保健補導員経験者は３３１０人（55・6％）と、実に半数以上が経験者であることがわかった（今村ほか 2017b）。

これらの経験者は、活動経験にどの程度満足しているのであろうか。『お達者健康調査』では、保健補導員の経験者について、「保健補導員を経験して良かったと思いましたか？」という質問を聞いた。その結果、回答のあった経験者３１１９人中、５段階のうち「強くそう思う」が７４７人（24・0％）、「そう思う」が１９１７人（61・5％）と、あわせて約85％が活動経験を肯定的にとらえていた。

「『順番なんだから、ここに住んでる以上は断っちゃいけないんだよ』みたいなこと言われましてね（笑）。それで自分も、『勉強させていただこう』と思うような気持でやらせていただきました」。「みんな顔見知りで、だいたい家のなかの状況全部わかってるもんで、『できない』っていう人が抜けていくと、『絶対自分のところに来るな』って思ってましたんで、『しょうがないな』って」。これは、25期（2006－2007年）の保健補導員を対象としたインタビュー調査で聞かれた、保健補導員の意識を象徴する言葉である（今村ほか 2010）。それから10年以上が経過した32期の保健補導員は、どのような経緯で役を引き受け、どのような意識で活動を始めたのだろうか。以下では観点の②として、保健補導員の引き受け時の意識をみるために、髙橋さん（会長）、木畑さん（副会長）、中山さん（会計）の話をそれぞれ聞いてみよう。

5　観点② 引き受け時の意識

(1) 高橋さんのケース

市の中心部に近い地区に住んでいる高橋さんは、父親の仕事の関係で生まれは大阪であるが、小学生より前から父親の故郷である須坂市に住んでいた。夫の転勤で一時市外にいたが、5年前に戻ってきた。「これがいい」と思えば突き進む性格で、40歳代前半は地域でさまざまな活動をしていたという。たとえば、小学校の読み聞かせのボランティアや地域の見守り活動、ＰＴＡや男女共同参画の市民会議の委員などである。「私は以前から、周りの人に『保健補導員やるなら早くやった方がいいよ』と言われていました。それから『すごく勉強になるから』とも言われていました。私の母は80歳を過ぎていますが、実は14期（１９８４-１９８５年）の保健補導員でした。働きながらの活動で、しかも当時は地域の担当世帯を1軒1軒まわって健診のお知らせをしていました。大変そうでしたが、地域に友達もできて、いきいきとやっていたように思います。私は、人生のなかで一番贅沢なのは『学べること』だと思っています。保健補導員になると、健康のことなど自分が知らなかったことを学べて、また新しい人達と知り合うことができるので、それも『学べること』だと思いました。なので、前期の地区の班長さんに『次は私やるから』と軽く声をかけていました」。

(2) 木畑さんのケース

40歳代の木畑さんは、市の中心部の地区に住んでまだ3年目である。もともと他県の出身であるが、結婚を機に長野県に移り、須坂市に来るまで県内を転々としていた。「須坂に来て引き受けた大きな役は2つ目です。保健補導員は役員名簿が毎年回ってくるので名前は知っていましたが、仕事内容はわかりませんでした。うちの地区の保健補導員は、前任の人が1軒1軒まわって『やってくれませんか』と聞いていきます。『やってくれる人がいなくて』と言われたので『誰もいなければいいですよ』と言って引き受けることになりました。もともと引っ越して回っていて地域とのつながりがほとんどない状態ですので、引っ越し先ではなるべく地区の役員は引き受けるようにしていました。そうしないと周りが全くわからないので」。

(3) 中山さんのケース

生まれも育ちも須坂市である中山さんは、「車を洗っていると歩いている人から声をかけられる」ような、昔ながらの人間関係が濃く残る農村部の地区に住んでいる。「父親が特養に入所してほっとしていたときに依頼されたものですから、いい気になって『時間もあるしいいですよ』と引き受けました。地域の人はお互いみんなのことを知っているので、『あの人は暇になった』というのがわかったんでしょうね。この地区はおせっかいなところで『病院行った方がいいよ』とか言われます。母も、検査で異常があると保健補導員さんが来るので『補導員が来ると嫌な予感がする』と言っていました。でも、私は気が強いとずっと言われてきましたが、地域で嫌な思いをしたことがありません。名古屋に3年間住んでいたことがありますが、やっぱり須坂の水が合っている気がします」。

3人それぞれの背景はあるものの、高橋さん達の声をみる限り、保健補導員会の活動、およびその背景にある須坂市の〝遠慮がちな〟ソーシャル・キャピタルは、現在でもしっかり息づいてるようである。注目したいのは、会長の高橋さんや副会長の木畑さんは、持ち回りなどの地域の規範を受入れつつ、それを自己の健康づくりや地域を知るきっかけと位置付けて、むしろ積極的に役を引き受けていることである。全ての保健補導員がこのような意識ではないかもしれないが、保健補導員会という制度が、地域で生活するうえでのある種の「生きやすさ」も提供していることを示唆する、興味深い例である。高橋さんは言う。「人生の折り返しはとっくに過ぎていますが、せっかく機会を頂いたので、新しい出会いを大切にしながら、自分なりに精一杯頑張っていきたいと思っています」。

また、木畑さんは住んでいる地域について次のようなことも述べている。「この地区だけかもしれませんが、地域の人同士の関わり合いは、どちらかというと少ないように思います。子どもが小さいうちはPTAなどの活動もありますが、子どもが大きくなってから年配になる前の年代は、地域との関わりが少なくなる〝空白の年代〟だと思います」。稲葉（2011；2019）は、須坂市の地域のソーシャル・キャピタルが全国調査の結果と比較してきわめて高いこと、そしてその特徴として、成人以降は主に男性は消防団、女性は保健補導員のネットワークがあることによって、ソーシャル・キャピタルの世代間継承が堅固に図られていることを指摘している。木畑さんの発言は、保健補導員活動が、成人以降の「空白の年代」が地域とのつながりを持つための受け皿となっていることを示すものであろう。

6 観点③ 須坂市民の健康と保健補導員活動

前述のように、長野県の保健補導員活動は、県の「健康長寿」の要因の一つとされてきた。しかしながら、実はこれまで、個人を対象とした調査によって、保健補導員の活動経験が実際にどの程度住民の健康に結びついているのかはあまり検証されてこなかった。もし保健補導員活動が健康に寄与していることが示されれば、その背景の〝遠慮がちな〟ソーシャル・キャピタルの影響も含めた、評価のためのエビデンスの一つになるであろう。そこで、観点③として、須坂市の保健補導員に関わる健康についてみてみたい。

(1) 女性の高齢者が元気な須坂市

まず、須坂市の高齢者の健康に関するデータをみてみたい。『お達者健康調査』の結果から、須坂市の高齢者は、特に女性が元気であることがわかった。高齢期の自立した生活を評価する指標として、老研式活動能力指標（以下、活動能力）という指標がある（古谷野ほか 1993）。この指標は、「日用品の買い物ができますか？」などの13の質問について、「はい」の回答を数えて点数化したものである（13点満点で高いほうが「元気」となる）。この活動能力が13点（満点）の人の割合について、２０１２年時点の全国値（鈴木 2013）と調査結果を比較した結果が図１である。どの年代も、須坂市の女性は、男性および全国値と比べて割合が顕著に高いのが特徴である。全体として、全国値の48・９％に比べて、男性は49・０％、女性は63・４％であった。

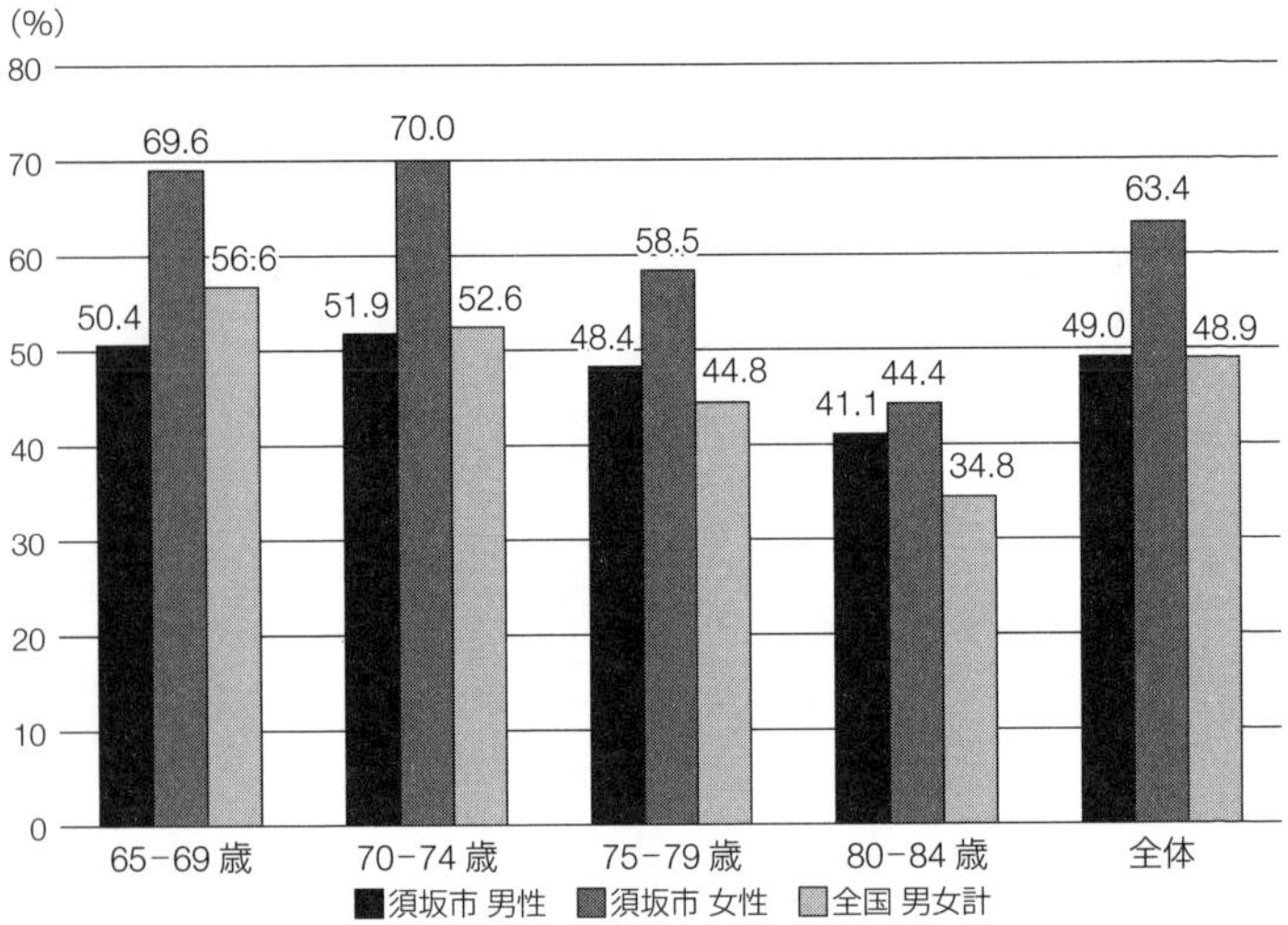

図1　須坂市の高齢者における活動能力 13 点満点の割合

注：
1. 84 歳までの数値（粗集計）。須坂市のデータは、男性 3979 人、女性 4597 人分である
2. 全国データは鈴木隆雄（2013）「戦略的創造研究推進事業平成 24 年度研究開発実施報告書」より。男女計のみ。調査方法が異なるため、解釈には留意が必要である

（2）保健補導員経験者は元気で入院が少ない

上記でみた高齢者の健康状態に、保健補導員活動はどの程度関係しているのだろうか。ここでは、過去に保健補導員を経験した女性が、それ以外の女性と比較して、『お達者健康調査』の実施時点で健康状態にどのような特徴がみられるか、という観点で検証した。まず、図1でみた活動能力を分析した結果、年齢や社会経済状況などの各種因子を調整したうえでも、保健補導員を経験した女性は、活動能力が低い人（13点満点中10点以下）が少ないことがわかった（保健補導員を経験していない女性と比較した調整済みオッズ比［95％信頼区間］は0・54［0・45－0・64］）。さらに、図2のとおり、同じ経験者でも、町の役員、理

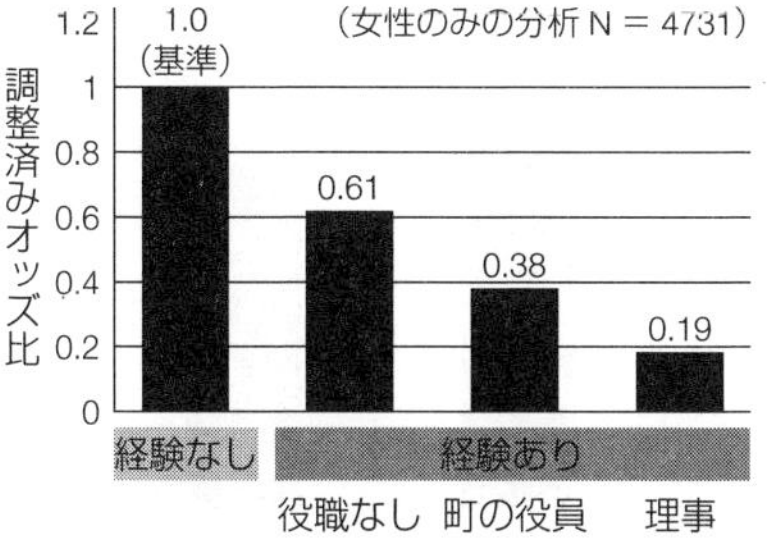

図２　保健補導員経験と活動能力低値の関連（経験者本人の健康）

注：
1. ロジスティック分析の結果
2. 活動能力低値：老研式活動能力指標が 13 点中 10 点以下
3. 年齢、婚姻状況、教育歴、同居人数、等価所得、重篤疾患の既往歴、聴力、過去１年のひざの痛み、飲酒習慣、喫煙習慣で調整

出所：今村ほか（2017b）より

事と、会での役割が大きくなるほど元気な人が多い結果となった。特に市全体の活動を担う理事の経験者は、活動能力が低いオッズ比（95％信頼区間）が0・19（0・10－0・35）と最も低く、特に元気であることが示された（今村ほか 2017b）。保健補導員の経験によって健康意識が高まることのほかに、地域で役割をもって活動すること自体が、社会参加として健康と関連しているのかもしれない。

また、２０１３年の国民健康保険医療費を分析した結果、各種因子を調整したうえでも、保健補導員経験者の女性はそれ以外の女性をと比較して入院の割合が26％低く、またその医療費も23％低いことがわかった（調整済み幾何平均医療費が経験者は41・８万円、それ以外は54・０万円）。保健補の経験者は適切な医療受診によって疾病の悪化を予防している可能性が考えられた（今村ほか 2017a）。

これらの分析は一時点の横断データを用いたものであり、因果関係の解釈には注意が必要である。また、保健補導員はそもそも活動能力が高いなど健康状態が良好である女性

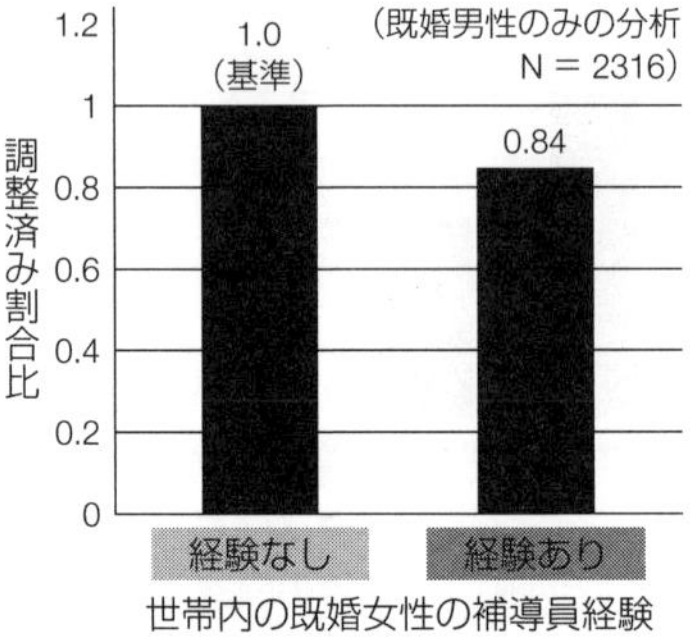

図 3　保健補導員経験と男性家族の抑うつ傾向の関連（家族の健康）

注：
1. ポアソン回帰分析の結果
2. 抑うつ傾向：GDS5 指標が 5 点中 2 点以上
3. 年齢、教育歴、等価所得、重篤疾患の既往歴、運動習慣、食生活の意識、飲酒習慣、喫煙習慣で調整

出所：Imamura et al.（2019）より

が選任されており、それが上記の結果に反映されているに過ぎない可能性もある。しかしながら、活動能力についての結果は、直近の経験者を除いた分析もしており、同様の傾向が示されていることを確認している。今後、追跡研究などによる、さらなる検証が必要ではあるが、保健補導員の経験が、高齢期の良好な健康状態に結びついていることを示唆する興味深い結果が得られたと考えられる。

（3）保健補導員経験者の男性家族も健康

さらに別の分析の結果、保健補導員経験は、経験者本人だけでなく、男性の家族（配偶者など）の健康とも関係することがわかった。分析では、既婚男性について、女性世帯員の保健補導員経験に着目した。各種要因の影響を考慮した分析の結果、図3のとおり、家庭内に保健補導員を経験している女性がいる場合、一緒に暮らす男性家族の抑うつ傾向（生活満足感などから構成されるGDS5指標で2点以上：Hoyl et al. 1999）の割合が低いことがわかった（調整済み割合比［95％信頼区間］は0・84［0・73－0・97］）。保健補導員本人の結果と同様に、この結果についても因果関係の解釈には注意を要するが、地区活動の経験者が世帯員の健康にも影響を及ぼしている可能性を示唆した興味深い結果であると考えられる（Imamura et al. 2019）。

なお、保健補導員活動の周囲への波及効果に関連して、32期の副会長の木畑さんは次のように言う。

「私は補導員をやって、塩分を気にするようになりました。また、買い物は娘と一緒に行くことが多いのですが、栄養成分表示を気にしていたら、娘も『気にするようになった』と言うようになったんです。家族が1人、気にするというだけでも、補導員の活動が周りに広がっているといえるかなと思っています」。

7 観点④ 新型コロナウイルス感染症と保健補導員活動

2020年に猛威をふるった新型コロナウイルス感染症は、保健補導員活動にも大きな影響を及ぼした。この年はちょうど保健補導員の任期の切れ目であり、4月から32期260人の活動がスタートする予定であった。いわゆる「コロナ禍」において、どのようなことが起こったか。観点④として、新型コロナウイルス感染症の保健補導員活動への影響について、ヒアリング調査および、保健師の荻原さんによる地域活性学会の発表内容を参考にまとめてみたい。

例年であれば4月当初に全体研修会があり、そこで全員が顔を合わせて活動がスタートしていたが、これは中止となった。また、活動をすすめていくのに必要なのが役員決めである。10のブロックごとに2人ずつ、計20人の理事を選出後、会全体の役員として4役を決める。これが例年難航するそうであるが、スムーズに決まったという。会長を引き受けた高橋さんは言う。「夫の転勤先から戻って、また地域で何か活動したいと思っていましたので、町の班長やブロック長をお願いされたときも『いいかな』と思って引き受けました。私は市の男女共同参画の市民会議の委員でもあったので、役員を決めるときも『何でもいいからやりますよ』と言ったら『それでは会長をお願いします』と言われたんです。『自分も率先して頑張る』という気持ちでいます」。副会長の木畑さんも、「まだ仕事をしていなくて比較的時間があったので、『副会長ならいいですよ』と言って決まりました」という。

こうして会としてのスタートが切れるようになり、役員を中心に「コロナ禍」でもできる活動を考えることとなった。結果として、保健補導員がまず自身の健康づくりを楽しむための〝新型健康教室〟として、「ウォーキングでスタンプラリー」を考案することになるのだが、そのきっかけは役員決定後の市長と副市長へのあいさつであった。副会長の木畑さんが須坂に越してきてまだ3年目であったこと、また県外との往来が難しい時期であったことから、須坂のさまざまな施設を知ってもらいたいとの市長・副市長の思いがあり、保健補導員の活動で利用する場合は、市の五つの文化施設の入場料を無料にするとの提案があった。後日、「せっかくの機会だから施設を見るだけでなく健康づくりにつなげよう」という話になり、検討を始めることとなった。会議を重ねるなかで、市の保健師より、須坂市にはメタボリックシンドローム予備群の人が多いという健康課題や、ウォーキングコース、スムージーフェス（須坂市の地産の野菜や果物を使ったスムージーの普及のためのスタンプラリー）など、健康づくりの資源やイベントについて情報提供があった。こうした情報をヒントとして、市の資源を活かした、人を集めず大勢が参加できる健康づくりとして、文化施設を見学してスタンプをためながら、周辺のウォーキングコースを歩く「ウォーキングでスタンプラリー」が企画された。まず個々人の健康目標を宣言することでスタンプ一つ、そして文化施設を一つまわるごとにスタンプを一つずつ押し、スタンプを三つためると参加賞がもらえるという仕組みだ。「反応はいいですよ。みんないろんな目標をかかげて励みにして頑張っています」と会長の高橋さん。8月下旬に開始されたこのスタンプラリーは、締切の11月末までに、100人近くの保健補導員が参加賞の資格を得た。

新型コロナウイルス感染症の発生からしばらくの間は、市も健診や健康づくりなどの各種保健事業を中止・延期していたが、緊急事態宣言解除後から、安全に留意して実施方法を工夫しながら取り組みを再開している。保健補導員の各地区での活動も、区長の考えや地区ごとの状況に応じて、対策をしながら進められてきた。たとえば会長の高橋さんの地区では、保健補導員が預かっている地区の救急箱の中身について、非接触型の体温計を購入するなど「コロナ仕様」とした。会計の中山さんの地区では、保健補導員の取り組みとして、自宅保育の親子のための「子育て広場」を月1回開催しており、10組程度の親子が参加している。アルコール消毒と体温計を用意し、おもちゃも消毒をして、2020年7月から再開をした。また別の地区では、保健補導員からの「地域の高齢者の筋力低下が心配だ」という相談により、対策を徹底したうえで、ふれあいサロンを6月から再開した。

さらに今後、保健補導員会全体の取り組みとして、減塩運動を進めていく予定である。須坂市は高血圧の人が多いという健康課題から、減塩啓発のための紙芝居を作成し、各地区で使いやすいものを作成したいとのことである。そのために会長の高橋さんは市内の図書館で塩についての本をたくさん借りて勉強しているそうだ。市役所の荻原さんは、「コロナ禍」の経験を通じて、普段からの地域の人と人とのつながりの大切さを認識したという。信頼関係が築けていることで、「コロナ禍」であっても安心して集うことができる。また、普段やっていないことを非常時に行うことは大変であり、平時からいろいろなことに興味関心を持ってチャレンジし、引き出しをたくさん持っておくことも大切だと感じているそうだ。

8 〝遠慮がちな〟ソーシャル・キャピタルのこれから

さて、ここまで四つの観点をみてきた。観点①では、2014年において、須坂市の女性高齢者の半数以上が保健補導員経験者であること、またそのうち約85%が活動経験を肯定的にとらえていたことが示された。観点②では、地域の「お互いさま」といった規範を〝遠慮がちに〟受け入れつつ、活動を前向きにとらえる保健補導員の意識を再確認した。観点③では、須坂市の高齢者は特に女性が元気であることが示され、また、保健補導員の経験が、経験者本人および世帯内の男性の健康とも関連する可能性が示唆された。観点④では、「コロナ禍」においてもできることを工夫しながら保健補導員活動が進められていることが描かれた。少なくとも須坂市では、〝遠慮がちな〟ソーシャル・キャピタルは健在であり、それは「コロナ禍」においても小さなさざ波として地域に広く生き続けているといえるであろう。

もし〝遠慮がちな〟ソーシャル・キャピタルというものがあるのであれば、これまでみたように、その一つ一つは大変地味なものかもしれない。しかしながら、長い目でみたときに、地域全体にもたらす影響は無視できないものであり、ときとして社会的な課題――たとえば地域の健康づくりも社会課題である――を解決する大きな原動力になり得る。本章では須坂市の保健補導員活動を例に取り上げたが、地域を見渡せば、他にも同じような形のソーシャル・キャピタルがたくさんあるはずである。そしてそれは、単に「古き良きものだから」ではなく、今ここで紡がれている、人々のつながりと心持ちが適切に評価されることによって、これからも地域に息づいていくものであろう。

最後に、須坂市保健補導員会の会長の高橋さんの言葉で締めくくりたい。「今、SDGs（国連の持続可能な開発目標）が大切と言われていますが、その根底は目の前の住んでいる地域をどうするかなんだと思います。地域が住みやすくて、みんなが安心して暮らせて、ということがたくさん積み重なって、大きな目標につながっていくのかなと思っています。保健補導員活動も、ただやらされている、というのではなくて、一つ一つの小さな行動かもしれませんが、それが積み重なってすごいことになっていくんだ、ということを伝えていきたいんです」。

第12章

親子を取り巻くつながりは生きる力を高めることができるのか
――家庭内外ソーシャル・キャピタルの光と影

露口健司

1　はじめに

日本では、多様な教育政策を貫く重点目標として「生きる力」の育成が掲げられている。「生きる力」とは、確かな学力（知）、豊かな人間性（徳）、健康・体力（体）によって構成される概念である。変化の激しいこれからの社会を生きるために知・徳・体をバランスよく育てることの重要性が学習指導要領総則等において論じられている。「生きる力」は、概念の曖昧性、測定困難、学問体系との不連続等の理由によって、教育政策研究との親和性が低い。知・徳・体という比較的測定可能な要因の潜在変数としての理解が適当であろう。

教育政策の重点目標として「生きる力」を設定し、一定の事業予算を投入するのであれば、説明責任遂行のためにこれを定義化し、測定・視覚化する必要がある。本章では、生きる力の代理指標として「キャリア資本（career capital）」を設定し、人的資本（human capital）、心理資本（psychological capital)、健康資本（health capital）をその構成要素とする理論フレームを提案する。キャリアとは、生涯にわたる役割に関連した経験の連鎖である。この視点に立てば、子どもの家庭・学校・地域生活や役割経験を通して形成されるさまざまな自己内在型資本をキャリア資本（Dickmann & Doherty 2008; Dickmann et al. 2018）と呼ぶことができる。子どもは家庭・学校・地域生活の中でさまざまな資本蓄積（ストック）を行い、自らが置かれる環境の中で、それらを有効に活用（フロー）することで、よりよい生き方やウェルビーイングに近接すると考えられる。

キャリア資本の構成要素としての①人的資本とは、「個人的、社会的、経済的厚生の創出に寄与する知識、技能、能力及び属性で、個々人に具わったもの」（OECD 2001 : p.18）であり、教育経験年数（学歴・大学進学）、テストスコア（学業成績・GPA）、資格・免許等がこれに相当する。②心理資本とは、効力感・楽観性・希望・再起性等の特徴を備えたポジティブな心理発達状態を意味する（Luthans et al. 2007）。こうした状態は不変で固定化されたものではなく、可変性を持ち、開発され、発達するものである。したがって、心理資本は、個人のポジティブな心理発達状態として個人内にストックされ、この資本を日常生活において活用することでウェルビーイングに近接する（Luthans 2002; Luthans & Youssef 2004）。③健康資本とは、健康を教育や金融と同様に資本蓄積の対象として捉えた概念である（Grossman 1972）。健康資本は時間の経過とともに摩耗していくが、健康診断を受けたり、栄養をとったり、適度な運動を継続することで、健康資本を増やし、ウェルビーイングに近接することができる。なお、健康資本の測定には、客観的健康（ＢＭＩ、健康診断、身体機能、病気欠席）、主観的健康（主観的健康観、メンタルヘルス）等が活用されている（黒田 2018）。

生きる力としてのキャリア資本には、当然、個体間の分散が発生する。勉強が得意な子どもと苦手な子ども、やる気の高い子どもと低い子ども、スポーツが得意な子どもと苦手な子どもがいる。全員が同水準ということはあり得ない。しかし、こうしたキャリア資本が、本人の生来的・遺伝的能力や努力よりも、子どもの家庭環境（どのような家庭で生まれたか）によって大きな影響を受けている状況があるとすれば、それは社会的に望ましいものではなく、改善すべき対象となる。家庭由来のキャリア資本格差（人的資本・心理資本・健康資本の格差）は、社会的不平等を再生産し、社会に分断と混乱をもたらす可能性が高い。それでは、子どものキャリア資本は、家庭の影響を（どの程度）受けているのであろうか。また、キャリア資本に対する家庭のネガティブな影響が存在するとすれば、それを緩衝する社会制度は存在し機能しているのだろうか。

以上の研究課題に応えるために、本章では、第2節において、子どもの家庭環境を説明する重要な変数として家庭の社会経済的地位（family socioeconomic status：家庭ＳＥＳ）と家庭内社会関係資本（family social capital：家庭ＳＣ）に着目し、それぞれの概要について説明する。第3節において、家庭ＳＥＳと家庭ＳＣがもたらすキャリア資本格差について、国内調査の結果を概観する。家庭ＳＥＳと家庭ＳＣがもたらすキャリア資本格差を、緩衝・改善する機能が家庭外の社会関係資本にあると、われわれは考えている。そこで、第4節において、特に学校を舞台とする学校社会関係資本（school social capital：学校ＳＣ）が、子どものキャリア資本に及ぼす効果と可能性について検討する。最後に、

第5節において、子どもと親の双方を取り巻くつながり醸成の可能性について検討し、まとめを行う。

2 キャリア資本格差を生む家庭の社会経済的地位と家庭内社会関係資本

子どものキャリア資本は、自己内在型資本であり、子ども個体間に大きな分散（格差）がある。その分散（格差）を規定する環境要因として、家庭SESが注目されている。家庭SESは、主として経済資本（economic capital）と文化資本（cultural capital）によって構成される。経済資本とは、即時的・直接的に金銭に変換できる財産権として制度化されたものであり、世帯収入や貯蓄・資産等がこれに相当する。文化資本とは、経済資本以外の文化的素養や学歴等の資産を示す。身体化された文化資本（心身の習慣化された長期的特性）、客体化された文化資本（図書や楽器等の文化財）、制度化された文化資本（学歴・職業）の三つの形態があるとされる（Bourdieu 1986）。先述した子どものキャリア資本が自己内在性を特徴とする一方、家庭SESを構成する経済資本と文化資本は、子どもにとっての自己外在性および空間内在性を特徴としている。子どもの成長・自立・独立と共に、経済資本と文化資本は段階的に自己内在化が進展するものと理解できる。

家庭SESの変数設定としては、NELS（National Education Longitudinal Study）において使用されている父親学歴・母親学歴・父親職業・母親職業・世帯収入の合成変数が有名である（Lauff et al. 2014）。PISA調査では、家庭SESの合成変数生成において保護者の学歴、保護者の職業、家庭の所有物が使用されている（OECD 2019）。日本では、お茶の水女子大学（2015）が文部科学省の学力調査委託事業において、父親学歴・母親学歴・家庭所得から家庭ＳＥＳの合成変数を作成している。近年では、家庭ＳＥＳの中でも特に親の学歴の効果に対する関心が高まっている。たとえば、Putnam（2015）では、家庭における大卒者の有無が、さまざまな社会格差の起因となっている実態を多種多様なデータから解明している。

家庭ＳＥＳと共に家庭ＳＣについても、キャリア資本格差を生成する可能性がある。家庭ＳＣの場合は、親の数、きょうだい数、母親の就労、親との会話母親の大学進学期待等が指標とされている（Coleman 1988）。特に、親の数（一人親世帯かどうか）が指標として用いられる頻度が高い。Coleman（1988）以降、家庭ＳＣの欠損がもたらすネガティブインパクトの解明が進められている。たとえば、先行研究を見ると、一人親家庭やきょうだい数が多い家族構成では、学業成績の低下、大学進学率の低下、退学率の上昇につながりやすい実態が明らかにされている（露口 2011）。家庭ＳＣ（家族構成）は、経済資本および文化資本と相関性が高く、これらの相乗効果がキャリア資本格差を一層加速させるもの推察される。

Coleman（1988）は家庭ＳＣに、親子間の個人的な事柄についての会話、子どもの大学進学への親の関心等の認知的要因を含めている。親子間の会話や大学進学期待は、子どもの学力等に対して影響を及ぼす（山田 2014）。ただし、これらの要因は、家族構成の変化によって大きな影響を受ける。一人親家庭となることで、また、きょうだい数が多くなることで、子どもの行動の監督、子どもとの緊密な会話、さらには、子どもへの進学期待等の広い意味での教育的関与の程度が低下するものと解釈されている。

3　家庭の社会経済的地位と家庭内社会関係資本が生み出すキャリア資本格差

(1) 幼年期の生活習慣

家庭SES／SCがもたらすキャリア資本ダメージは、生まれたときからスタートしている。幼少期は、特に基本的生活習慣と関連深い健康資本へのダメージが顕著である。松岡(2019)は、家庭内における大卒者数(0〜2)に着目した分析を行っている。この指標は、家庭SES(文化資本としての学歴)と家庭SC(親の数)の双方を同時に測定できる優れた方法である。幼少期における家庭SES／SCの影響として、「落ち着いて食べない(0:47%、1:43%、2:39%)」「早寝早起きをさせる(0:39%、1:45%、2:50%)」「テレビ(ビデオ・DVD)を見ていて食事に集中しないことがあるにないと回答(0:15%、1:18%、2:29%)」「朝食を採らないことがあるにないと回答(0:75%、1:84%、2:89%)」とする調査結果を紹介している。このほか、習い事利用率における親大卒者数の差異(5・5歳児で0:45%、1:61%、2:73%)、子どものゲーム時間ゼロ割合(5・5歳男児で0:38%、1:44%、2:54%、同女児で0:52%、1:56%、2:62%)とする実態についても指摘している。

（2）就学期の学力

就学期に入ると、家庭ＳＥＳと学力（人的資本）との関係が顕在化しはじめる。浜野（2014）は、世帯所得と全国学力学習状況調査の正答率との関連性を明らかにしている。たとえば、算数・数学の２００万円未満世帯（低所得層）と１５００万円以上世帯（高所得層）を比較すると、小学校算数Ａ（低：67・２％、高：85・６％）、小学校算数Ｂ（低：45・７％、高：71・５％）、中学校数学Ａ（低：51・５％、高：73・４％）、中学校数学Ｂ（低：30・０％、高：53・４％）であり、世帯年収による強い影響が認められている。また、世帯年収が１００万円増加することに平均正答率も上昇するという正の相関関係も同調査では確認されている。この調査研究では、父親・母親の学歴（高卒・大卒・大学院卒）と学力テストの正答率の関連についても明らかにしている。たとえば、算数・数学を例にあげると、父親学歴では、小学校算数Ａ（高：74・４％、大：83・６％、院：88・５％）、小学校算数Ｂ（高：54・４％、大：67・４％、院：75・２％）、中学校数学Ａ（高：50・２％、大：72・５％、院：79・６％）、中学校数学Ｂ（高：37・６％、大：51・４％、院：62・７％）であり、特に中学校での差異が大きい。母親学歴でも、小学校算数Ａ（高：73・２％、大：86・２％、院：87・６％）、小学校算数Ｂ（高：52・９％、大：72・５％、院：74・４％）、中学校数学Ａ（高：59・５％、大：76・４％、院：79・６％）、中学校数学Ｂ（高：36・６％、大：58・１％、院：62・４％）と、父親学歴と同様の結果が得られている。

家庭ＳＣについては、白川（2010）が、きょうだい数による学力テスト（PISA 2000 読解力）への負の効果を明らかにしている。家族構成については、二親家庭を参照基準とした場合の父子家庭において学力テスト（読解力）の低下が確認されている。母子家庭による負の効果が少量である点に、比較対象の米国との間に相違が認められている。ただし、斉藤（2014）では、PISA 2009とPISA 2012において、母子家庭・父子家庭ともに、学力テスト（読解力）に対する負の効果を確認している。PISA 2012に示されるように、日本は、一人親世帯と二人親世帯との学力差が参加国中最も大きいという実態にも留意が必要である。日本では、家庭ＳＣ（一人親）が学力（人的資本）に対して大きなインパクトを与えているのである。

（3）就学期の学習・生活習慣

学歴の影響は、学力テストのみならず、学習時間量（人的資本）やメディア消費時間（健康資本）に対しても影響を及ぼしている（松岡 2019）。家庭の親大卒者数に着目すると、小学校6年生時点における学校外での年間の学習時間量（0：392冊、1：473冊、2：612冊）、テレビ視聴とゲーム時間の合算値である年間メディア消費時間（0：1436時間、1：1278時間、2：1033時間）等、親大卒者数との関連が認められている。特に、大卒者0と大卒者2との間での学習時間量やメディア消費量が、学年進行とともに毎年拡大している現象も確認されている。中学校においても、中学校3年生の半年間の学習努力量（0：297時間、1：360時間、2：405時間）、月あたりメディア消費量（0：164時間、1：146時間、2：115時間）と、小学校とほぼ同様の結果が得られている。

また、松岡・小室・乾（2014）では、小学生の読書量に対する親の学歴の効果を、縦断データを用いて明らかにしている。母親と父親の読書量が、子どもの読書量に影響を及ぼしており、特に母親の読書量が相対的に強い影響力を有している。子どもの読書習慣は、親の学歴、そして、親の読書習慣によって影響を受けているのである。

（4）不登校

不登校はどの子にも起きうる。ただし出現率は平等ではない。不登校の出現率は生まれた家庭によって異なることが、日本財団（2018）の調査おいて明らかにされている。不登校は子どものキャリア資本に重大なダメージを与える可能性を持つ。同調査では、不登校生徒と不登校傾向が認められない通常登校生徒との比較において、以下の経済資本・文化資本・社会関係資本の差異を指摘している。不登校の該当（Yes）・非該当（No）について、経済資本に関する指標では、就学援助受給（Y：29・3％、N：8・0％）、特別児童扶養手当（Y：21・6％、N：4・6％）、失業手当受給（Y：8・5％、N：1・0％）、生活保護受給（Y：7・5％、N：0・4％）とする結果が示されている。また、文化資本では、親が不登校経験（Y：34・3％、N：4・5％）、障害者手帳所有（Y：12・5％、N：2・5％）、母国語が日本語でない（Y：7・1％、N：1・3％）、外国籍（Y：5・0％、N：1・0％）、発達障害（Y：21・8％、N：2・5％）とする結果が得られている。社会関係資本として、離婚歴

（Y：39・4％、N：13・3％）の影響が確認されている。家庭の経済資本・文化資本・社会関係資本が、子どもの不登校と密接に関連している実態が描き出されている。

4　家庭外社会関係資本の可能性

（1）学校社会関係資本

家庭生活は子どもの成長に対して重大な影響を及ぼすものであり、家庭生活の質は可変性が乏しい家庭の経済資本・文化資本・社会関係資本によって規定される傾向が強い。これらの資本ストックが脆弱な家庭は一定数存在し、その脆弱性を補強する機能が家庭外の社会関係資本に期待されている（志水・若槻 2017；露口 2016a）。特に、学校を拠点として形成される学校社会関係資本（school social capital：学校ＳＣ）は、年度単位で動く、可変性が高い資本である。もちろん、学校ＳＣは常に機能するわけではなく、学級崩壊等により資本が欠如している場合や、ＰＴＡ活動等が機能しておらず親が分断されている場合（資本の欠如）、あるいは、資本は存在するが、子どもや親が学校ＳＣにアクセスできていない場合（アクセスの欠如）についても考慮しておきたい。

(2) 学校社会関係資本醸成の効果と課題

①可変性への着目

年度を境に、家庭学習に意欲的になった。早起きするようになった。前日に登校準備をするようになった。学校・学級・先生のことを、家庭で話すようになった。登校時間が早くなった。「いってきます」の挨拶の声が元気になった。ある教科の点数が急激に上昇した。部活動に積極的に取り組むようになった。こうした現象を経験した親は多いと思われる。年度境界では、転居や親の単身赴任を除くと、家庭内での変化はほとんどない。学校で何かが起きたのである。新たな学校、学年、学級、部活動、友だちや教師との出会いが生まれる。学校外でも、学童保育、子ども食堂、スポーツ少年団、地域行事等の新たな出会いの場がある。家庭外での新たな集団所属や対話・交流、協働活動を通してのお互い様の規範の生成、不確実な状況下でも相手の支援を期待できる信頼関係の醸成、すなわち、社会関係資本が醸成され、それが子どもの態度を変化させるのである（露口 2016a）。家庭外の社会関係資本は、家庭内とは異なり、可変性が高い。ゆえに、新たに誕生したつながりによって、子どもが変化する可能性を持つのである。近年、家庭由来の格差を是正する、学校SCの機能に着目した研究が展開されている。

②低SES校での効果

たとえば、志水・中村・知念（2012）は、子どもを取り巻く家族・友人・地域住民等とのつながりを「子どもソーシャル・キャピタル（子どもSC）」と表現し、学力テストスコアに対する正の効果を検証している。重回帰モデルでは、性別・家庭学習時間・期待教育年数・学校外教育支出・経済資本・文化資本といった複数の変数がコントロールされており、モデルの精度は比較的高いといえる。分析の結果、低階層の児童において、子どもSCの学力テストスコアに対する影響がもっとも強いとする興味深い結果が得られている。また、芝野（2016）は、地域背景がしんどい地域において、子どもと学校とのつながりが学力に影響を及ぼすとする結果を報告している。社会経済的に困難な地域、すなわち、家庭の経済資本と文化資本の水準が低度の地域においてこそ、子どもを取り巻く社会関係資本が教育効果を高めるとする重要な示唆が提示されている。さらに、垂水（2019）では、SES中群・高群は、子どもの社会関係資本の増加と学力テストとの間に関連性は認められないが、SES低群では、正の関係が認められる点を明らかにしている。家庭外の社会関係資本は、低SESの子どもにおいて特に効果があることが示唆されている。これら研究成果を踏まえると、家庭SES・学力・社会関係資本の関係は、次のように整理することができる。社会関係資本が脆弱な学校では、家庭SESによって学力が蝕まれる。しかし、社会関係資本が醸成されている場合、家庭SESに起因する学力低下現象を食い止めることができるのである。

③家庭SCと教育効果を媒介する学校SC

一方、露口（2016b）では、子どもを取り巻くつながりを、家庭SC、子ども間SC、学級SC、子ども－地域SCの4次元に区分した上で、個人レベルおよび学級レベルでの相関性を確認している。これらの4次元は、個人レベル、学級レベルのいずれの場合においても、互いの正の相関を有していることが確認されている。子どもを取り巻く各ＳＣ次元は、互いに独立しつつも相互影響関係を保持していることが示されている。また、各次元の教育効果（学習意欲）をマルチレベル分析によって検証している。学習意欲に対しては学級ＳＣによる効果が顕著である点が明らかにされている。また、露口・倉本・城戸（2016）は、学校レベルデータを使用した上で、家庭ＳＣが、学校の組織的要因に影響を及ぼし、間接的に学習意欲と学力テスト結果を向上させるというパスモデルを検証している。このモデルを参照すると、家庭ＳＣは、子どもの学習意欲・学力テストに直接影響を及ぼすものではなく、学校おける学校規範・対人関係づくり・学習へのコミットメントに影響を及ぼし、間接的に学習意欲・学力を高めるものと理解できる。組織レベルデータで分析すると、家庭ＳＣと学習意欲・学力との関係は直接的影響関係ではなく、学校が媒介する間接的影響関係にあることが示されている。

④学級SCの効果

教室における友人や教師とのつながりを醸成する実践として、若槻・伊佐（2016）は、「学びあい（ペアやグループで話し合う授業の実施頻度）」の効果を指摘している。学びあいを実践している学級では、友人や教師との人間関係が豊かであり、平均的な学力水準は高く、学力低位層の割合も低くなっており、学力の底上げがなされている。また、生田・増田（2016）は、リボイシング（再発話）という教師の指導技術の効果を明らかにしている。授業中のリボイシングの頻度が高い教師の学級では、学級がまとまり、よい雰囲気があり、学力水準も高いとする調査結果を報告している。教師のリボイシングによって、児童Ａの発言が学級の児童全員に共有される。その発言内容は、教師によって付加価値を加えて再構成される傾向があるため、級友は児童Aに対して敬意を持つ。児童Aは、自己の発言をとりあげ、共有化してくれた教師に敬意を抱くのである。

学校での子どもを取り巻くつながりは、学力・学習意欲にとどまらず、ウェルビーイングの向上に対しても効果を持つ。露口（2017）は、子ども（小・中学生）の主観的幸福感が、国語と算数・数学の学習意欲によって影響を受けるとともに、学級内の友人、教師、そして地域住民との社会関係資本によって規定されることを明らかにしている。これらの規定要因の中でも、学級における社会関係資本の影響力は群を抜いている。子どものウェルビーイングが、学校・学級における友人との人間関係によって強く規定されるという結果は、世界各国の先行研究においても示されている。

⑤子ども－地域SCの効果

子どもと地域住民との社会関係資本は、子どもの主観的幸福感だけでなく、自己効力感に対しても、正の影響を及ぼす。たとえば、岡正・田口（2012）は、子どもを取り巻くつながりを、内閣府が設定したSC次元であるつきあい・交流（ネットワーク）、信頼（信頼）、社会参加（互酬性規範）の3次元から測定し、各次元（および総合指標）の教育効果を検証している。教育効果指標である子ども（小・中学生）の自己効力感（self-efficacy）については、つきあい（近所づきあい・地域住民等との社会的な交流）、社会参加（地縁的活動やボランティア活動への参加）との間に正の相関関係が認められている。

このように、家庭内での子どもの社会関係資本が脆弱であっても、家庭外の社会関係資本が、「つながりのセフティーネット」として稼働し、家庭の機能を代替することによって、キャリア資本格差の縮減が可能となる。学校・地域において、子どもを取り巻くつながりが欠損している場合に再構築・補充する仕組みを創造できる教育リーダーの社会正義リーダーシップやコミュニティ・リーダーシップの発揮が期待される。

⑥子どもを取り巻く社会関係資本醸成の困難

学校ＳＣ醸成は、容易ではなく、学校関係者の日常的な努力によって支えられている。しかし、不登校児童生徒（小中学校・年間30日以上欠席）は16万人を超え、この四半世紀で倍増している（文部科学省 2019）。これだけの児童生徒が学校・学級のネットワークから離脱している。学校にある資本にアクセスできていない児童生徒数は、年々増加傾向にある。ただし、近年、ＩＣＴの進化により、不登校児童生徒に双方向型で授業を配信する自治体も出現する等、デジタルネットワークによるアクセスの可能性が拓かれつつある。通信制高等学校の生徒数が20万人（学校基本調査 ２０２０年8月）を超えている今日、対面コミュニケーション主体の強い紐帯を特徴とする学校ＳＣに加え、デジタルネットワーク主体のゆるやかな紐帯を特徴とする学校ＳＣが増加してきたと解釈できる。

5　学校を拠点とした親と子の双方を取り巻く社会関係資本の醸成に向けて

（1）世代間閉鎖性への着目

家庭外の社会関係資本には、子どもを取り巻くものと親を取り巻くものがあり、双方が醸成されている状態が理想である。Coleman（1988）は、親子にとっての理想のネットワーク状態として、「世代間閉鎖性（intergenerational closure）」の概念を提唱している。これは、子ども同士につながりがあり、その親同士に持つつながりがあるという、二世代間にわたる閉鎖的ネットワークを意味する。「親が、子どもの友だちの親を知っているか」という問いによって測定する研究が複数報告されている。また、世代間閉鎖性は、さまざまな形態の親相互のつながりに中でも、子どもの成長のためには特に有効である。たとえば、学力向上、問題行動の抑止、高校卒業、大学進学等の多様な効果が複数の研究において検証されている（露口 2011）。

世代間閉鎖性は、学校生活の多様な場面において観察できる。たとえば、朝の集団登校で親が「見守り隊」活動に参加することで、近所レベルでの世代間閉鎖性が出現する。当番の仕組みを持つため、親同士のコミュニケーションも生まれる。また、学級懇談会は、世代間閉鎖性を醸成する最大の機会である。教師と親との信頼関係を醸成する機能だけでなく、子どもの友だちの親同士が、顔見知りとなるよい機会である。子どもの教育活動を支援するＰＴＡ活動も同様の機能を有するであろう。中学校では、活発な部活動が、世代間閉鎖性を醸成する上で重要な機能を果たす。部活動の保護者会を通して、子どもたちの活動を親が支援することで、親同士の交流が促進する。

(2) 公共財としての学校参加の困難

しかしながら、近年、親同士のつながりを醸成する契機である学校参加が、低調となりつつある。この現象はコロナ禍以前から存在する。親の学校参加は、「私財としての学校参加(private-good parental involvement)」と「公共財としての学校参加(public-good parental involvement)」に区分できる。前者は、参観日や個人懇談等、「自分の子どものための学校参加」を意味する。これに対して、後者は、PTA活動、ボランティア活動、学校行事支援等、「子どもたちのための学校参加」を意味する。保護者の学校参加、特に「子どもたちのため」の学校参加(公共財としての学校参加)は、親を取り巻く社会関係資本を醸成し、子どもたちの学力向上等の教育効果、教員の職能成長効果、学校文化の改善、保護者自身の成長、主観的幸福感の向上等のさまざまな効果を有することが国内外の先行研究において確認されている。保護者相互がバラバラの学校では、保護者による「子どもたちのため」の学校参加の発生が困難となり、結果的に、学校参加がもたらすさまざまな利益が発生せず、保護者自身も損益を被ることとなる(露口 2020)。

親の社会関係資本の醸成機会である学校参加は、家庭SES/SCの影響を受けることが明らかとなっている。家庭外でのつながりにも、家庭SES/SCの影響がついてまわるのである。松岡

(2019)では、家庭における大卒以上者の数(0名・1名・2名)と学校参加率の関係を指摘している。公立中学校3年生の場合で、授業参観(0：31%、1：42%、2：53%)、学級・学年懇談(0：20%、1：31%、2：41%)、学校行事(0：71%、1：75%、2：82%)、PTA(0：15%、1：20%、2：24%)となっている。露口(2020)では、高卒者に比べて大卒者において、公共財としての学校参加(子どもたちのための学校参加)への意欲が高いことを明らかにしている。また、露口(2012)では、経済的ゆとりと時間的ゆとりの欠如が、親の学校参加を阻害している実態を記述している。誰もが、学校参加とそれに伴い派生する社会関係資本を享受できるわけではなく、所属する階層によって差異が生まれている。さらに、荒牧(2019)は、子どもの教育格差を生む背景に親の学歴志向の差異があることを確認しつつ、さらに親の学歴志向が親族や友人に影響されていることを質問紙調査に基づいて明らかにしている。親の学歴が親のネットワークの質を決定し、それが子どもの教育格差を生み出すメカニズムを解明している。一方、社会関係資本の世代間継承の視点に立つ要藤(2018)は、親子間での他者への信頼が世代間継承する実態を明らかにしている(親の学歴や性格を統制済み)。このモデルを参照すると、親世代の公共財への関わり方を、子世代が模倣するため、公共財としての学校参加が不活発な校区は、地域住民が大幅に交替しない限り、その再生は困難ということになる。学校が手を打たず、放置すると、世代間継承が発生するため、公共財としての学校参加が不活発な校区は、投資を喚起する何らかの方策を打つ必要がある。

「親の孤立は百害あって一利なし」である。ネットワークからの阻害によって、必要な支援を受け取ることができない。悩みや困難・不利に対する相談ができない。また、子育てや家庭教育に対する有益な情報を得ることもできない。孤立傾向にある親は、自らが受けてきた家庭教育が唯一のモデルとなり、それがネガティブな場合は、自分の子どもに対して負の影響を及ぼしてしまう（負の再生産）。親の孤立は、学校への関与様式とも強く関わっている。学校に対して強烈な不満を持つ、攻撃的態度で臨む親の多くは、孤立傾向であることが、これまでの研究において明らかとなっている（露口 2012）。日本社会の中で30歳代女性、すなわち小学生の親世代が最も孤立感が強いという稲葉・藤原（2013）の調査結果もある。幼稚園・保育所で生成された親ネットワークが、小学校進学とともに消失していく親の小1プロブレムの問題も指摘されている（竹森 2019）。ＰＴＡ活動が不活性化し、地域の伝統的な紐帯生成機能が失われつつある今日、親は家庭外でどのようにネットワークを生成すればよいのであろうか。また、どのような社会関係資本醸成のシステムを学校（教育行政）サイドは構築すればよいのであろうか。実践的かつ学術的に、実践者と研究者の協働によって解明すべき課題である。

第13章

ソーシャル・キャピタルの世代間継承

——時間・空間・歴史も踏まえた概念であるソーシャル・キャピタルをうまく利用して心地よく生きる

要藤正任

1　はじめに——歴史的経緯とソーシャル・キャピタル

これまでの各章では自治会、行政、企業、地域コミュニティ、学校といったさまざまな社会の場、また女性やＡＩといった多様な側面から社会関係資本の機能や役割を見てきた。終章となる本章では、社会関係資本に時間的な視点を加え、世代間での社会関係資本の継承という観点から社会関係資本について考察する。

これまでの研究では、国や地域によって社会関係資本の水準には大きな違いがあることが指摘されてきたが、このような違いはどのようにして生じたのだろうか？　社会関係資本研究の世界的な第一人者である米国の政治学者パットナムは、１９９３年の著書 *Making Democracy Work*（邦訳『哲学する民主主義—伝統と改革の市民的構造』）において、イタリアにおける南北での社会関係資本の蓄積の違いを明らかにし、その要因を南北イタリアにおける歴史的な経緯の違いに求めた。封建的な社会が中世から長く続いた南部イタリアでは、恩顧＝庇護主義的な社会関係が支配的であり、市民文化の発達がみられない一方で、フィレンツェやボローニャといった都市共同体（コムーネ）が中世から発達してきた北イタリアにおいては、水平結社組織の伝統が根付き、豊かな市民文化の発達がみられる。すなわち、地域における社会の構造や文化のなかで、その地域の人々の社会関係資本が形成され、それが後の世代の社会関係資本にも影響している。

わが国においても、地域における歴史的な経緯の違いがその地域の人々の社会関係資本に影響していることを示唆する研究がある。岡檀氏の『生き心地の良い町―この自殺率の低さには理由がある』は、全国的にも自殺率の低い徳島県海部町（現 海陽町）に着目し、その要因をさまざまな視点から分析・考察したものであるが、海部町の特徴として、人々のユニークな人生観（他人への信頼、ゆるやかな絆）に着目している。同書では「社会関係資本」という表現は用いていないが、ここで指摘されているユニークな人生観とは本書で見てきた社会関係資本の特徴をとらえたものと考えられる。同氏は、海部町の人々のこのような人生感や処世術は、「移住者によって発展してきた地縁血縁の薄いコミュニティ」という地域の歴史的経緯によって形作られたものと指摘しており、「人の出入りの多い土地柄であったことから、人間関係が膠着することなく緩やかな絆が常態化した」（岡 2013：p.90）と論じている。

このように社会関係資本は、コミュニティや社会が持つ特徴や文化といった要因に影響を受けながら、世代から世代へと受け継がれてきた可能性がある。

2　世代間での継承

（1）あなたのご先祖様はどんな人？

米国・メリーランド大学のアスレイナーは、“Where You Stand Depends upon Where Your Grandparents Sat：The Inheritability of Generalized Trust”と題した論文において、米国の『総合的社会調査（General Social Survey）』のデータを用いて、一般的信頼が高いとされる北欧、ドイツ、英国出身の先祖を持つ個人は、他人を信頼する傾向があることを指摘した（Uslaner 2008）。さらにこの研究では、生まれ育った地域からの影響についても考慮している。出身国が同じ人が集まって住むことで、その地域には出身国の文化が強く影響する。そのため、そのような地域に住んでいることが一般的信頼の形成に影響を与えている可能性が考えられるが、アスレイナーの分析では、そのような効果が認められるのは一部のケースのみであり、隣人がどういう人かということよりも自分の先祖がどの国から来たのかの方が個人の一般的信頼の形成に与える影響力が強いとしている。

また、ドイツ・ボン大学のドーメンらは、『ドイツ社会経済調査（German Socio-Economic Panel）』の個票データを用いた検証を行っている（Dohmen et al. 2012）。ドーメンらの研究は親子間での経済的選好の継承を検証するため、リスクに対する考えと他者に対する信頼の二つを対象として分析している。この調査では親と子の両方のデータが利用できることを活用し、父親と母親とでの影響力の違い、子どもとの関係性など家庭内での社会化教育の環境の違いによる影響についても詳細な検証を行っており、両親と子どもの気質は非常に高い関係を持っていること、居住している地域の人々の気質も子どもの気質に影響を与えること、父親よりも母親の影響が大きいことなどを明らかにしている。

(2) 親から子への継承 ── わが国でも当てはまるのか?

以上は海外における実証研究であるが、わが国でも同じように親子での社会関係資本の継承が確認できるだろうか? 本節では、内閣府経済社会総合研究所が実施した『生活の質に関する調査』のデータをもとに親子間での社会関係資本の関係を概観してみたい(1)。

『生活の質に関する調査』は、主観的幸福度など生活の質やそれを支える諸要因を明らかにすることを目的として、2011年度から2013年度にかけて実施された調査である。このうち2012年度調査では、他人に対する信頼の意識を尋ねる質問が含まれており、この回答を社会関係資本の指標として用いることができる。また、この調査では住民基本台帳から無作為抽出された4950世帯の世帯員(15歳以上)が対象となっており、世帯主からみた続柄を尋ねる質問がある。このため、同一世帯内に住む回答者らの親子関係を特定することができ、それぞれの個票データから親と子の双方の社会関係資本を比較することができる。

同調査では、回答者の信頼の意識を把握するため、

①「世の中のほとんどの人は、基本的に正直である」

②「私は、人を信頼する方である」
③「世の中のほとんどの人は、基本的に善良で親切である」
④「世の中のほとんどの人は、他人を信頼している」
⑤「世の中のほとんどの人は、信用できる」
⑥「たいていの人は人から信頼された場合、同じようにその相手を信頼する」
⑦「世の中には偽善者が多い」

の七つのステートメントについての質問が用意されており、それぞれについて「非常にそう思う」「どちらかといえばそう思う」「どちらともいえない」「どちらかといえばそう思わない」「全くそう思わない」の五つの選択肢の中から一つを選ぶものとなっている。

ここでは、「私は、人を信頼する方である」、「世の中のほとんどの人は、信用できる」という二つのステートメントに着目し、両親の回答に対して子どもがどのような回答となっているかの傾向をみてみよう。

図1は、父親・母親の回答と子どもの回答傾向を把握するため、子どもの回答を「全くそうは思わない」を1、「非常にそう思う」を5とする5段階の数値にし、父親・母親の回答ごとにその平均を示したものである。

「私は、人を信頼する方である」というステートメントについてみると、「全くそうは思わない」と回答した父親の子どもの回答の平均値は3・0であるが、「非常にそう思う」と回答した父親の子ど

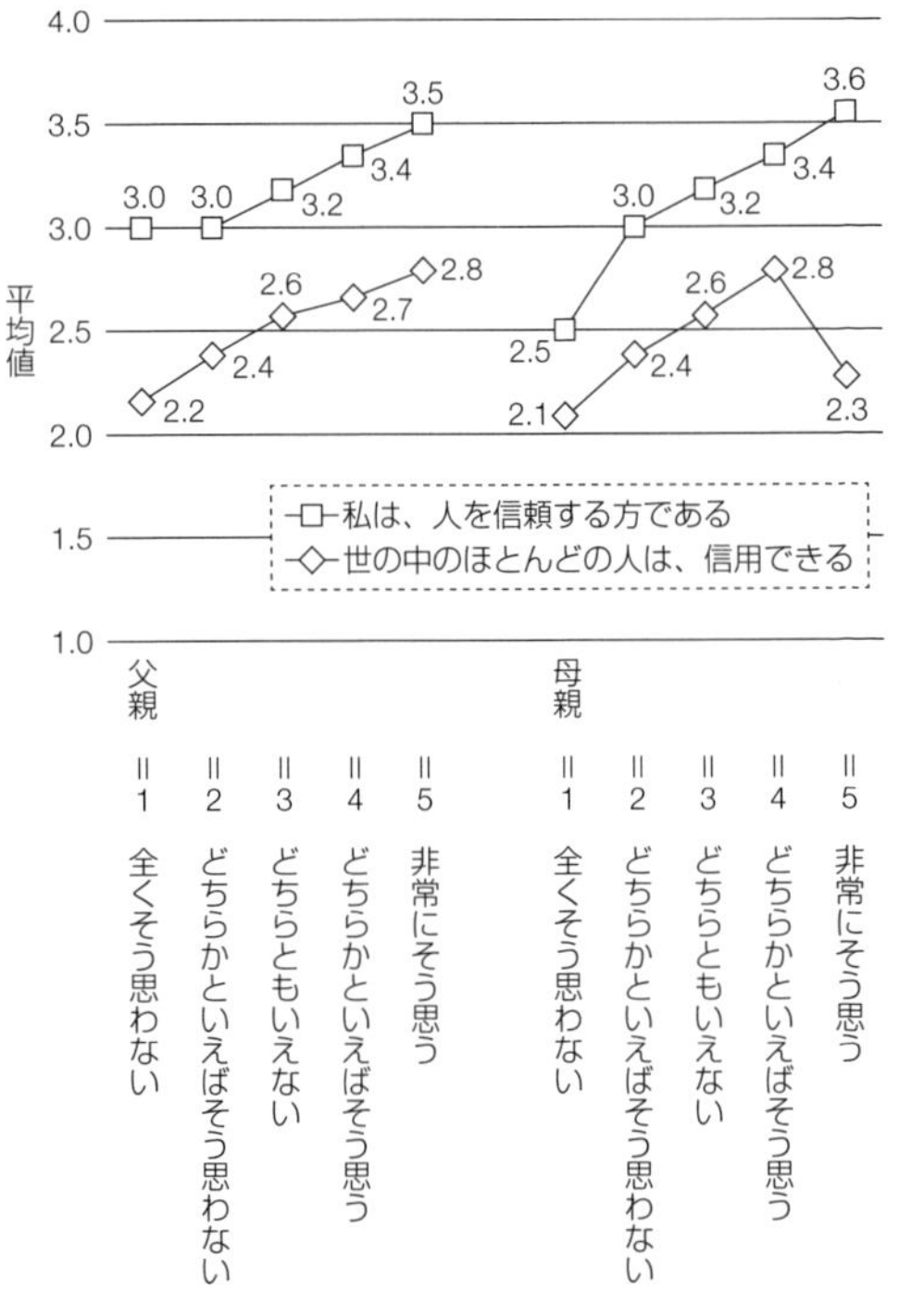

図1　父親・母親の回答と子どもの回答の比較

出所：内閣府経済社会総合研究所よりデータの提供を受け筆者作成

もの回答の平均値は3・5となっている。このことは、「非常にそう思う」と回答した父親の子どもでは「全くそうは思わない」と回答した父親の子どもと比較して「非常にそう思う」や「どちらかといえばそう思う」と回答している人が相対的に多いことを示しており、自分は人を信頼する方だと考えている父親の子どもは、人を信頼する方だと考えている傾向があることがわかる。

母親の場合も、「全くそうは思わない」「どちらかといえばそうは思わない」と回答している母親の子どもの平均値よりも、「どちらかといえばそう思う」「非常にそう思う」と回答した母親の子どもの平均値は高くなっており、「どちらかといえばそう思う」「非常にそう思う」と回答した母親の子どもは、「どちらかといえばそう思う」「非常にそう思う」と回答している割合が多くなる傾向がある。

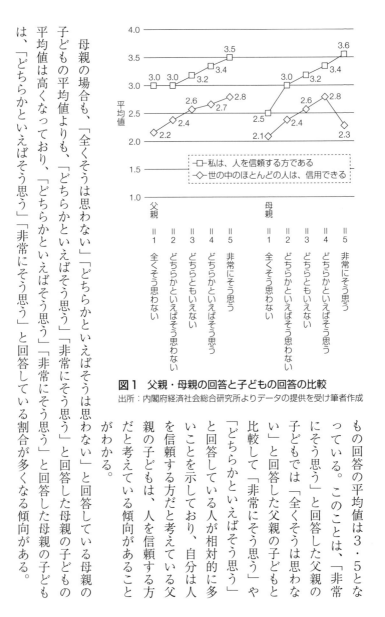

「世の中のほとんどの人は、信用できる」というステートメントについても、父親の場合では同じような傾向が見られ、「どちらかといえばそうは思わない」や「全くそうは思わない」と回答している父親の子どもの平均値（2・2、2・4）に比べて、「非常にそう思う」と回答した父親の子どもの平均値は2・8と大きい。

母親に関しては、「非常にそう思う」と回答している母親の子どもの平均値は2・3となっており「どちらかといえばそうは思わない」という回答をしている母親の子どもよりも平均値が低くなっている。しかし、父親の場合と同様に「全くそうは思わない」、「どちらかといえばそうは思わない」よりも「どちらとも言えない」「どちらかといえばそう思う」の方が高くなっており、親と子どもの回答には一定の傾向があると考えてよいだろう。(2)

このような比較からも、両親の社会関係資本と子どもの社会関係資本とは関連性があり、親から子へと社会関係資本が継承される可能性があることが示唆される。

3 ソーシャル・キャピタルはどのように継承されるのか？

(1) 家庭内での継承

では社会関係資本はどのような経路を通じて親から子へと継承されるのだろうか？ 本節ではまず、家庭内においてどのようなことを教えられたか、経験したかについて考えてみたい。社会関係資本には多様な側面があるが、ここでは一般的互酬性に着目する。一般的互酬性は、「情けは人のためならず」という言葉に表されるように、人に何かをしてあげたらそれがいつか自分に返ってくる、という考え方である。第1章において述べられているように一般的な信頼や互酬性は公共財的な側面を持つものであり、この公共財的な要素が親子間でどのように継承されるかは、地域社会全体のあり方を考える上でも重要な意義があると考えられる。

本節で用いるデータは、要藤らが実施したインターネットによるアンケート調査である。[3] この調査では、回答者本人の基本的な属性（性別、年齢、学歴、職業など）や社会関係資本を把握するための質問のほか、両親の生年、学歴、職業や両親・祖父母の社会関係資本に関する質問、子どもの頃の経験などを尋ねる質問を設けている。

一般的互酬性については、「人を助ければ、今度は自分が困っているときに誰かが助けてくれる」という考え方にどれくらい同意するかを問う質問の回答を用いる。この質問では「同意しない」「どちらかといえば同意しない」「どちらともいえない」「どちらかといえば同意する」「同意する」という五つの選択肢から回答を選択することとなっており、「同意しない」を1、「同意する」を5とした5段階の順序変数として利用する。

子どもの頃の経験に関する質問では、両親や祖父母との地域活動への参加経験や利他性に関する経験などを尋ねており、「子供の頃、家庭内で人助けの大切さを学ぶ機会があった」という項目に関する回答を用いる。回答は、「全くあてはまらない」「あまりあてはまらない」「どちらともいえない」

「ややあてはまる」「よくあてはまる」の5段階から一つを選択することになっており、回答に対応したダミー変数として利用する。つまり、「全くあてはまらない」「あまりあてはまらない」「どちらともいえない」「ややあてはまる」「よくあてはまる」それぞれについて、該当する場合には1、それ以外の場合には0をとる変数として考慮する。[4]

表1(1)列は、順序ロジットモデルと呼ばれる手法を用いて回帰分析を行った結果である。結果をみると、男性よりも女性、楽観的で信心深いと思っている人の方が互酬性の意識が高くなることがわかる。[5] また、時間選好の高い人（現在の消費（所得）と将来の消費（所得）と比較した場合、現在をより重視する人）やリスクを受け入れるタイプの人（少ない利益であっても確実にそれが得られる投資とリスクがあっても大きなリターンが得られる投資があった場合、後者の方を選択する人）も、一般的互酬性は高くなる傾向がある。

一般的互酬性は、人に何かをしてあげたらいつかそれが返ってくるという考え方であり、いつそれが返ってくるのか、またどのようにそれが返ってくるのかはわからない。つまり、確実なリターンが見込めない投資のような側面も持っている。このため、将来の消費よりも今何に使えるかを重視する人（時間選好の高い人）や、リターンがない可能性がある投資を避ける人が、一般的互酬性の意識が低くなるというのは妥当な結果であるように思われる。

子どもの頃の家庭内経験については、この分析では「どちらともいえない」を基準としていることから、「全くあてはまらない」「あまりあてはまらない」については符号がマイナス、「ややあてはま

表1 順序ロジットモデルによる推定結果

	(1)	(2)	(3)
女性	0.168(0.043)***	0.172(0.053)***	0.147(0.050)***
年齢	0.000(0.011)	0.001(0.014)	0.003(0.013)
年齢（二乗）	0.000(0.000)	0.000(0.000)	0.000(0.000)
配偶者の有無			
未婚（基準）	—	—	—
配偶者あり	0.118(0.061)*	0.121(0.077)	—
離婚	0.039(0.098)	0.183(0.122)	—
死別	0.004(0.142)	0.054(0.174)	—
子どもの有無	0.119(0.052)**	0.065(0.066)	—
持ち家の有無	0.059(0.044)	0.032(0.056)	—
楽観性	0.103(0.010)***	0.108(0.012)***	0.109(0.012)***
自然など人間を越えた力への感謝	0.227(0.025)***	0.225(0.031)***	0.225(0.031)***
信心深さ	0.180(0.020)***	0.148(0.025)***	0.148(0.025)***
時間選好	−0.174(0.040)***	−0.179(0.049)***	−0.178(0.049)***
リスク態度	0.400(0.054)***	0.405(0.067)***	0.400(0.067)***
子供の頃の家庭内経験			
1: 全くあてはまらない	−0.330(0.077)***	−0.317(0.098)***	−0.313(0.098)***
2: あまりあてはまらない	0.211(0.049)***	0.155(0.062)**	0.162(0.062)***
3: どちらともいえない(基準)	—	—	—
4: ややあてはまる	0.470(0.044)***	0.394(0.056)***	0.394(0.055)***
5: よくあてはまる	0.820(0.103)***	0.636(0.137)***	0.636(0.137)***
子供の頃の家庭外経験			
1: 全くあてはまらない	—	−0.323(0.133)**	−0.326(0.133)**
2: あまりあてはまらない	—	0.096(0.066)	0.103(0.066)
3: どちらともいえない(基準)	—	—	—
4: ややあてはまる	—	0.358(0.052)***	0.362(0.052)***
5: よくあてはまる	—	0.426(0.111)***	0.427(0.111)***
閾値1	−1.056(0.291)***	−0.914(0.374)**	−0.959(0.363)***
閾値2	−0.281(0.289)	−0.175(0.372)	−0.220(0.361)
閾値3	1.940(0.290)***	2.057(0.374)***	2.006(0.362)***
閾値4	3.877(0.292)***	4.039(0.377)***	3.983(0.366)***
学歴の考慮	あり	あり	なし
就業形態の考慮	あり	あり	あり
世帯年収の考慮	あり	あり	なし
世帯金融資産の考慮	あり	あり	なし
対数尤度	−14240.1	−9357.4	−9371.6
pseudo R-sq	0.042	0.046	0.045
N	11,263	7,436	7,436

注：
1、（ ）内はロバスト標準誤差。***、**、*は、それぞれ1%、5%、10%の有意水準で有意であることを示す
2、学歴、就業形態、世帯年収、世帯金融資産の結果については省略している

出所：筆者作成

る」「よくあてはまる」については符号がプラスになることが期待される。結果をみると、「あまりあてはまらない」については係数がプラスとなっており、家庭内経験が高まると一般的互酬性の意識が高まるという仮説とは整合的な結果となっていない。[6] しかし、「全くあてはまらない」については、係数は1％水準で有意にマイナス、「ややあてはまる」「よくあてはまる」については、1％水準で有意にプラスとなっている。また、「ややあてはまる」よりも「よくあてはまる」の方が係数は大きくなっており「ややあてはまる」より「あてはまる」と回答してる人の方が一般的互酬性の意識が高くなることが分かる。

このように、全体的としてみると家庭内での経験があると認識している回答者ほど、一般的互酬性の意識は高くなる傾向が確認される。要藤（2018）第9章では、両親や祖父母の社会関係資本が高いほど、こうした家庭内での経験を得る機会が高まることが示されており、両親・祖父母の社会関係資本→子どもの頃の家庭内経験→子どもの社会関係資本、という経路を通じて、親から子へと社会関係資本が継承される可能性が考えられる。

（2）家庭外での継承

子どもの頃の経験は家庭内だけで得られるわけではない。地域との関りや学校においてもさまざまな教育・経験を得る。たとえば、学校での先生の言葉が、大人になってからの考え方や行動様式に影響を与えているという人も多いだろう。また、ドイツ・ライプニッツ社会科学研究所のガウリーは、前述のドーメンらと同じく『ドイツ社会経済調査』のデータを用いて、互酬性の意識が親から子へと継承されるかどうかを検証しており、互酬性の意識の継承においては、親からの直接の継承だけではなく、子どもの周囲環境も影響していることを指摘している（Gauly 2017）。

アンケート調査では、「子どもの頃、学校で人助けの大切さを学ぶ機会があった」という項目も設けており、この回答から家庭外経験についても考慮することができる。これを家庭内経験と同じように説明変数に追加して回帰分析を行った結果が表1⑵列である。

これを見ると、家庭外経験についてもおおむね統計的に有意な結果となっており、家庭外での経験が互酬性の意識の形成に影響を与えている可能性が示される。家庭外経験を追加したことで家庭内経験の係数は若干小さくなっているが、統計的には有意な結果のままである。このため、家庭内経験だけではなく、家庭外での経験も個人の社会関係資本の形成に影響を与えていると考えられる。

次に、子どもの頃の家庭内経験や家庭外経験が変化することで、互酬性の意識がどのくらい変化するのかを考えてみよう。順序ロジットモデルでは、説明変数が一単位変化した場合の影響を限界効果として比較することができる。その限界効果は、ある変数が一単位変化した場合に、被説明変数がそれぞれの値を取る確率をどのくらい変化させるかであらわされる。

限界効果は、個々の説明変数をどのように想定するかによって変化するため、ここでは説明変数を限定して推定した表1⑶列の結果を用いることとする。⑶列では配偶者の有無や世帯年収等の説明変数が除かれているが、子どもの頃の経験については統計的に有意な結果が得られており、係数も⑵列

表2　主要変数の記述統計と限界効果の計算のための想定

変数	サンプル数	最小値	最大値	標準偏差	平均	想定
楽観性	11,263	1	11	2.193	5.946	6
自然などの人間を超えた力への感謝	11,263	1	5	0.960	3.483	3
信心深さ	11,263	1	5	1.028	2.740	3
時間選好	11,263	0	1	0.453	0.711	1
リスク態度	11,263	0	1	0.345	0.138	0
家庭内経験						
全くあてはまらない	11,263	0	1	0.300	0.100	0
あまりあてはまらない	11,263	0	1	0.380	0.175	0
どちらともいえない	11,263	0	1	0.495	0.431	1
ややあてはまる	11,263	0	1	0.429	0.243	0
よくあてはまる	11,263	0	1	0.221	0.052	0
家庭外経験						
全くあてはまらない	7,436	0	1	0.223	0.052	0
あまりあてはまらない	7,436	0	1	0.365	0.159	0
どちらともいえない	7,436	0	1	0.496	0.433	1
ややあてはまる	7,436	0	1	0.452	0.287	0
よくあてはまる	7,436	0	1	0.253	0.069	0

出所：筆者作成

の結果とほぼ同じ大きさとなっている。

表1(3)列の推定では、楽観主義、人間を超えた力への感謝、信心深さ、時間選好、リスク態度、家庭内経験、家庭外経験が説明変数に含まれるので、それぞれの変数の平均から、表2のように各変数を想定した。また、年齢は25歳、就業形態を企業・団体への勤め人と想定し、男女での限界効果を比較する。

図2は、男性と女性それぞれについて限界効果を比較したものであり、家庭内経験と家庭外経験の指標が「どちらともいえない」から「ややあてはまる」と一段階高まることで、一般的互酬性が5段階のそれぞれになる確率がどれくらい変化するかを示している。

これを見ると、男性の場合、「どちらかといえば同意する」「同意する」に対する家庭内経験の限界効果はプラス（0.063、0.033）で

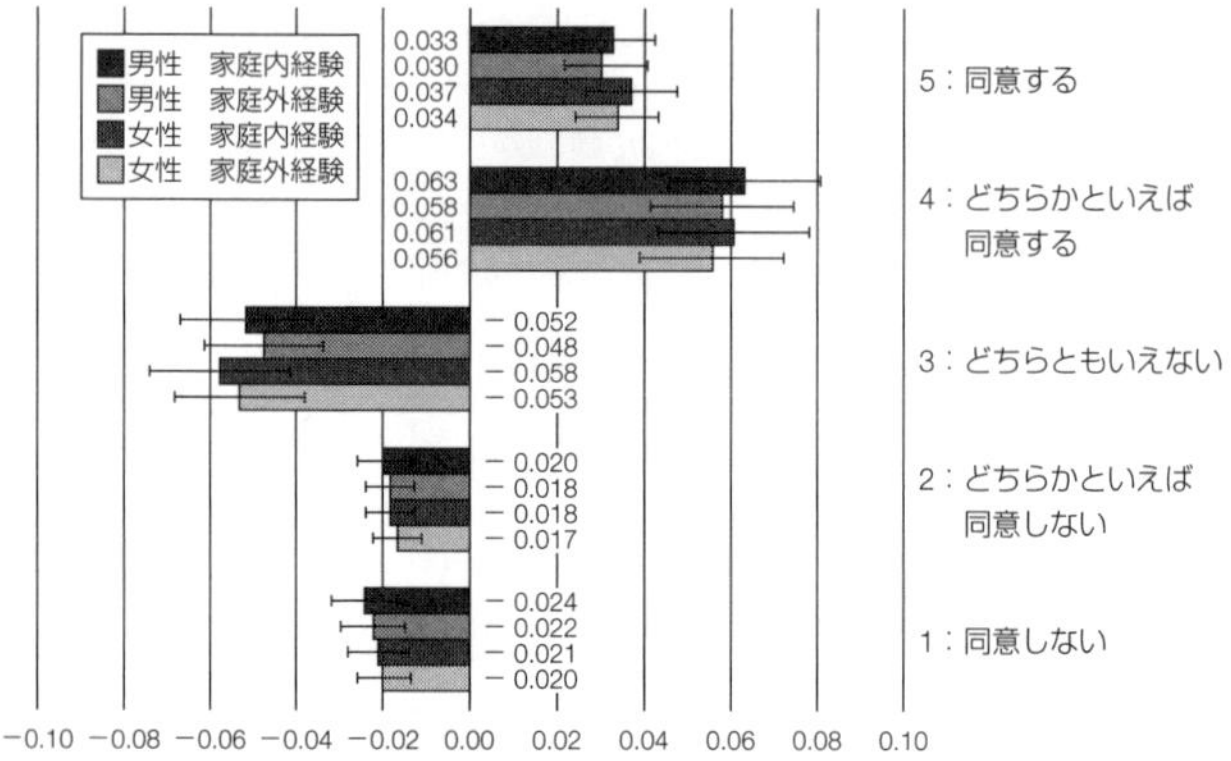

図 2　家庭内経験と家庭外経験の限界効果

注：エラーバーは 95%信頼区間をあらわしている
出所：筆者作成

あるが、「同意しない」「どちらかといえば同意しない」「どちらともいえない」に対する限界効果はマイナス（-0.024、-0.020、-0.052）となっており、家庭内経験が「どちらともいえない」から「ややあてはまる」に変化することで、「どちらかといえば同意する」「同意する」になる確率が高まることが示されている。また、家庭内経験と家庭外経験の限界効果を比較すると、「どちらかといえば同意する」「同意する」に対する限界効果は家庭内経験については0・063と0・033、家庭外経験ではそれぞれ0・058と0・030であり、家庭内経験の方がやや大きい。

男性と女性で限界効果の違いを比較すると、女性の場合、「どちらかといえば同意する」に対する限界効果は、家庭内経験では0・061、家庭外経験では0・056であり、男性の場合に比べてやや小さいが、「同意する」に対する家庭内経験の限界効果は0・037、家庭外経験の限界効果は0・034となっており女性の場合の方が限界効果は大きい。

このように子どもの頃の経験による影響は男女で異なっている可能性があるが、いずれの場合においても、子どもの頃に家庭内や家庭外で利他性に関する教育を受けたという意識がある場合には、一般的互酬性の意識は高まる可能性があることが確認できる。

子どものいる家庭の両親や家族に働きかけることで、子どもの頃の家庭内経験を得る機会を高めていくことができる。しかし、それぞれの家庭の事情や両親の社会関係資本によって実際にどのような経験を得るかは異なってくる。以上の分析結果は、家庭外での経験も家庭内での経験と同様に社会関係資本の形成に一定の役割を果たすことを示しており、学校や地域での教育によって個人の社会関係資本の形成を後押しできることを示唆している。

(3) 負の側面の継承可能性

本節では、一般的な信頼や一般的互酬性という点に着目して、世代間での継承についての分析を行ってきた。しかし、前章まででも見てきたように社会関係資本には負の側面があり、こうした側面も世代間で継承される可能性がある。

映画『ゴッド・ファーザー』は米国ニューヨークにおけるイタリアン・マフィアの一族（ファミリー）をテーマにした非常に有名な作品である。一代でファミリーを築きあげたイタリア移民のヴィトー・コルレオーネは、長男のソニーに対し「家族以外に考えを明かすな」と諭す。こうした教えに象徴されるように、ファミリーの中では強い信頼関係があり固い絆で結ばれている。しかし、それはあくまでもファミリーという内輪だけのものである。

「一般的にいって人は信頼できる」という一般的な信頼の意識が親から子へと継承されるのであれば、「信頼できるのは家族だけ。人を見たら泥棒と思え」という特定の人に限った信頼の意識も、親から子へと継承される可能性は十分にある。

米国ハーバード大学のナンらの研究は、サブ・サハラ17カ国で行われた調査データを用いて、奴隷貿易においてより深刻な被害を受けた地域のエスニック・グループ出身者を先祖にもつ個人は、他者（親戚、隣人、同じエスニック・グループ）や地方政府に対する信頼が低い傾向にあり、奴隷貿易という出来事が原因となっていること、さらにそれは奴隷貿易による法制度や政治制度の機能の低下と奴隷貿易による被害から生じた経験則の親から子への継承という経路を通じたものであることを示している（Nunn and Wantchekon 2011）。また、前述のガウリーの研究は、〝施されたら施し返す〟という正の互酬性のほか、〝やられたらやり返す〟という負の互酬性についても親から子へと継承されていることを指摘している。

こうした研究を踏まえると、負の側面を持つ社会関係資本も、世代間で継承される可能性は十分に想定しうる。世代間での社会関係資本の継承を考えるには、このような点についても留意する必要があるかもしれない。

4 最後に――ソーシャル・キャピタルの世代間継承の意義

社会関係資本の豊かさがもたらす効果の一つとして、これまでの研究では人と人との協調の失敗による全体の厚生の低下の回避が指摘されてきた。協調の失敗をわかりやすく説明する囚人のジレンマやコモンズの悲劇は、意思決定を行った関係者自身に行動選択の結果があらわれてくる。たとえば、コモンズの悲劇では、共有地で育てる羊を増やすかどうかという意思決定を共有地の関係者全員が行い、それによる影響はその時点で共有地に羊を飼っている人全員に及ぶ。

では、ある世代が羊を増やすかどうかの意思決定を行うが、羊が増えたことによる悪影響はその世代が生きている間には顕在化せず、次の世代になって負の影響が生じるというケースを考えてみよう。ある世代が羊を増やしても、その世代が生きている間は増やした羊を育てるだけの牧草が確保できる。しかし、次の世代が共有地を使うときには共有地が荒れ果ててしまい、羊を飼えなくなる、という状況が生じるという場合である。この場合、共有地を利用する関係者はどのような選択を行うだろうか？

次の世代がどのようなことになろうとも自分には関係ない、と考えるのであれば、羊を増やすという選択肢をとるのが、自分にとっても同時に生きている関係者全員にとっての最も望ましい選択肢になる。しかし、将来世代のこともわが事と考えるのであれば、次の世代は羊が飼えなくなるという状

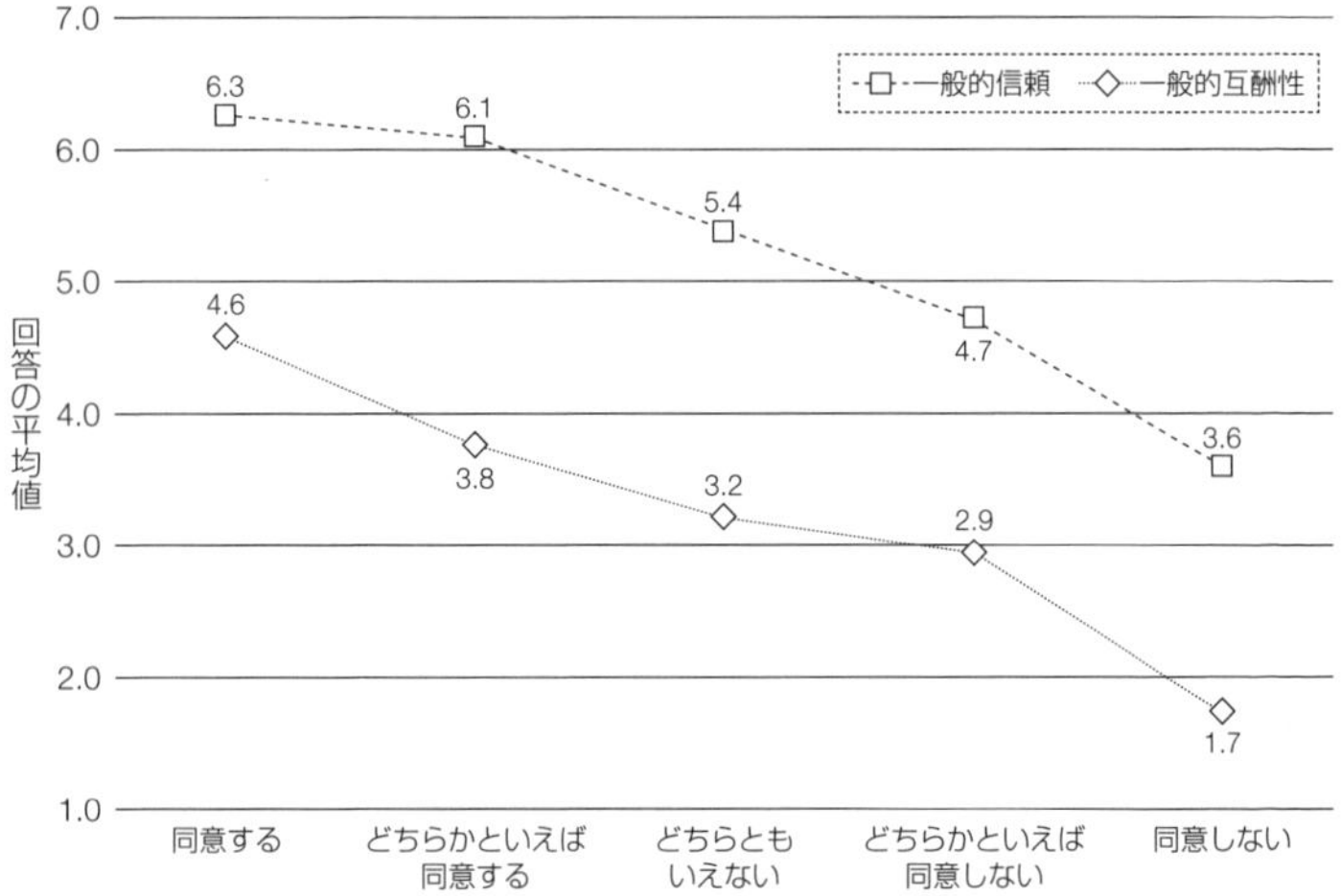

図3　一般的信頼、一般的互酬性と将来世代への互酬性・利他性の意識
出所：筆者作成

況は望ましいものではないだろう。

前節で用いたアンケート調査には、「子供や孫などの将来世代が、現在自分たちが享受している生活水準や公共サービスを維持するためには、多少なりとも自分たちの負担が増えることは仕方がない」という考えに、どのくらい同意するかを尋ねる質問が含まれている。この質問の回答と、一般的信頼および一般的互酬性との関係をみたものが図3である。

一般的信頼は、「一般的にいって、ほとんどの人は信頼できると考えますか、それとも人と接するには用心するに越したことはないと思いますか」という質問に対して、10段階で回答してもらう質問の回答を用いており、「大半の人は信頼できる」を10、「極めて注意深く接する必要がある」を1としている。図1と同様に、ここでは「子供や孫などの将来世代が、現在自分たちが享受している生活水準や公共サービスを維持するためには、多少なりとも自分たちの負担が増えることは仕方がない」という考えに対する質問の回答ごとに、一般的信頼の回答の単純平均を示している。

これをみると、自分たちの負担が増えることに「同意する」と回答した人の一般的信頼の平均値は6・3であるが、「どちらかといえば同意する」では6・1、「どちらともいえない」では5・4、「どちらかといえば同意しない」では4・7、「同意しない」では3・6となっており、人を信頼すると回答する人は、将来世代に対して、その負担を減らすために自分の何かを犠牲にしてもよいという意識を持っていることがわかる。これは一般的互酬性についても同様であり、「同意する」と回答している人の一般的互酬性の回答の平均値は4・6であるが、「同意しない」と回答している人の平均値は1・7となっており、互酬性の意識に大きな違いがみられる。

これはあくまでもアンケート結果から確認される傾向であり、実際に将来世代のために自分たちの負担を増やすような政策についての意思決定が求められた場合、人々がこのような判断を下すかはわからない。しかし、この結果からは、社会関係資本の豊かな社会では、そうではない社会に比べて、意思決定を行う世代が次の世代のことも考慮して意思決定を行うかもしれない、ということが推察される。

気候変動や貧困、格差といった世界全体での課題がこれまで以上に顕在化し、「持続可能性」が極めて重要なキーワードとなっている現代において、社会関係資本が社会の持続可能性を高める可能性をもつことは重要な意味を持つ。社会関係資本が次世代に円滑に継承され、それぞれの世代が次世代のことも考えて社会的な選択が行われるというサイクルが機能することで、それぞれの世代が心地よく生きるということにつながっていく。社会関係資本を醸成し、それを世代間で継承していくことは、特定の国や地域だけではなく地球全体の持続可能性を高めていく上でも重要なテーマかもしれない。

注

（1）以下の分析は、要藤（2018）第8章で用いたデータにもとづくものである。要藤（2018）第8章では、子どもの性別、年齢や属性、学歴や職業などを考慮した分析を行っているが、示される結論はここでの考察と同様である。なお、『生活の質に関する調査』の詳細については、内閣府経済社会総合研究所ホームページ（http://www.esri.go.jp/jp/prj/current_research/shakai_shihyo/survey/survey.html）を参照されたい。

（2）「非常にそう思う」と回答している母親の子どもの回答をみると、回答者数が少ないことに加え、半数近くが「どちらかといえばそう思う」と回答している一方で、「まったくそうは思わない」「どちらかといえばそうは思わない」という回答者が半数以上存在している。このため平均値が低いものとなっている。なお、母親の回答と子どもの回答についてケンドールの順位相関係数（tau-b）を求めると0・104であり、母親と子どもの回答が無相関であるという帰無仮説は1％の有意水準で棄却される。

（3）本章で用いたインターネットによるアンケート調査は、国立研究開発法人科学技術振興機構社会技術開発センター（JST-RISTEX）の研究開発プロジェクト「ソーシャル・キャピタルの世代間継承メカニズムの検討」において実施したものである。調査の概要については、要藤（2018）第7章を参照されたい。

（4）作成した家庭内経験のダミー変数の記述統計は表2に示している。

（5）分析に用いた変数の定義や説明については要藤（2018）第9章を参照されたい。なお、要藤（2018）第9章では回答者の居住地が特定できないサンプルを除外しているが、本章ではそのようなサンプルを含めて推定を行っているため、サンプル数が一致しない。

（6）「あまりあてはまらない」の係数がプラスになっているのは、「あまりあてはまらない」と「どちらともいえない」という回答の区分がかならずしも明確ではなく、両者の回答にばらつきがあることが影響している可能性も考えられる。

おわりに

稲葉陽二

本書のテーマは社会関係資本の光と影、つまり二面性であった。社会関係資本の重要な構成要素であるネットワークには、二面性があり、同じネットワークが光を発するときもあるが、影を形成することもある。光と影の切り替えは、社会関係資本の残りの二つの要素、規範と信頼が影響している。両者は長期的には教育により形成され、格差によって歪められる。コロナ禍で行動変容が求められるが、規範と信頼があればより容易に達成されるが、そうならないのは政治家が信頼と規範を壊しているからだ。

本書のテーマ、社会関係資本の二面性の理解が、「生きづらさ」の軽減に役立つという視点は、本書の共著者の体験に基づいている。われわれはさまざまな社会関係資本の中に身をおいている。社会関係資本は常に光と影の両面があり、なかなか自分の思い通りにいかない。しかし、だからといってそれを全部個人で背負い込むことは本来おかしい。なぜなら、責任のかなりの部分は、社会の理不尽、現場の理不尽に起因することは、社会関係資本を分析してみれば明らかだ。「生きづらさ」が社会の理不尽と現場の理不尽によるのはコロナ禍で一層明らかになっており、われわれはその理不尽を取り除くように制度を変えなければならない。本書では紙幅の関係で、詳述していないが、具体的には高等教育の無料化を含むユニヴァーサルエジュケーションと格差是正のための所得再分配策を提唱している。

Press.（＝2001，河田潤一訳『哲学する民主主義─伝統と改革の市民的構造』NTT出版.）
Uslaner, E. M. (2008) “Where You Stand Depends upon Where Your Grandparents Sat: The Inheritability of Generalized Trust”, *Public Opinion Quarterly*, 72(4), pp.725–740.
要藤正任（2018）『ソーシャル・キャピタルの経済分析─「つながり」は地域を再生させるか？』慶応義塾大学出版会.

諒三『ソーシャル・キャピタルのフロンティア―その到達点と可能性』ミネルヴァ書房，pp.173-196.
露口健司（2012）『学校組織の信頼』大学教育出版.
露口健司（2016a）『ソーシャル・キャピタルと教育―「つながり」づくりにおける学校の役割』ミネルヴァ書房.
露口健司（2016b）「子どもを取り巻く「つながり」と学習意欲の関係」『愛媛大学教育学部紀要』63 巻，pp.1-12.
露口健司（2017）「学校におけるソーシャル・キャピタルと主観的幸福感―『つながり』は子どもと保護者を幸せにできるのか？」『愛媛大学教育学部紀要』64 巻，pp.171-198.
露口健司（2020）「保護者ネットワークと学校参加モチベーション」『学校改善研究紀要』3 巻，pp.21-36.
露口健司・倉本哲男・城戸茂（2016）「家庭での『つながり』と学業成績を結ぶ学校の組織的な教育活動」露口健司『「つながり」を深め子どもの成長を促す教育学』ミネルヴァ書房，pp.34-48.
若槻健・伊佐夏実（2016）「『学びあい』や『人間関係づくり』は学力格差を縮小するか」志水宏吉・高田一宏『マインド・ザ・ギャップ―現代日本の学力格差とその克服』大阪大学出版会，pp.107-124.
山田哲也（2014）「社会経済的背景と子どもの学力」お茶の水女子大学『平成 25 年度全国学力・学習状況調査（きめ細かい調査）の結果を活用した学力に影響を与える要因分析に関する調査研究』平成 25 年度学力調査を活用した専門的な課題分析に関する調査研究，pp.57-70.
山崎幸治（2004）「ソーシャル・キャピタルへの経済学的アプローチ」宮川公男・大守隆『ソーシャル・キャピタル―現代経済社会のガバナンスの基礎』東洋経済新報社，pp.187-211.
要藤正任（2018）『ソーシャル・キャピタルの経済分析―「つながり」は地域を再生させるか？』慶應義塾大学出版会.

第 13 章

Dohmen, T., A. Falk, D. Huffman, and U. Sunde（2012）“The Intergenerational Transmission of Risk and Trust Attitudes”, *The Review of Economic Studies*, 79（2）, pp.645-677.
Gauly, B.（2017）“The Intergenerational Transmission of Attitudes: Analyzing Time Preferences and Reciprocity”, *Journal of Family and Economic Issues*, 38（2）, pp.93-312.
Nunn, N. and Wantchekon, L.（2011）“The Slave Trade and the Origins of Mistrust in Africa”, *The American Economic Review*, 101（7）, pp.3221-3252.
岡檀（2013）『生き心地の良い町―この自殺率の低さには理由（わけ）がある』講談社.
Putnam, R.（1993）*Making Democracy Work*. Princeton, N. J.: Princeton University

Personnel Psychology, 60, pp.541-572.
Luthans, F., & C. M. Youssef (2004) "Human, Social and Now Positive Psychological Capital Management: Investing in People for Competitive Advantage", *Organizational Dynamics*, 33(2), pp.143-160.
松岡亮二（2019）『教育格差―階層・地域・学歴』ちくま新書.
松岡亮二・中室牧子・乾友彦（2014）「縦断データを用いた文化資本相続過程の実証的検討」『教育社会学研究』95号，pp.89-108.
文部科学省（2019）『平成30年度児童生徒の問題行動・不登校等生徒指導上の諸課題に関する調査結果について』.
お茶の水女子大学『平成25年度 全国学力・学習状況調査（きめ細かい調査）の結果を活用した学力に影響を与える要因分析に関する調査研究』平成25年度学力調査を活用した専門的な課題分析に関する調査研究.
OECD（2001）*The Well-being of Nations: The Role of Human and Social Capital*, OECD: FR.
OECD（2019）*PISA 2018 Results (Volume III): What School Life Means for Students' Lives*, PISA, OECD Publishing, Paris, https://doi.org/10.1787/acd78851-en.
岡正寛子・田口豊郁（2012）「子どもの発達に焦点をあてた地域の役割―子どもの認識するソーシャルキャピタルの測定から」『川﨑医療福祉学会誌』21巻2号，pp.184-194.
Putnam, R. D.（2015）*Our Kids: The American Dream in Crisis*, Simon and Schuster; NY.（= 2017，柴内康文訳『われらの子ども―米国における機会格差の拡大』創元社.）
斉藤裕哉（2014）「読解力形成に与えるひとり親世帯の影響の検討― PISA2000・PISA2009・PISA2012を用いた時点間比較」『社会学論考』35号，pp.29-44.
芝野淳一（2016）「社会関係資本と学力の関係―地域背景の観点より」志水宏吉・高田一宏『マインド・ザ・ギャップ―現代日本の学力格差とその克服』大阪大学出版会，pp.55-77.
志水宏吉・中村瑛仁・知念渉（2012）「学力と社会関係資本『つながり格差』について」志水宏吉・高田一宏『学力政策の比較社会学・国内編』明石書店，pp.52-89.
志水宏吉・若槻健（2017）『「つながり」を生かした学校づくり』東洋館出版.
白川俊之（2010）「家族構成と子どもの読解力形成―ひとり親家族の影響に関する日米比較」『理論と方法』25巻2号，pp.249-266.
竹森香以（2019）「学校信頼と保護者ネットワーク―小学校1年生の保護者へのインタビュー調査から」露口健司『「つながり」を深め子どもの成長を促す教育学』ミネルヴァ書房，pp.130-149.
垂見裕子（2019）「階層と学力―社会関係資本の多寡と効果に着目して」川口俊明編著『日本と世界の学力格差―国内・国際学力調査の統計分析から』明石書店，pp.171-180.
露口健司（2011）「教育」稲葉陽二・大守隆・近藤克則・宮田加久子・矢野聡・吉野

Putnam R. D.（1993）*Making Democracy Work: Civic Traditions in Modern*, Princeton University Press, p167.（＝2001，河田潤一訳『哲学する民主主義』ＮＴＴ出版，p.206-207.）
鈴木隆雄（2013）「戦略的創造研究推進事業 新たな高齢者の健康特性に配慮した生活機能指標の開発 研究開発実施終了報告書」.

第12章

荒牧草平（2019）『教育格差のかくれた背景―親のパーソナルネットワークと学歴志向』勁草書房.
Bourdieu, P.（1986）"The Forms of Capital", In Richardson, J.（Ed.）*Handbook of Theory and Research for the Sociology of Education*, Westport, CT: Greenwood, pp.241-258.
Coleman, J. S.（1988）"Social Capital in the Creation of Human Capital", *American Journal of Sociology*, 94, pp.95-120.
Dickmann, M., & N. Doherty（2008）"Exploring the Career Capital Impact of International Assignments within Distinct Organizational Contexts", *British Journal of Management*, 19, pp.145-161.
Dickmann, M., V. Suutari, C. Brewster, L. Makela, J. Tanskanen, & C. Tornikoski（2018）"The Career Competencies of Self-initiated and Assigned Experiences: Assessing the Development of Career Capital over Time", *International Journal of Human Resource Management*, 29, pp.1-44.
Grossman, M.（1972）"On the Concept of Health Capital and the Demand for Health", *Journal of Political Economy*, 80(2), pp.223-255.
浜野隆（2014）「家庭環境と子どもの学力」お茶の水女子大学『平成25年度 全国学力・学習状況調査（きめ細かい調査）の結果を活用した学力に影響を与える要因分析に関する調査研究』平成25年度学力調査を活用した専門的な課題分析に関する調査研究，pp.16-41.
生田淳一・増田健太郎（2016）「学習指導における『つながり』の醸成と教育効果」露口健司『「つながり」を深め子どもの成長を促す教育学』ミネルヴァ書房，pp.24-33.
稲葉陽二・藤原佳典（2013）『ソーシャル・キャピタルで解く社会的孤立―重層的予防策とソーシャルビジネスへの展望』ミネルヴァ書房.
黒田祥子（2018）「健康資本投資と生産性」『日本労働研究雑誌』695号，pp.30-48.
Lauff, E., S. J. Ingels, and E. M. Christopher（2014）*Education Longitudinal Study of 2002 (ELS:2002): A First Look at 2002 High School Sophomores 10 Years Later*, U.S. Department of Education, DC.
Luthans, F.（2002）"The Need for and Meaning of Positive Organizational Behavior", *Journal of Organizational Behavior*, 23(6), pp.695-706.
Luthans, F., B. J. Avolio, J.B. Avey, & S.M. Norman（2007）"Positive Psychological Capital: Measurement and Relationship with Performance and Satisfaction",

第 11 章

浅野章子（2009）「須坂市における保健補導員の育成支援による地域づくり―これまでとこれから」『保健師ジャーナル』65 巻 10 号，pp.836-842.

浅野章子（2013）「保健補導員と協働で進める健康づくり―ソーシャルキャピタルの高い地域づくりへ」『保健師ジャーナル』69 巻 10 号，pp.830-835.

古谷野亘・橋本迪生・府川哲夫ほか（1993）「地域老人の生活機能―老研式活動能力指標による測定値の分布」『日本公衆衛生雑誌』40 巻 6 号，pp.468-474.

Hoyl, M. T., C. A. Alessi, J. O. Harker, K. R. Josephson, F. M. Pietruszka, M. Koelfgen, J. R. Mervis, L. J. Fitten, L. Z. Rubenstein（1999）"Development and Testing of a Five-item Version of the Geriatric Depression Scale", *J. Am. Geriatr. Soc.*, 47, pp.873-878.

今村晴彦，園田紫乃，金子郁容（2010）『コミュニティのちから―"遠慮がちな"ソーシャル・キャピタルの発見』慶應義塾大学出版会.

今村晴彦（2010）「コミュニティを支える保健師のちから―"遠慮がちな"ソーシャル・キャピタル論から」『保健師ジャーナル』66 巻 12 号，pp.1070-1077.

今村晴彦，村上義孝，岡村智教，西脇祐司（2017）「地区組織活動経験が国民健康保険医療費に及ぼす影響―長野県須坂市の保健補導員活動に着目して」『日本公衆衛生雑誌』64 巻 1 号，pp.25-35.

今村晴彦，浅野章子，西脇祐司（2017）「女性高齢者における保健補導員経験と ADL の関連　須坂市における高齢者調査の結果から」『信州公衆衛生雑誌』11 巻 2 号，pp.97-106.

Imamura, H., H. Nakamura, Y. Nishiwaki（2019）"Relationship between the Well-being of Elderly Men and Cohabiting with Women Who Have Had Experience as a Health Promotion Volunteer in Japan: A Cross-sectional Study", *International Journal of Environmental Research and Public Health*, 16(1), p.65.

稲葉陽二（2011）『ソーシャル・キャピタル入門―孤立から絆へ』中央公論新社.

稲葉陽二（2019）「社会関係資本をどう継承するか―長野県須坂市のケースからの考察」『政経研究』55 巻 4 号，pp.132-172.

Islam, K., J. Merlo, I. Kawachi, M. Lindström, and U. Gerdtham（2006）"Social Capital and Health: Does Egalitarianism Matter? A Literature Review", *International Journal for Equity in Health*, 5, p.3.

Krishna A., E. Shrader（2000）"Cross-cultural Measures of Social Capital: A Tool and Results from India and Panama", Social Capital Initiative Working Paper no.21, The World Bank.

長野県健康長寿プロジェクト・研究事業 研究チーム（2015）「長野県健康長寿プロジェクト・研究事業 報告書―長野県健康長寿の要因分析―」.

Ostrom, E. & T. K. Ahn（2009）"The Meaning of Social Capital and Its Link to Collective Action", In Svendsen, G. T. & G. L. H. Svendsen（Eds.）*Handbook of Social Capital: The Troika of Sociology, Political Science and Economics*, Edward Elgar, pp.17-35.

YTN 2019年9月13日 '골목식당'→'맛남의 광장'…이관원PD "식문화 개선 기여하고파" https://www.ytn.co.kr/_sn/0117_201909131000070653

第10章

Gerstner, L.（2002）*Who Says Elephants Can't Dance?: Inside IBM's Historic Turnaround*, HarperBusiness.（＝2002，山岡洋一・高遠裕子訳『巨象も踊る』日本経済新聞出版.）

稲葉陽二（2014）「強い絆が会社をつぶす―ソーシャル・キャピタルからみた企業不祥事」『政経研究』50巻3号，pp.69-115.

稲葉陽二（2017）『企業不祥事はなぜ起きるのか―ソーシャル・キャピタルから読みとく組織風土』中公新書.

稲葉陽二（2018）「強い絆が会社をつぶす―企業不祥事分析に求められるソーシャル・キャピタルの視点」『ソーシャル・キャピタルと経営―企業と社会をつなぐネットワークの探求』（叢書ソーシャル・キャピタル4）ミネルヴァ書房，pp.213-239.

稲葉陽二（2020）「企業不祥事はなぜおこるのか―社会関係資本の視点からみた現場における理不尽」『JP総研Research』日本郵政グループ労働組合ＪＰ総合研究所，51号，pp.56-67.

北見幸一（2010）『企業社会関係資本と市場評価―不祥事企業分析アプローチ―』学文社.

厚生労働省政策統括官（統計・情報政策，政策評価担当）（2018）『平成29年所得再分配調査報告書』.

黒田昌裕（1992）「TFP（全要素生産性）の理論と測定（Ⅰ）―経済成長の要因分析―」『イノベーション＆I-Oテクニーク』環太平洋産業連関分析学会，3巻3号，pp.37-46.

Maddison, A.（2001）*The World Economy : A Millennial Perspective*, OECD.（＝2004，政治経済研究所訳金森久雄監訳『経済統計で見る世界経済2000年史』柏書房.）

宮崎信二（2016）「「フォーチュン・グローバル500社」にみる日本企業の衰退（上）」『名城論叢』16巻4号，pp.73-94.

OECD（2019）*Society at a Glance 2019: OECD Social Indicators*, OECD Publishing, Paris, https://doi.org/10.1787/soc_glance-2019-en.

The Council of the Economic Advisers（2019）*Economic Report of the President.*

OECD（2019）*Society at a Glance 2019.*

OECD（2020）*Multifactor Productivity (Indicator)*. doi: 10.1787/a40c5025-en（Accessed on 04 February 2020）.

高島正憲（2017）『経済成長の日本史―古代から近世の超長期GDP推計 730-1874』名古屋大学出版会.

結城智里監修（2018）『企業不祥事事典Ⅱ ケーススタディ2007-2017』日外アソシエーツ.

［ニュース・新聞記事］ ※断らない限り 2020 年 11 月 30 日アクセス
亜州経済　2019 年 11 月 22 日　올해 고랭지감자 생산량 14 년만 최대…1 년 새 52% 늘어　https://www.ajunews.com/view/20191122141816726
亜細亜経済　2020 年 4 月 24 日　정용진・백종원 '못난이 매직'…이번엔 왕고구마 300t　https://view.asiae.co.kr/article/2020042310120975541
朝鮮日報— ChosunBiz　2017 年 3 月 9 日　이마트, 당진 전통시장 상생 점포 개설로 산업부 장관상　https://biz.chosun.com/site/data/html_dir/2017/03/09/2017030901027.html
朝鮮日報— IT Chosun　2017 年 6 月 27 日　이마트, 경북 선산봉황시장에 두번째 '노브랜드 청년 상생스토어' 마련　http://it.chosun.com/site/data/html_dir/2017/06/27/2017062785031.html
朝鮮日報　2020 年 4 月 24 日　［단독］'맛남의 광장' PD "백종원 - 정용진 부회장, 선한 컬래버…기분 좋은 뉴스"（인터뷰）https://www.chosun.com/site/data/html_dir/2020/04/24/2020042400796.html
朝鮮日報— ChosunBiz　2020 年 8 月 10 日　정용진・백종원 '환상의 협업'... 바다장어 무조림도 품절　https://biz.chosun.com/site/data/html_dir/2020/08/10/2020081003504.html
朝鮮日報— ChosunBiz　2020 年 11 月 10 日　정용진 부회장 인스타에는 '30 의 법칙' 이 있다..." 팔로워 47 만명, 홍보효과 커"　https://biz.chosun.com/site/data/html_dir/2020/11/10/2020111002003.html
中央日報　2020 年 4 月 30 日　백종원 X 정용진 콜라보…감자 이어 못난이 고구마도 '완판'　https://news.joins.com/article/23766780
中央日報　2020 年 8 月 10 日　정용진・백종원 '콜라보' 파워 무섭네…위기의 장어도 품절됐다　https://news.joins.com/article/23845061
東亜日報— dongA.com　2019 年 11 月 1 日　실험 예능 '혁신 듀오' vs 요리 예능 '한 우물파'　https://www.donga.com/news/Entertainment/article/all/20191031/98165493/5
韓国経済　2020 年 8 月 10 日　백종원이 부탁만 하면 팔아주는 정용진… "남는 건 있나요？"　https://www.hankyung.com/life/article/2020081027157
韓国経済　2020 年 10 月 11 日　결실 맺는 이마트의 상생실험…전통시장 "노브랜드 주말도 열게 해달라" 호소　https://www.hankyung.com/economy/article/2020101156301
MONEY TODAY　2020 年 8 月 10 日　품절…품절… 백종원・정용진 '바다장어' 로 또 대박 냈다　https://news.mt.co.kr/mtview.php?no=2020081009315887957
無等日報　2020 年 4 月 23 日　정용진 2 탄…이번엔 '해남 왕고구마' 전국 판매　http://www.honam.co.kr/detail/DDAuq0/601415
ソウル経済　2020 年 8 月 11 日　"인플루언서보다 부회장님"… '완판남' 정용진, 감자 이어 바다장어도 품절　https://www.sedaily.com/NewsVIew/1Z6JCLSTVG
聯合ニュース　2020 年 4 月 30 日　정용진이 판매지원 나선 못난이 고구마, 수일만에 300 여 t 완판　https://www.yna.co.kr/view/AKR20200429166500030

vill.tanohata.iwate.jp/docs/2016040400012/files/sousei_vision_kouhyou.pdf アクセス 2020 年 11 月 1 日).

［新聞記事］
岩手日報，朝日新聞，讀賣新聞の引用・要約および日付は本文中に記載.

第 9 章

稲葉陽二（2005）「ソーシャル・キャピタルの経済的含意—心の外部性とどう向き合うか」『計画行政』日本計画行政学会，28 巻 4 号，pp.17-22.
Nahapiet, J. and S. Ghoshal（1997）"Social Capital, Intellectual Capital, and the Organizational Advantage", *The Academy of Management Review*, 23(2), pp.242-266.
National Research Council（U.S.）, Committee on the Human Dimensions of Global Change, Ostrom, E. et al, Editors（2002）*The Drama of the Commons.*（= 2012，全米研究評議会，地球環境変化の人間活動に関する側面についての検討委員会，オストロム，エリノアほか編，茂木愛一郎・三俣学・泉留維監訳）『コモンズのドラマ—持続可能な資源管理論の 15 年』知泉書簡.）
Putnam, R. D.（1993）*Making Democracy Work: Civic Traditions In Modern Italy*, Princeton University Press.（= 2001，河田潤一訳『哲学する民主主義—伝統と改革の市民構造』NTT 出版株式会社.）
Tsai, W. and S. Ghoshal（1998）"Social Capital and Value Creation: The Role of Intrafirm Networks", *The Academy of Management Journal*, 41(4), pp.464-476.

［URL］※断らない限り 2020 年 11 月 30 日アクセス
E-MART ホームページ— CSR 関連　http://www.emartcompany.com/ko/ethic/partners.do
E-MART ホームページ— E-MART 沿革　http://www.emartcompany.com/ko/company/history.do
韓国金融監督院ホームページ　http://dart.fss.or.kr/dsab001/main.do?autoSearch=true#
SBS「マンナムの広場（맛남의 광장)」ホームページ　https://programs.sbs.co.kr/enter/2019taste/main
SBS「マンナムの広場（맛남의 광장)」ホームページ—プログラム意図　https://programs.sbs.co.kr/enter/2019taste/about/62178
SHINSEGE ホームページ— SHINSEGE 沿革　https://www.shinsegae.com/company/about/history.do
SHINSEGE グループホームページ— No Brand 関連　https://www.shinsegaegroupinside.com/csr/
THE BORN ホームページ　https://www.theborn.co.kr/theborn-korea/footprints/

埴淵知哉・中谷友樹・近藤克則（2018）「第3章　地域変数の諸問題」埴淵知哉編『社会関係資本の地域分析』ナカニシヤ出版，pp.33-43.
稲葉陽二（2008）「序章　ソーシャル・キャピタルの多面性と可能性」稲葉陽二（編著）『ソーシャル・キャピタルの潜在力』日本評論社，pp.11-20.
稲葉陽二（2011）『ソーシャル・キャピタル入門―孤立から絆へ』中公新書.
稲葉陽二（2014）「はじめに―「きずな」を科学する　第1章　ソーシャル・キャピタルをめぐる議論」稲葉陽二・大守隆・金光淳・近藤克則・辻中豊・露口健司・山内直人・吉野諒三（著）『ソーシャル・キャピタル「きずな」の科学とは何か』ミネルヴァ書房，pp. i -25.
稲葉陽二（2016）「第Ⅰ部　学術的有効性と政策的含意」稲葉陽二／吉野諒三（著）『ソーシャル・キャピタルの世界　学術的有効性・政策的含意と統計・解析手法の検証』（叢書ソーシャル・キャピタル1）ミネルヴァ書房，pp.7-179.
稲葉陽二（2019）「第4章　不平等の罠と「中流」の消滅―ソーシャル・キャピタルのダークサイドと市民社会」辻中豊・山内直人編著『ソーシャル・キャピタルと市民社会・政治―幸福・信頼を高めるガバナンスの構築は可能か』（叢書ソーシャル・キャピタル5）ミネルヴァ書房，pp.97-139.
石田祐（2008）「第3章　ソーシャル・キャピタルとコミュニティ」稲葉陽二（編著）『ソーシャル・キャピタルの潜在力』日本評論社，pp.81-103.
岩見ヒサ（2010）『吾が住み処　ここより外になし―田野畑村元開拓保健婦のあゆみ』萌文社.
岩見ヒサさんをしのぶ会実行委員会（2016）『岩手県田野畑村　この美しき海―岩見ヒサさんが遺してくれたもの』岩見ヒサさんをしのぶ会実行委員会発行.
村田陽平（2018）「補論　保健師の地域診断と社会関係資本」埴淵知哉編『社会関係資本の地域分析』ナカニシヤ出版，pp.145-151.
三閉伊一揆を語る会（2007）『三閉伊一揆蜂起160周年記念　三閉伊一揆たのはた史跡・事跡探索ガイドブック』.
田野畑村役場政策推進課／NPO法人体験村・たのはたネットワーク『TANOHATA GEO WORLD　特集TSUNAMI―津波―』（冊子）.
津村節子（2015）『三陸の海』講談社文庫.
吉村昭（2004）『三陸海岸大津波』文春文庫.
2015年岩手県田野畑村　村勢要覧『人と地域と風と・ともに未来へ　新生たのはた・黎明編』（https://www.vill.tanohata.iwate.jp/docs/2015080700687/files/youran_2015.pdf　アクセス2020年11月1日）.
岩手県　県内各市町村（https://www.pref.iwate.jp/kensei/profile/links/1000665.html　アクセス　2020年11月1日）
田野畑村人口ビジョン（平成28年3月）（https://www.vill.tanohata.iwate.jp/docs/2016040400012/files/jinkou_vision.pdf　アクセス2020年11月1日）.
田野畑村観光情報（https://www.vill.tanohata.iwate.jp/kankou/　アクセス　2020年11月1日）
田野畑村まち・ひと・しごと創生　Ⅱ総合戦略（令和2年3月改訂）（https://www.

第1回全国調査にみる自治力・ネットワーク・ガバナンス』（現代市民社会叢書1）木鐸社.
辻中豊・和嶋克洋・戸川和成（2019）「地域における市民社会アクターの変化と踊り場にある都市ガバナンス―JIGS調査（1997-2017）に基づく推移と現状」公益財団法人日本都市センター編『都市とガバナンス』32号，pp.30-43.
戸川和成（2018）「東京・特別区におけるローカル・ガバナンスの比較実証研究―ソーシャル・キャピタルからみた非制度的要因と政策満足度の地域差の解明」筑波大学博士（社会科学）学位請求論文.
戸川和成（2020）「新小岩第四自治会の現状と課題に関する考察―活動に消極的／非認知的な住民の参加を促すために」小山弘美研究室編『自治会活動参加状況調査―葛飾区新小岩第四自治会を事例として―報告書』関東学院大学社会学部小山弘美研究室，pp.45-58.

第7章

Aral, S. and M.V. Alystyne（2011）“The Diversity-Bandwidth Tradeoff”, *American Journal of Sociology*, 117(1), pp.90-171.
Aral, S.（2016）*The Future of Weak Ties*, University of Chicago Press.
Burt, R. S.（1992）*Structural Holes: The Social Structure of Competition*, Harvard University Press.（= 2006，安田雪訳『競争の社会的構造―構造的空隙の理論』新曜社.）
Coleman, S. J.（1990）*Foundations of Social Theory*, Harvard University Press.（= 2004，2006，久慈利武監訳『社会理論の基礎』青木書店.）
Putnam, R. D.（1993）*Making Democracy Work: Civic Traditions in Modern Italy*, Princeton University Press.（= 2001，河田潤一訳『哲学する民主主義―伝統と改革の市民的構造』NTT出版.）
リクルートワークス研究所（2019）『全国就業実態パネル調査』.
須田光郎（2015）「社会関係資本の計測―時間を代理変数とした検証」明治大学専門職大学院.

第8章

D・P・アルドリッチ（2015）石田祐・藤澤由和訳『災害復興におけるソーシャル・キャピタルの役割とは何か―地域再建とレジリエンスの構築』ミネルヴァ書房，pp.35-76.
青木千賀子（2013）『ネパールの女性グループによるマイクロファイナンスの活動実態―ソーシャル・キャピタルと社会開発』日本評論社.
茶谷十六（2014）「今，南部三閉伊一揆から受け継ぐべきもの―東日本大震災をこえて，一揆勝利一六〇周年の年に」歴史教育者協議会編『歴史教育・社会科教育年報2014年版』三省堂，pp.90-103.
埴淵知哉（2018）「第2章　測定をめぐる諸問題」埴淵知哉編『社会関係資本の地域分析』ナカニシヤ出版，pp.19-43.

の好循環を求めて』国立印刷局.
中尾啓子（2001）「パーソナルネットワークの概要と特性—東京都居住者対象のネットワーク調査から」『総合都市研究』76号，pp.25-40.
野辺政雄（1999）「高齢者の社会的ネットワークとソーシャル・サポートの性別による違いについて」『社会学評論』50巻3号，pp.375-392.
Norris, P. and R. Inglehart (2006) "Gendering Social Capital: Bowling in Women's Leagues?", In O'Neill, B. and E. Gidengil (Eds.) *Gender and Social Capital*, London: Routledge, pp.73-98.
大江英樹（2019）『定年前—50歳から始める「定活」』朝日新聞出版.
O'Neill, B. and E. Gidengil (Eds.) (2006) *Gender and Social Capital*, London: Routledge.
大谷信介（1995）『現代都市住民のパーソナル・ネットワーク—北米都市理論の日本的解読』ミネルヴァ書房.
Putnam, R.D. (1993) *Making Democracy Work: Civic Traditions in Modern Italy*, Princeton: Princeton University Press.（=2001，河田潤一訳『哲学する民主主義—伝統と改革の市民的構造』NTT出版.）
Putnam, R.D. (2000) *Bowling Alone: The Collapse and Revival of American Community*, New York: Simon&Schuster.（=2006，柴内康文訳『孤独なボウリング—米国コミュニティの崩壊と再生』柏書房.）
佐藤寛編（2001）『援助と社会関係資本—ソーシャル・キャピタル論の可能性』日本貿易振興会アジア経済研究所.
上野千鶴子編（2008）『「女縁」を生きた女たち』岩波書店.
矢澤澄子編（1993）『都市と女性の社会学—性役割の揺らぎを超えて』サイエンス社.

第6章

Coleman, J. S. (1990) *Foundations of Social Theory*, Harvard University Press.
小山弘美研究室編（2020a）『自治会活動参加状況調査—葛飾区新小岩第四自治会を事例として—報告書』関東学院大学社会学部小山弘美研究室.
小山弘美研究室編（2020b）『葛飾区自治会活動調査—新小岩第四自治会を事例として—2019年度「社会調査演習c」報告書』関東学院大学社会学部小山弘美研究室.
稲葉陽二（2005）「ソーシャル・キャピタルの政策的含意—心の外部性とどう向き合うか」『計画行政』日本計画行政学会，85巻4号，pp.17-22.
稲葉陽二（2011）『ソーシャル・キャピタル入門』中公新書.
中田実（2017）『新版　地域分権時代の町内会・自治会』自治体研究社.
野村一貴（2020）「新小岩地区の概況—新小岩地区の人口構造」小山弘美研究室編『自治会活動参加状況調査—葛飾区新小岩第四自治会を事例として—報告書』関東学院大学社会学部小山弘美研究室，pp.3-15.
野村一貴・戸川和成（2020）「相互扶助による〈社会〉の再構築—地縁組織への参加度合いの認識の違いに着目して」経済社会学会2020年度大会報告論文.
辻中豊・ロバート・ペッカネン・山本英弘編（2009）『現代日本の自治会・町内会—

of Networked Individualism", *International Journal for Urban and Regional Research*, 25, pp.227-252.

World Health Organization (2020) Novel coronavirus (2019-nCoV): Situation Report-13, https://www.who.int/docs/default-source/coronaviruse/situation-reports/20200202-sitrep-13-ncov-v3.pdf.

第５章

Aida, J., K. Kondo, I. Kawachi, S. V. Subramanian, Y. Ichida, H. Hirai, N. Kondo, K. Osaka, A. Sheiham, G. Tsakos, and R. G. Watt (2013) "Does Social Capital Affect the Incidence of Functional Disability in Older Japanese? A Prospective Population-Based Cohort Study", *Journal of Epidemiology & Community Health*, 67, pp.42-47.

Bourdieu, P. (1983=1986) "The Forms of Capital", Richardson, J. G. (Ed.) *Handbook of Theory and Research for the Sociology of Education*, New York: Greenwood Press, pp.241-58.

原田謙（2012）「社会階層とパーソナル・ネットワーク―学歴・職業・所得による格差と性差」『医療と社会』22 巻，pp.57-68.

Ichida, Y., K. Kondo, H. Hirai, T. Hanibuchi, G. Yoshikawa, and C. Murata (2009) "Social Capital, Income Inequality and Self-rated Health in Chita Peninsula, Japan: A Multilevel Analysis of Older People in 25 Communities", *Social Science & Medicine*, 69, pp.489-499.

飯島絵里（2013）「『男性の地域への参画の促進』の問題点と今後の課題」『NWEC 実践研究』３号，pp.132-147.

稲葉陽二（2011）『ソーシャル・キャピタル入門―孤立から絆へ』中央公論新社.

石田光規（2011）『孤立の社会学―無縁社会の処方箋』勁草書房.

近藤克則（2010）『「健康格差社会」を生き抜く』朝日新聞出版.

小山弘美（2011）「住民力（詳細分析）」『せたがや自治政策』3 巻，pp.85-152.

小山弘美（2012）「パーソナル・ネットワークからみた高齢者の孤立と地域の役割」『社会学論考』33 号，pp.1-27.

小山弘美（2014）「地域の社会関係資本測定のための指標再考」『せたがや自治政策』6 巻，pp.117-137.

Kawachi, I., S. V. Subramanian, and D. Kim (Eds.) (2008) *Social Capital and Health*, New York: Springer.（= 2008，藤澤由和・高尾総司・濱野強監訳『ソーシャル・キャピタルと健康』日本評論社.）

Lowndes, V. (2006) "It's Not What You've Got, but What You Do with It: Women, Social Capital and Political Participation", In O'Neill, B. and E. Gidengil (Eds.) *Gender and Social Capital*, London: Routledge, pp.213-240.

松本康（1995）「現代都市の変容とコミュニティ，ネットワーク」松本康編『増殖するネットワーク』勁草書房.

内閣府国民生活局編（2003）『ソーシャル・キャピタル―豊かな人間関係と市民活動

Science & Medicine, 74, pp.1952–1960.
Granovetter, M. S. (1973) "The Strength of Weak Ties", *American Journal of Sociology*, 78, pp.1360–1380.
Hawkins, R. L. & K. Maurer (2010) "Bonding, Bridging and Linking: How Social Capital Operated in New Orleans Following Hurricane Katrina", *British Journal of Social Work*, 40, pp.1777–1793.
Helleringer, S. & H. Kohler (2005) "Social Networks, Perceptions of Risk, and Changing Attitudes towards HIV/AIDS: New Evidence from a Longitudinal Study using Fixed-effects Analysis", *Population Studies*, 59, pp.265–282.
Holt-Lunstad, J., T. B. Smith, & J. B. Layton (2010) "Social Relationships and Mortality Risk: A Meta-analytic Review", *PLoS Medicine*, 7: e1000316
Kawachi, I. & L. F. Berkman. (2014) "Social Capital, Social Cohesion, and Health", In Berkman, L. F., I. Kawachi, & M. M. Glymour (Eds.) *Social Epidemiology* 2nd edition, New York: Oxford University Press, pp.290–319.
Kohler, H., J. R. Behrman, & S. C. Watkins (2001) "The Density of Social Networks and Fertility Decisions: Evidence from South Nyanza District, Kenya", *Demography*, 38, pp.43–58.
Kuchler, T., D. Russel, & J. Stroebel (2020) "The Geographic Spread of COVID-19 Correlates with Structure of Social Networks as Measured by Facebook", National Bureau of Economic Research Working Paper No. 26990.
Putnam, R. D. (1993) *Making Democracy Work: Civic traditions in modern Italy*, Princeton: Princeton University Press.
Putnam, R. D. (2000) *Bowling Alone: The Collapse and Revival of American Community*, New York: Simon and Schuster.
Putnam, R. D. (2002) *Democracies in Flux: The Evolution of Social Capital in Contemporary Society*, Oxford: Oxford University Press.
Rosenquist, J. N., J. H. Fowler, & N. A. Christakis (2011) "Social Network Determinants of Depression", *Molecular Psychiatry*, 16, pp.273–281.
Sullivan, J. L. & J. E. Transue (1999) "The Psychological Underpinnings of Democracy: A Selective Review of Research on Political Tolerance, Interpersonal Trust, and Social Capital", *Annual Review of Psychology*, 50, pp.625–650.
Takagi, D., K. Ikeda, I. Kawachi (2012) "Neighborhood Social Capital and Crime Victimization: Comparison of Spatial Regression Analysis and Hierarchical Regression Analysis", *Social Science & Medicine*, 75, pp.1895–1902.
Takagi, D., N. Yokouchi, H. Hashimoto (2020) "Smoking Behavior Prevalence in One's Personal Social Network and Peer's Popularity: A Population-based Study of Middle-aged Adults in Japan", *Social Science & Medicine*, 260, pp.113207.
Wellman, B. (1979) "The Community Question: The Intimate Networks of East Yorkers", *American Journal of Sociology*, 84, pp.1201–1231.
Wellman, B. (2001) "Physical Place and Cyber-place: Changing Portals and the Rise

Sampson, R. (2006) "How Does Community Context Matter? Social Mechanisms and the Explanation of Crime Rates", In Wikström, H. & R. Sampson (Eds.) *The Explanation of Crime: Contexts, Mechanisms, and Development*, Cambridge University Press. (= 2013, 松浦直己訳『犯罪学研究―社会学・心理学・遺伝学からのアプローチ』明石書店.)

Skocpol, T. (2003), *Diminished Democracy: From Membership to Management in American Civic Life*, University of Oklahoma Press. (= 2007, 河田潤一訳『失われた民主主義―メンバーシップからマネージメントへ』慶應義塾大学出版会.)

Stolle, D. & T. Rochon (1998) "Are All Associations Alike?: Membership Diversity, Associational Type, and the Creation of Social Capital", *American Behavioral Scientist*, 42(1), pp.47-65.

辻中豊・Pekkanen, Robert・山本英弘 (2009)『現代日本の自治会・町内会―第1回全国調査にみる自治力・ネットワーク・ガバナンス』木鐸社.

山岸俊男 (1998),『信頼の構造―こころと社会の進化ゲーム』東京大学出版会.

第4章

Abouk, R., & B. Heydari (2020) "The Immediate Effect of COVID-19 Policies on Social Distancing behavior in the United States", http://dx.doi.org/10.2139/ssrn.3571421.

Bai, J., S. Du, W. Jin, & C. Wan (2020) "The Impact of Social Capital on Individual Responses to COVID-19 Pandemic: Evidence from Social Distancing", http://dx.doi.org/10.2139/ssrn.3609001.

Burt, R. S. & T. Uchiyama (1989) "The Conditional Significance of Communication for Interpersonal Influence", In Kochen, M. (Ed.) *The Small World*, Norwood, NJ: Ablex, pp.67-87.

Balestrieri, S. G., G. T. Diguiseppi, M. K. Meisel, M. A. Clark, M. Q. Ott, & N. P. Barnett (2018) "U.S. College Students' Social Network Characteristics and Perceived Social Exclusion: A Comparison between Drinkers and Nondrinkers Based on Past-month Alcohol Use", *Journal of Studies on Alcohol and Drugs*, 79, pp.862-867,

Barabasi, A. (2002) *Linked: The new science of networks*, Cambridge, Perseus Publishing.

Centola, D. (2010) "The Spread of Behavior in an Online Social Network Experiment", *Science*, 329, pp.1194-1197.

Christakis, N. A. & J. H. Fowler (2007) "The Spread of Obesity in a Large Social Network over 32 Years", *New England Journal of Medicine*, 357, pp.370-379.

Christakis, N. A. & J. H. Fowler (2008) "The Collective Dynamics of Smoking in a Large Social Network", *New England Journal of Medicine*, 358, pp.2249-2258.

Fujimoto, K. & T. W. Valente (2012) "Social Network Influences on Adolescent Substance Use: Disentangling Structural Equivalence from Cohesion", *Social*

Castiglione, D., J.W. van Deth, & G. Wolleb (eds.) *The Handbook of Social Capital*, Cambridge University Press.

第3章

Burt, R. S. (1992) *Structual Holes: The Social Structure of Competition*, Cambrdge, MA: Harvard University Press.（= 2006, 安田雪訳『競争の社会的構造―構造的空隙の理論』新曜社.）

Coleman, J. (1988) "Social Capital in the Creation of Human Capital", *American Journal of Sociology*, 94, pp.S95–S120.（= 2006, 野沢慎司編・監訳「第6章　人的資本の形成における社会関係資本」『リーディングス ネットワーク論』勁草書房.）

Fukuyama, F. (2000) "Social Capital and Civil Society", *IMF Working Paper* No. 00/74, IMF Institute.

Granovetter, M. (1973) "The Strength of Weak Ties", *American Journal of Sociology*, 78(6), pp.1360–1380.（= 2006, 野沢慎司編・監訳「第4章　弱い紐帯の強さ」『リーディングス ネットワーク論』勁草書房.）

Halpern, D. (2005) *Social Capital*, Polity Press.

稲葉陽二（2017）『企業不祥事はなぜ起きるのか―ソーシャルキャピタルから読み解く組織風土』中公新書.

Kawachi,. I. & B. Kennedy (2002) *The Health of Nation: Why Inequality Is Harmful to Your Health*, New York: The New Press.（= 2004, 西信雄・高尾総司・中山健夫監訳・社会疫学研究会訳『不平等が健康を損なう』日本評論社.）

小藪明生（2012）「市民的参加の基礎としての自治会参加」『ソシオロゴス』36号, ソシオロゴス編集委員会, pp.82–89.

小藪明生（2018）「第2章　信頼のレベルと信頼の範囲」 佐藤嘉倫編著『ソーシャル・キャピタルと社会―社会学における研究のフロンティア』（叢書ソーシャル・キャピタル7）ミネルヴァ書房.

内閣府（2017）「「治安に関する世論調査」の概要」（https://survey.gov-online.go.jp/tokubetu/h29/h29-chian.pdf　アクセス2020年11月30日）.

Ostrom, E. (1990) *Governing the Commons: The Evolution of Institutions for Collective Action*, Cambridge University Press.

Paxton, P. (2007) "Association Memberships and Generalized Trust: A Multilevel Model across 31 Countries", *Social Forces*, 86(1).

Portes, A. & P. Landolt (1996) "The Downside of Social Capital", *The American Prospect*, 26, pp.18–21.

Putnam, R. (with R. Leonardi and R. Y. Nanetti) (1993) *Making Democracy Work: Civic Traditions in Modern Italy*, Princeton University Press.（= 2001, 河田潤一訳『哲学する民主主義―伝統と改革の市民的構造』NTT出版.）

Putnam, R. (2000) *Bowling Alone: The Collapse and Revival of American Community*, Simon & Schuster.（= 2006, 柴内康文訳『孤独なボウリング―米国コミュニティの崩壊と再生』柏書房.）

第2章

Field, J. (2003) *Social Capital*, Routledge.

ホフマン，P (2000) 平石律子訳『放浪の天才数学者エルデシュ』草思社.

ブルデュー，P. (1990) 石井洋二郎訳『ディスタンクシオン—社会的判断力批判』藤原書店.

稲葉陽二 (2005)「ソーシャル・キャピタルの経済的含意—心の外部性とどう向き合うか」『計画行政』日本計画行政学会，28巻4号，pp.17-22.

稲葉陽二編著 (2008)『ソーシャル・キャピタルの潜在力』日本評論社.

稲葉陽二 (2010)「社会関係資本のダークサイドに関する一考察」『政経研究』日本大学法学会47巻3号，pp.97-110.

稲葉陽二 (2016)「第3章　ソーシャル・キャピタル研究による社会貢献の可能性—批判をめぐる議論から」稲葉陽二・吉野諒三『ソーシャル・キャピタルの世界—学術的有効性・政策的含意と統計・解析手法の検証』(叢書ソーシャル・キャピタル1) ミネルヴァ書房，pp.73-105.

稲葉陽二 (2019)「不平等の罠と「中流」の消滅—ソーシャル・キャピタルのダークサイドと市民社会」辻中豊・山内直人 (編著)『ソーシャル・キャピタルと市民社会・政治—幸福・信頼を高めるガバナンスの構築は可能か』(叢書ソーシャル・キャピタル5) ミネルヴァ書房，pp.97-139.

三隅一人 (2013)『社会関係資本—理論統合の挑戦』ミネルヴァ書房.

内閣府 (2019a)「生活状況に関する調査」(https://www8.cao.go.jp/youth/kenkyu/life/h30/pdf-index.html　アクセス2020年11月25日).

内閣府 (2019b)「特集2　長期化するひきこもりの実態」『令和元年版　子供・若者白書』(https://www8.cao.go.jp/youth/whitepaper/r01honpen/pdf/b1_00toku2.pdf　アクセス　2020年11月25日).

大島春行・矢島敦視　(2002)『アメリカがおかしくなっている—エンロンとワールドコム破綻の衝撃』日本放送協会.

Ostrom, E. (1999) "Social Capital: A Fad or a Fundamental Concept?", In Dasgupta, P. & I. Serageldin (Eds.) *Social Capital A Multifaceted Perspective*, World Bank.

Ostrom, E. & T. K. Ahn (2009) "The Meaning of Social Capital and Its Link to Collective Action", In Svendsen, G. T. & G. L. H. Svendsen (Eds.) *Handbook of Social Capital: The Troika of Sociology, Political Science and Economics*, Edward Elgar, pp.17-35.

Putnam, R. D. (2000) *Bowling Alone: The Collapse and Revival of American Community*, Simon & Schuster. (= 2006，柴内康文訳『孤独なボウリング—米国コミュニティの崩壊と再生』柏書房.)

斎藤環 (2011)『「社会的うつ病」の治し方—人間関係をどう見直すのか』新潮社.

Uslaner, E. M. (2008) *Corruption, Inequality, and the Rule of Law*, Cambridge University Press. (= 2011，稲葉陽二訳『不平等の罠—腐敗・不平等と法の支配』日本評論社.)

Warren, E. M. (2008) "Chapter 5: The Nature and Logic of Bad Social Capital", In

稲葉陽二（2011）『ソーシャル・キャピタル入門―孤立から絆へ』中公新書.
稲葉陽二（2016）「第１部 学術的有効性と政策的含意」稲葉陽二・吉野諒三（著）『ソーシャル・キャピタルの世界―学術的有効性・政策的含意と統計・解析手法の検証』（叢書ソーシャル・キャピタル１）ミネルヴァ書房，pp.1-179.
稲葉陽二（2021）「第３章　ソーシャル・キャピタルとはなにか」藤原佳典・倉岡正高・石川貴美子編著『保健福祉職のためのまちの健康づくり入門―地域協働によるソーシャル・キャピタルの育て方・活用法』ミネルヴァ書房，pp.60-87.
Kawachi, I., S. V. Subramanian, & D. Kim（2008）"Social Capital and Health. A Decade of Progress and Beyond" In Kawachi, I., S. V. Subramanian, & D. Kim（Eds.）*Social Capital and Health*, Springer, pp.1-26.（= 2008，藤澤由和・高尾総司・濱野強監訳『ソーシャル・キャピタルと健康』日本評論社.）
Kawachi, I., Y. Ichida, G. Tampubolon, & T. Fujiwara（2013）"Causal Inference in Social Capital Research" In Kawachi, I.,S. Takao, & S. V. Subramanian（Eds.）*Global Perspectives on Social Capital and Health*, Springer, pp.87-121.
Lin, N.（2001）"Social Capital: Capital Captured through Social Relations" *Social Capital: A Theory of Social Structure and Action*, Cambridge University Press, pp.19-28.（= 2008，筒井淳也ほか訳『ソーシャル・キャピタル―社会構造と行為の理論』ミネルヴァ書房.）
Ostrom, E. & T. K. Ahn（2009）"The Meaning of Social Capital and Its Link to Collective Action", In Svendsen, G. T. & G. L. H. Svendsen（Eds.）*Handbook of Social Capital: The Troika of Sociology, Political Science and Economics*, Edward Elgar, pp.17-35.
立川寛之（2020）「令和２年 10 月 12 日　八王子市における高齢者就労支援」東京都健康長寿医療センター研究所 ESSENCE 研究会講演資料.
Putnam, R. D.（1993）*Making Democracy Work: Civic Traditions in Modern Italy*, Princeton University Press.（= 2001，河田潤一訳『哲学する民主主義―伝統と改革の市民的構造』NTT 出版.）
Putnam, R. D.（2000）*Bowling Alone: The Collapse and Revival of American Community*, Simon & Schuster.（= 2006，柴内康文訳『孤独なボウリング―米国コミュニティの崩壊と再生』柏書房.）
Uslaner, E. M.（2002）*The Moral Foundations of Trust*, Cambridge University Press.
Wilkinson, R.（2005）*The Impact of Inequality: How to Make Sick Societies Healthier*, The New Press.
Woolcock, M.（1998）"Social Capital and Economic Development: Toward a Theoretical Synthesis and Policy Framework", In Ostrom, E. & T. K. Ahn（Eds.）*Foundations of Social Capital*, Edward Elgar.
吉藤健太朗（2017）『「孤独」は消せる．―私が「分身ロボット」でかなえたいこと』サンマーク出版.

Edward Elgar, pp.17-35.
Ostrom, E. (1990) *Governing the Commons: The Evolution of Institutions for Collective Action*, Cambridge University Press.
Ostrom, E. (1992) "Institutions as Rules-in-Use", Crafting Institutions for Self-Governing Irrigation Systems, Chapter Two, ICS Press, pp.19-39.
Ostrom, E. (1999) "Social Capital: A Fad or a Fundamental Concept?", In Dasgupta, P. & I. Serageldin (Eds.) *Social Capital A Multifaceted Perspective*, World Bank.
Ostrom, E., T. Diets, N. Dolsak, P. Stern, S. Stonich, & E. Weber (Eds.) (2002) *The Drama of the COMMONS*, National Academy Press. (= 2012, 茂木愛一郎・三俣学・泉留雄監訳『コモンズのドラマ—持続可能な資源管理論の15年—』知泉書館.)
Putnam, R. D. (1993) *Making Democracy Work: Civic Traditions in Modern Italy*, Princeton University Press. (= 2001, 河田潤一訳『哲学する民主主義—伝統と改革の市民的構造』NTT出版.)
Putnam, R. D. (2000) *Bowling Alone: The Collapse and Revival of American Community*, Simon & Schuster. (= 2006, 柴内康文訳『孤独なボウリング—米国コミュニティの崩壊と再生』柏書房.)
斎藤環 (2011)『「社会的うつ病」の治し方—人間関係をどう見直すのか』新潮社.
新共同訳 (2016)『新訳聖書』日本聖書協会.
Uslaner, E. M. (2002) *The Moral Foundations of Trust*, Cambridge University Press.
Uslaner, E. M. (2008) *Corruption, Inequality, and the Rule of Law*, Cambridge University Press. (= 2011, 稲葉陽二訳『不平等の罠—腐敗・不平等と法の支配』日本評論社.)
Woolcock, M. (1998) "Social Capital and Economic Development: Toward a Theoretical Synthesis and Policy Framework", In Ostrom, E. & T. K. Ahn (Eds.) *Foundations of Social Capital*, Edward Elgar.

第1章

Burt, R. S. (1992) *Structural Holes: The Social Structure of Competition*, Harvard University Press. (= 2006, 安田雪訳『競争の社会的構造—構造的空隙の理論』新曜社.)
Coleman, J. S. (1988) "Social Capital in the Creation of Human Capital", *American Journal of Sociology*, 94, pp.S95-120.
稲葉陽二 (2005)「ソーシャル・キャピタルの経済的含意—心の外部性とどう向き合うか」『計画行政』28巻4号, 日本計画行政学会, pp.17-22.
Inaba, Y. (2008) "Social Capital and Income-Wealth Gap: An Empirical Analysis on Japan" *The Nonprofit Review*, 8(1), pp.1-12.
Inaba, Y. (2013) "What's Wrong with Social Capital? Critiques from Social Science", In Kawachi, I., S. V. Subramanian (Eds.) *Global Perspectives on Social Capital and Health*, Springer, pp.323-342.

参考文献

序章

相原征代，小山真紀ほか（2017）「【実践報告】「生きづらさ学」構築に向けた授業実践―関係性をめぐる「生きづらさ」抽出への挑戦」『岐阜大学教育推進・学生支援機構年報』3号，pp.157-168.

Becker, G. S.（1996）*Accounting for Tastes*, Harvard University Press.

Bourdieu, P.（1986）"The forms of capital", In Richardson, J.（Ed.）*Handbook of Theory and Research for the Sociology of Education*, Greenwood Press, pp.241-258.

Burt, R. S.（1992）*Structural Holes: The Social Structure of Competition*, Harvard University Press.（＝2006，安田雪訳『競争の社会的構造―構造的空隙の理論』新曜社）

Coleman, J. S.（1988）"Social Capital in the Creation of Human Capital", *American Journal of Sociology*, 94, pp.S95-120.

Dewy, J.（1915）*The School and Society and The Child and the Curriculum*, The University of Chicago Press.

Fukuyama, F.（1995）*Trust*, Free Press Paperbacks Book.（＝1996，加藤寛訳『「信」なくば立たず』三笠書房）

Fukuyama, F.（2000）"Social Capital and Civil Society", IMF Working Paper, WP/00/74, pp.1-18.

Hanifan, L. J.（1916）"New Possibilities in Education", *The Annals of the American Academy of Science*.

Jacobs, J.（1961）*The Death and Life of Great American Cities*, Random House.（＝1977，黒川紀章訳『アメリカ大都市の死と生』鹿島出版会）

Kawachi, I., B. P. Kennedy, K. Lochner, & D. Prothrow-Stith（1997）"Social Capital, Income Inequality, and Mortality", *American Journal of Public Health*, 87(9), pp.1491-1498.

Lin, N.（2001）*Social Capital: A Theory of Social Structure and Action*, Cambridge University Press.（＝2008，筒井淳也ほか訳『ソーシャル・キャピタル―社会構造と行為の理論』ミネルヴァ書房）

Loury, G. C.（1977）"A Dynamic Theory of Racial Income Difference", In Wallace, P. A. & A. M. LaMond（Eds.）*Women, Minorities, and Employment Discrimination*, Lexington Books, pp.153-186.

Ostrom, E. & T. K. Ahn（2003）"Introduction", In Ostrom, E. & T. K. Ahn（Eds.）*Foundations of Social Capital*, Edward Elgar, pp.xi-xxxix.

Ostrom, E. & T. K. Ahn（2009）"The meaning of social capital and its link to collective action", In Svendsen, G. T. & G .L. H. Svendsen（Eds.）*Handbook of Social Capital: The Troika of Sociology, Political Science and -Economics*,

著者紹介［五十音順］

稲葉陽二（いなば ようじ）
編著者紹介参照

今村晴彦（いまむら はるひこ）
東邦大学 医学部 社会医学講座 衛生学分野 助教。慶應義塾大学 博士（政策・メディア）

小林ひとみ（こばやし ひとみ）
特定非営利活動法人 BHN テレコム支援協議会 プロジェクト・コーディネーター、看護師。宇都宮大学大学院 国際学研究科 修士（国際学）

小藪明生（こやぶ あきお）
日本大学 非常勤講師。早稲田大学文学学術院 招聘研究員。早稲田大学文学学術院 修士（文学）

小山弘美（こやま ひろみ）
関東学院大学 社会学部 准教授。首都大学東京 博士（社会学）

須田光郎（すだ みつお）
東京都職員。明治大学公共政策大学院 ガバナンス専攻 公共政策修士（専門職）

高木大資（たかぎ だいすけ）
東京大学大学院 医学系研究科 講師。東京大学 博士（社会心理学）

露口健司（つゆぐち けんじ）
愛媛大学大学院 教育学研究科 教授。九州大学 博士（公共経営）

戸川和成（とがわ かずなり）
千葉商科大学 政策情報学部 助教。筑波大学 博士（社会科学）

朴 珎怜（ぱく ちにょん）
早稲田大学政治経済学術院 公共経営研究科 修了。早稲田大学 博士（公共経営）

要藤正任（ようどう まさとう）
京都大学経営管理大学院 特定教授。京都大学 博士（経済学）

「生存科学叢書」刊行にあたって

公益財団法人 生存科学研究所は故武見太郎の理念である「生存の理法」をモットーとして、人類の生存の形態ならびに機能に関する総合的実践的研究によって人類の健康と福祉に寄与すべく設立されました。そこでは、生命科学、医学・医療、看護学など医科学、哲学、倫理学、宗教学、史学、文学、芸術など人文学、法学、社会学、経済学など社会科学、生態学、環境科学など自然科学、それら諸科学の学際的な討論によって人間科学を新たに構築し、総合的な生存モデルの確立を図ることを目的としています。

生存科学研究所はその先端的かつ基本的研究活動と成果を広く他学問領域と共有し、また一般社会にもその理念と活動を啓発すべく、学術機関誌「生存科学」を刊行してきました。多年にわたる研究成果と啓発活動により、日本学術会議協力学術研究団体に指定され、「生存科学」誌は時代と社会の課題を発掘、先導する学術誌として高い評価を得ています。本「生存科学叢書」は「生存科学」誌を中心に展開されてきた研究所の知的かつ実践的成果を広く社会に問いかけようとするものです。

人間、人類にとって望ましい生存様態をいかに構想し、実現していくか、人類の生存の場と質が根本から問い直されている現代にあって、生存科学は基礎人間科学として、時代の状況を切り拓く先端総合学として、ますますその理念の発揚が求められています。「生存科学」誌で研鑽され、蓄積された先鋭的問題意識と成果をベースに、本叢書は、さらに公益に資するべく視野を広げたテーマ、論考を地道にかつ実践的に問いかけていきます。今後引きつづき展開される総合人間学シリーズにご理解をいただくとともに、ご支援をお願いいたします。

2018 年 4 月

公益財団法人 生存科学研究所
〒 104-0061　東京都中央区銀座 4-5-1 聖書館ビル
http://seizon.umin.jp/index.html

編著者紹介

稲葉陽二（いなば ようじ）

元 日本大学 法学部 教授、東北大学大学院 文学研究科 リサーチ・フェロー。

京都大学経済学部卒、スタンフォード大学経営大学院終了（MBA）、筑波大学博士（学術）。日本開発銀行にて海外勤務８年、日本経済研究所常務理事、日本政策投資銀行設備投資研究所長を経て研究者となる。1990年代のアメリカの停滞と格差拡大をみて、日本も同様の状態に陥ることを危惧して1996年に『「中流」が消えるアメリカ』（日本経済新聞社）を著すが、当時の主流経済学者の格差拡大への無頓着さに失望し、社会関係資本（ソーシャル・キャピタル）の研究をはじめ今日にいたる。日本社会関係学会会長、日本計画行政学会副会長、日本NPO学会理事、元日本経済政策学会理事。

主な著書に『企業不祥事はなぜ起きるのか』、『ソーシャル・キャピタル入門』（以上、中公新書）、『ソーシャル・キャピタルの世界』（共著、ミネルヴァ書房）があるほか、編著書に『ソーシャル・キャピタルの潜在力』（日本評論社）など多数。

生存科学叢書

ソーシャル・キャピタルからみた人間関係《にんげんかんけい》　社会関係資本《しゃかいかんけいしほん》の光《ひかり》と影《かげ》

2021年３月25日　第１版第１刷発行

編著者――――稲葉陽二

発行所――――株式会社日本評論社

〒170-8474　東京都豊島区南大塚3-12-4

電話 03-3987-8621（販売）-8601（編集）

https://www.nippyo.co.jp/

振替 00100-3-16

印刷所――――平文社

製本所――――難波製本

装　幀――――銀山宏子

検印省略

ISBN978-4-535-58757-1　　Printed in Japan